天下文化
Believe in Reading

天下文化 遠見

看得見的高效思考

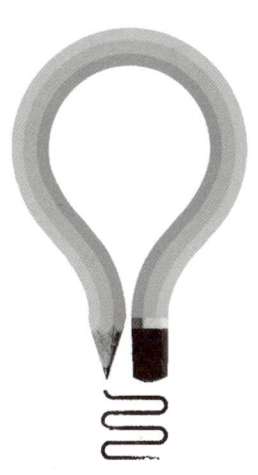

一流工作者教你把思考轉換成圖像，
讓每次表達都直擊人心

跨域工作者、具象化高手
劉奕酉

想法如何變成一張圖？
揭開大腦中黑盒子的祕密

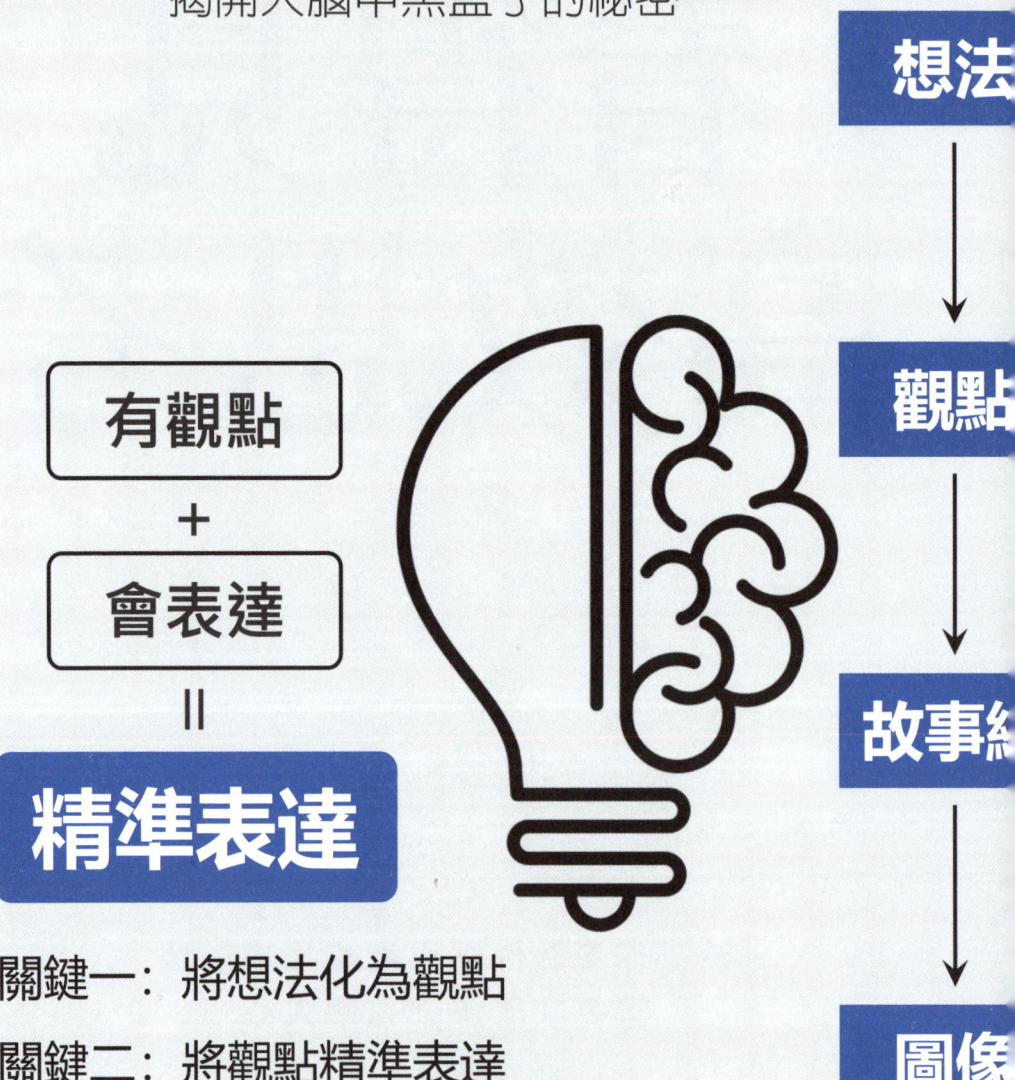

有觀點
+
會表達
=
精準表達

關鍵一：將想法化為觀點
關鍵二：將觀點精準表達

CH1-2

想法 → 觀點 → 故事線 → 圖像

結構化思考
CH2-3

打開黑盒子的第一把鑰匙

- 理解 — 掌握想法的本質
- 分解 — 過濾與找出關鍵訊息
- 再構築 — 形成一個完整觀點

黃金圈法則
CH2-4

- 為什麼 — 為何要傳達觀點？
- 怎麼做 — 「如何說」能更好理解？
- 做什麼 — 具體來說，訊息是什麼？

視覺化表達
CH3-2

打開黑盒子的第二把鑰匙

- 層次劃分 — 讓重點一眼就看到
- 結構設定 — 讓內容一眼就看懂
- 視覺優化 — 讓質感一眼就看見

進階性應用

一頁報告	顧問圖表	全息圖
CH4-1	CH4-2	CH4-3

目　錄

前言　　看得見的思考，打造你的視覺腦　　　　　　　　007

第 1 章　高效思考的黑盒子　　　　　　　　013

1-1　你有想法難以表達的困擾嗎？　　　　　　　　014
1-2　揭開黑盒子的真面目　　　　　　　　026
1-3　用大腦喜歡的方式處理訊息　　　　　　　　034
1-4　黑盒子的使用說明書　　　　　　　　046

第 2 章　打開黑盒子的第一把鑰匙：結構化思考　　　　　　　　059

2-1　有觀點，傳達訊息才有力量　　　　　　　　060
2-2　寫下來、畫出來，想法才能落地　　　　　　　　069
2-3　結構化思考，將想法轉化為觀點　　　　　　　　090
2-4　確認目的與對象，提高觀點的能見度　　　　　　　　128
2-5　提升結構化思考的品質與速度　　　　　　　　140

第3章 打開黑盒子的第二把鑰匙：視覺化表達　　155

3-1	圖文、圖表還是圖解？別想得太複雜	156
3-2	視覺化表達，三步驟讓訊息更好看	167
3-3	圖文的視覺化：精簡、濃縮、好記憶	203
3-4	圖表的視覺化：用數據說一個好故事	215
3-5	圖解的視覺化：讓說不清楚的一看就懂	240

第4章 升級你的黑盒子　　269

4-1	在對方分心之前，用一頁報告切入重點	270
4-2	國際顧問都在用的圖表技巧	290
4-3	一張全息圖，征服所有人的目光	304
4-4	向高手學習，化為自己的經驗	325
4-5	智能化時代，AIGC 能幫上什麼忙	334

結語	未來，你我都需要用圖解思維建立起高效溝通	344

看得見的思考，
打造你的視覺腦

在這個資訊超載的時代，我們每天面對數以萬計的文字、數據和圖片。

如何讓重要的資訊快速被人理解，讓自己的想法脫穎而出，這是一個不容忽視的挑戰。然而，這並不僅僅是技巧的問題，更是思維方式和表達策略的問題。

我們的大腦其實並不適合處理複雜的線性文字訊息。心理學研究早已證明，大腦更偏好圖像化的訊息，因為它能瞬間激活記憶、引發情感共鳴並促進更深層的理解。正因如此，看得見的思考，或者說將想法用一張圖來展現，逐漸成為一項關鍵技能。

這不僅僅是一種簡化複雜事物的方法，更是一種溝通的藝術、一種解決問題的工具。

沒有一張圖不能解決的問題。
如果有，那就用兩張圖

看到一張簡潔易懂的地圖，我們能迅速理解路線的走向；看見一份

清晰有序的流程圖，我們能立刻掌握工作的全貌；甚至一張插圖，都可能比一篇冗長的文章更能打動我們的心。

這就是視覺的力量：精簡、濃縮、好理解。

但你可能會很好奇：為什麼是一張圖？文字和數字難道不夠嗎？答案是，當我們的目標是讓複雜的想法變得易於理解且令人記憶深刻時，單靠文字和數值往往是低效的。相較於逐行閱讀文字或計算數據，一張透過精心設計的圖表更能讓我們一目了然的捕捉到全貌，甚至是快速洞察深層的關鍵訊息。

事實上很多成功的溝通者早已善用這項技能。賈伯斯在產品發表會上，經常用一張圖表來展現蘋果的願景和策略；在商業簡報中，圖表、圖示與圖解的運用，更是稀鬆平常。而在日常生活中，從時間管理到旅行規劃，一張圖能幫助我們理清思緒、提升效率。

我們的「視覺腦」是如何運作的？

在撰寫這本書時，我的核心理念之一，就是希望每一位讀者都能活用自己的「視覺腦」。

這是一種不同於日常邏輯推理的能力，它更接近直覺和圖像化的思維方式。

諾貝爾經濟學獎得主丹尼爾‧康納曼提出的「大腦的兩個思考系統」理論，為我們理解視覺思維提供了寶貴的框架，也是這本書的論點基礎：

+ **系統一**：一種快速、直觀且自動化的思維模式。例如，看到一張臉，瞬間辨認出對方是喜怒哀樂。

+ **系統二**：一種緩慢、理性且需要努力的思維模式，像是解決數學問題或做出複雜決策。

視覺化思考的力量就在於，能將複雜的訊息轉化為「系統一」可以快速處理的直覺圖像，從而大幅減少我們大腦的負擔。

從結構化思考到視覺化表達

這本書的內容，源於我對結構化思考和視覺化表達的多年探索。在多年實踐中，我發現無論是在職場、學術還是商業及生活中，人們最需要的往往不是更多的訊息，而是更清晰的表達、更高效的理解。

如何化繁為簡、以簡馭繁，從抽象的想法出發，將它清晰的呈現在一張圖上？這正是我希望透過這本書中帶給你的核心能力。書中的內容分為幾個部分，循序漸進的幫助你：

+ 理解結構化思考的核心原理，包括如何結構化你的想法，以及如何設計讓人「看得懂」的觀點與資訊。
+ 學習視覺化表達的關鍵技術，從簡單的圖文、圖表到更複雜的圖解，讓你掌握一套通用的視覺化工具模組。
+ 探索各種應用場景，包括商業提案、個人學習、團隊溝通，讓你真正將所學付諸實踐。

每一部分都包含了大量的案例解析和操作技巧，希望讓每位讀者都能從中獲得啟發。

誰需要這本書？

這本書的讀者設定，不僅僅是設計師或專業圖表製作人員。我相信，每一個希望提升自己溝通能力、解決問題能力的人，都需要看得見的思考；而掌握結構化思考與視覺化表達的能力，更是全面提升思考、表達與問題解決的關鍵。

+ 如果你是學生，這本書能幫助你更有效的整理筆記、準備報告或論文。
+ 如果你是職場工作者，這本書將是你手邊不可或缺的一本指南，讓你的簡報與提案更有說服力，讓你的工作流程更高效。
+ 如果你是自媒體或內容創作者，我想這本書能為你提供一個全新的工具，幫助你將抽象的靈感轉化為吸睛也吸金的視覺成果。

甚至，即使你只是想更有系統的規劃自己的生活，你也會發現一張圖能讓你的目標更清晰、行動更有條理，成果也能顯而易見，就像我一樣。

未來的新視界，你準備好了嗎？

我們正在進入一個視覺化的時代。

人工智慧、大數據、社群媒體等，所有的技術進步都在推動訊息的「圖像化」。我們不僅需要理解這些趨勢，還需要主動掌握這一技能，讓自己在未來的競爭中立於不敗之地。

我希望這本書能成為你踏上這條路的第一步,幫助你打造屬於自己的視覺腦。從此,你將擁有一種全新的語言:一種能夠打破文字局限、提升溝通效率的語言。

　　讓我們從現在開始,掌握新語言,用一張圖讓人看見新視界。

第 1 章

高效思考的黑盒子

1-1
你有想法難以表達的困擾嗎？

在生活與工作中，我們經常會遇到這樣的情況：腦海中有很多想法，但卻難以用語言清晰的表達出來。這種困擾可能會導致溝通上的誤解、效率低落，甚至是錯失機會。

幸運的是，一張圖就可以幫我們輕鬆解決這個問題。

比方說，你想和朋友們計畫一次旅行，但每個人都有不同的想法和建議。你一言、我一句，肯定費時也很難達成共識。這時，如果將大家的想法整理成一張心智圖，把所有的目的地、活動、住宿選項等列出來，不僅一目了然，也方便接下來的討論和決策。

工作上，難免有需要使用數據來展現觀點的時候。如果你在會議上需要向團隊展示一組複雜的數據，擔心大家無法理解。這時就可以使用圖表來清楚傳達你的訊息，像是利用散布圖來展現數據的關聯性，或是使用折線圖或圓餅圖來展現數據的走勢和比較，這麼做能讓數據中的訊息變得更加直觀和易於理解。

在我們的生活周遭，也隨處可見運用視覺化增進溝通與理解成效的場景。像是搭乘捷運、高鐵等大眾運輸看到的班次路線圖與訊息提示看板，到餐廳用餐時所提供的菜單，以及每個人手機上的操作介面等。透

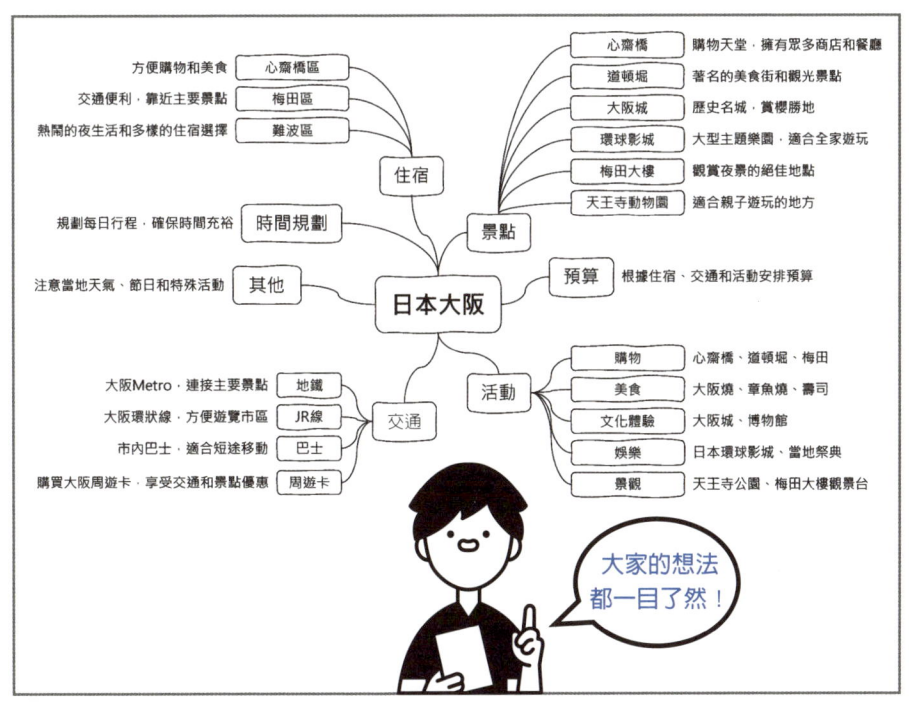

圖 1-1　用心智圖彙整大家的想法,便於溝通和討論

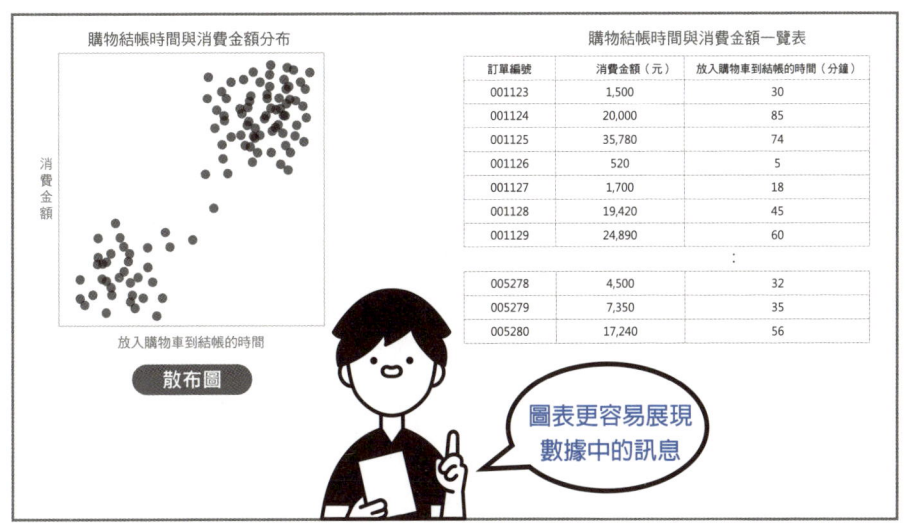

圖 1-2　用一張圖表能更輕鬆展現數據中隱藏的訊息

圖 1-3　生活中隨處可見的視覺化訊息

過視覺化溝通，我們可以更快「對焦」所需要的訊息，讓決策或行動順利的進展下去。

但是，你有沒有想過為什麼一張圖就能達到這樣的成效？

是因為大家都說這是視覺化的力量、也都這麼做，還是因為你真的用一張圖解決了溝通表達上的困擾呢？如果說，用一張圖就能更有效的解決溝通問題，為什麼還有這麼多人感到煩惱和棘手？

我曾經聽過不少人抱怨，以為將數據畫成圖表、加入圖片或圖解等視覺化的方式，就能讓訊息呈現更為清晰易懂；但結果達不到預期的效果，還因此造成誤解、錯失了機會，反而得花更多時間來解釋和重做。

怎麼會這樣？到底是哪裡出了問題？

是自己的想法不對、圖表或圖解呈現的方式不好，還是對方的理解能力不足？我們又該如何突破這個瓶頸，順利完成溝通表達的目標？這

就是這本書中想要探討的問題。

「視覺化只是一種手段，目的是為了更良好的溝通。」

這是我想傳達給各位的第一個觀點，也是最重要的。

溝通是為了傳達訊息、增進理解與認同，或是達成共識。有時說得再多也無法達到溝通的效果，用一張圖來傳遞訊息反而能輕鬆解決問題；反過來說，如果用一句話就能解釋清楚，也用不著一定要用視覺化的方式來展現。

像這樣將想法或訊息用一張圖呈現的溝通方式，就叫做視覺化溝通。

視覺化溝通，
一種有畫面感的溝通方式

富有畫面感的表達方式，能讓人更直觀理解、感知到想要傳達的訊息重點，進而提高溝通的效率。

我們可以透過文字的語境描述來創造出畫面感，也可以運用圖像更直觀的展現出畫面感。包括圖片、影片或實物，甚至是線條與幾何圖案，都可以運用來創造出畫面感。

說到視覺化溝通，就不能不提到賈伯斯在蘋果產品發布會的案例，堪稱經典。

「這是全世界最薄筆電。」

在 2008 年的舊金山莫斯康尼會展中心，當賈伯斯從牛皮紙袋拿出 MacBook Air 的瞬間，現場觀眾都因輕薄的外觀為之驚呼，同時也將這個訊息深深的植入了眾人的大腦中。在那個瞬間，也重新定義未來十年筆電的樣貌。

如果你以為這只是賈伯斯的神來一筆，那我要再告訴你一個故事。

在 2005 年的 iPod 發表會上，賈伯斯問台下的觀眾：「你們知道牛仔褲的小口袋是用來幹嘛的嗎？」然後，他就從小口袋裡掏出了 iPod nano，讓現場觀眾為此鼓掌了十秒鐘之久。透過視覺化的描述，搭配實物場景化的展示，賈伯斯讓人們立刻意識到新推出的 iPod nano 是一款多麼輕薄、方便攜帶的音樂播放器。

誰說視覺化溝通只能運用圖片呢？賈伯斯為我們展現了最好的創意。

如果他只是簡單的拿出 iPod nano 並告訴大家：

「蘋果推出了一款全新的媒體播放器，僅有不到 40 克重。」

儘管現場觀眾都看到了實物與圖片、還有規格表，也很難產生畫面感，更不容易接收到賈伯斯真正想要表達的重點。

「這是一款比 iPod mini 更薄、更輕的音樂播放器。」

賈伯斯的視覺化溝通，為我們帶來了哪些啟發呢？

- **簡潔有力**：賈伯斯善於用簡單方式來展示產品的特點，讓觀眾一目了然，就像是從牛皮紙袋中拿出 MacBook Air，這個動作本身就強調了產品的輕薄特性。
- **出其不意**：透過意想不到的展示方式，例如從牛仔褲的小口袋中掏出 iPod nano，賈伯斯成功的創造驚喜，並讓這個瞬間深深的印在觀眾的記憶中。
- **結合實物**：視覺化溝通不僅僅是依賴圖片或影片，也可以是實物展示；賈伯斯藉由實物展示讓觀眾能夠真實的感受到產品的特點和優勢。
- **核心訊息**：賈伯斯在展示產品時，總是能夠抓住產品的核心賣點，並通過視覺化的方式強調訊息。像是拿出一張 A4 紙來對比，強調

MacBook Air 是「全世界最薄的筆電」這樣的描述簡單而有力，讓人印象深刻。

+ **創意幽默**：賈伯斯的展示方式往往充滿創意和幽默感，這不僅增加了期待感和趣味性，也讓觀眾更容易接受和記住產品的訊息。

我想透過賈伯斯的故事告訴你，視覺化溝通不僅僅是展示圖片或影片，更重要的是如何透過創意和簡單有力的方式，讓觀眾能夠直觀的理解和記住我們想要傳達的觀點。

視覺化溝通，是一種富有畫面感的溝通方式。

如果你仔細觀察周遭，就不難發現生活中處處都有視覺化溝通的應用，幫助我們更直觀的理解和記住訊息。例如：

+ **交通號誌**：使用簡單的圖形和顏色來傳達重要訊息。比方說紅燈停、綠燈行，能夠迅速引起駕駛與用路人的注意，並幫助他們做出正確的決策。
+ **地圖和導航應用**：通常會使用不同顏色和符號來表示不同的道路、地標和交通狀況，幫助我們快速找到目的地。
+ **數據視覺化**：在商業和科學領域，數據視覺化是非常重要的。圖表、圖形和儀表板能夠幫助我們更容易理解複雜的數據，並做出明智的決策。
+ **教育和培訓教材**：在教育和培訓活動中，視覺化的教材能夠幫助學生更快理解和記住知識。比方說，使用圖表、圖解和動畫來解釋操作步驟或脈絡關聯。
+ **廣告和市場行銷**：這些領域廣泛的使用視覺化元素來吸引消費者的注意力，包括圖像、影片、圖形和品牌標誌，能夠迅速傳達產品或服務的核心賣點。

+ **社群媒體**：圖片和影片是主要的溝通方式。使用者透過分享視覺內容來表達自己的情感、經歷和觀點，這些內容通常比純文字更具吸引力和影響力。

這些場景應用展示視覺化溝通在我們日常生活中的重要性和廣泛應用，能夠幫助我們更快、更準確的理解訊息，並在記憶中留下深刻的印象。

但是，為什麼視覺化溝通能產生這樣的成效呢？

善用大腦
對於視覺化訊息的優勢

理解視覺化訊息對於大腦的作用，有助於我們更好的運用視覺化溝通。

加拿大心理學家艾倫‧白斐歐（Allan Paivio），在 1975 年提出了雙碼理論（Dual Coding Theory），強調圖文並茂的資訊，最容易被人們所記憶。他指出人類大腦處理訊息的方式有兩種：一種是基於語文的符號系統；另一種則是基於圖像的非語文系統。在基於語言的符號系統中，我們透過文字和語言來理解和記憶訊息；而在基於圖像的非語文系統中，我們透過圖像和視覺元素來理解和記憶訊息。

這兩種系統可以彼此獨立，也可以相互配合、共同處理訊息。

視覺化溝通，就是同時利用兩種系統來處理訊息，藉此提高理解和記憶效率。

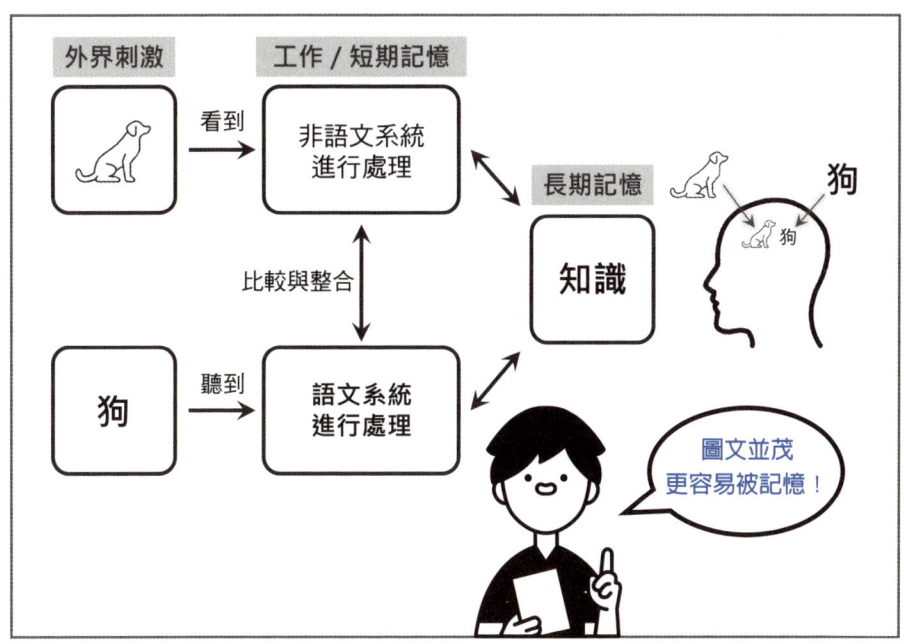

圖 1-4　雙碼理論指出，圖文並茂的資訊最容易被人們所記憶

　　從腦科學角度，也可以說明善用人類大腦對於視覺訊息的優勢，有助於提高訊息的傳達效率與理解效果，也能更容易吸引到他人的注意力。

+ 視覺訊息，可以更快速的被處理

　　相較於文字訊息，我們的大腦處理視覺訊息更迅速。根據研究，大腦只需要 13 毫秒就能處理視覺訊息，而處理文字訊息則至少需要 250 毫秒。這表示視覺訊息能更快的吸引對方的注意力，使對方接收到訊息。

+ 視覺訊息，可以更直觀的被理解

　　我們的大腦天生就對視覺訊息具備直觀理解的能力。可以透過圖像的觀察，快速理解訊息的含義。比方說，我們看到一張捷運路線圖，就

可以直觀的理解路線圖上的位置關係。不只如此，圖像也能跨越語言障礙，讓不同語言背景的人同樣能夠輕易理解。

此外，圖像還能表現出更多元的訊息結構。

我們很難用言語說明清楚不同捷運路線的關係訊息；但只要一張捷運路線圖就可以做到，甚至不需要說明。這是因為語言更適合線性的訊息結構，當我們需要表達的訊息結構是非線性的，像是一個流程、一張表格或是彼此交集的區塊時，使用語言就難以描述。

這時候，圖像反而更適合展現這些非線性結構的訊息。

反過來說，基於這樣的限制，我們在使用語言來進行溝通與表達時，也要盡可能轉換為線性的訊息結構，來降低理解的門檻、提高認同的力道。

就像我在《高產出的本事》中提到的邏輯框架，就是一種線性的訊息結構；而說不清楚的，就用圖解框架來處理。

✚ 視覺訊息，可以更容易的被記憶

根據研究，我們的大腦可以記住八成的視覺訊息，但只能記住兩成不到的文字訊息。這說明視覺訊息可以幫助我們更好的記憶訊息。

舉例來說，使用折線圖來展示趨勢變化、透過流程圖來展示任務步驟，運用圖解或插圖來解釋科學原理、藉由漫畫或手繪來講述歷史故事，以及利用視覺符號與圖案來傳達訊息，像是紅色代表危險與警告、綠色代表安全與可忽視。

現在，你知道了視覺化溝通的好處，也明白善用大腦對於視覺訊息的優勢。但是，該怎麼做呢？

用一張圖來呈現想法？
揭開大腦高效思考的黑盒子

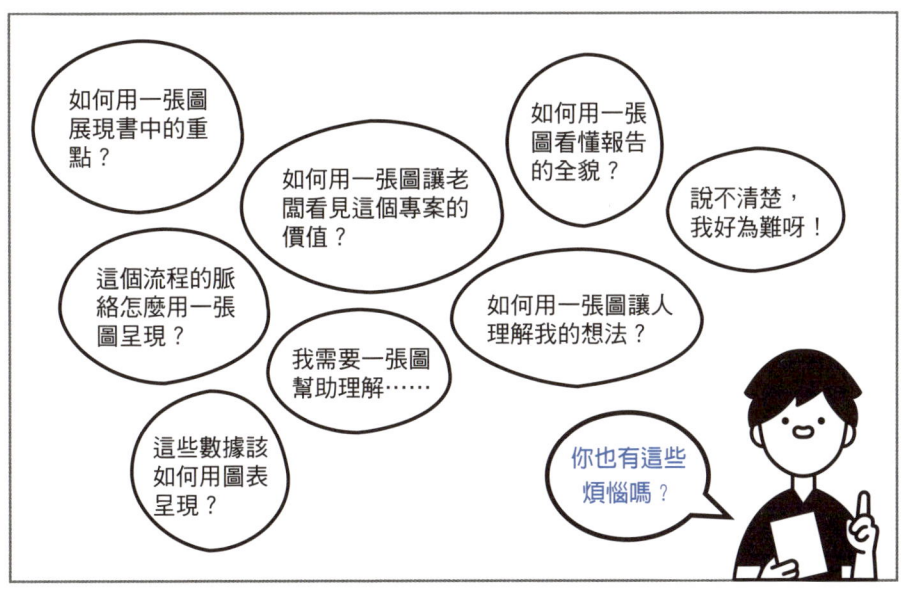

圖 1-5　用一張圖來表達想法、解決問題的煩惱

　　展現出一張圖就能很好的達成目的。問題是，該如何產出這樣的一張圖呢？像是，

+ 如何用一張圖展現書中的重點？
+ 如何用一張圖表來呈現數據中的訊息？
+ 如何用一張圖來呈現流程中的脈絡？
+ 如何用一張圖讓老闆看見這個專案的價值？
+ 如何用一張圖像看懂報告的全貌？
+ 如何用一張圖讓人理解我的想法？

　　我知道用一張圖解來表達很好，但也好難。你也有這些煩惱嗎？

你知道嗎？在每個人的大腦中都有個黑盒子，當我們將想法輸入到這個黑盒子中，就能轉變成一張圖。如果能搞懂這個黑盒子，或許我們就能更簡單的做出想要的一張圖。

但是黑盒子裡頭裝的到底是什麼？好像沒人真正說清楚過。

有人覺得是天賦、美感，或是生俱來的直覺，應該是少數人才能擁有的。但真是這樣嗎？曾經有人問過我：這些圖你是怎麼做出來的？可以告訴我嗎？我也想知道腦中的黑盒子是怎麼運作的。

如果我能把它解構出來，變成可以操作、可以學習的技巧，相信一定可以幫助到很多人吧！甚至，能不能讓人工智慧也學會？這樣就真的太棒了！

這就是我撰寫這本書的起心動念：揭開高效思考的黑盒子。

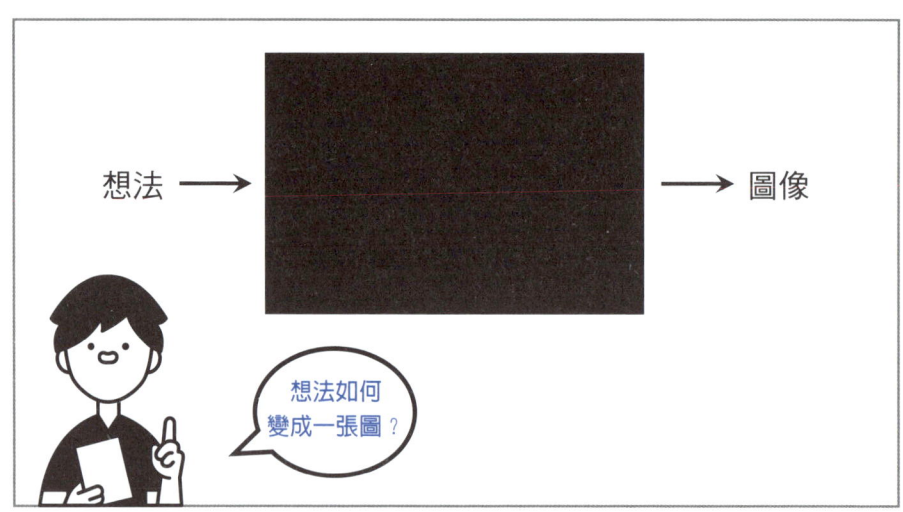

圖 1-6　運用黑盒子的機制，讓想法變成一張圖

這本書就是要揭開黑盒子的祕密和善用它的方法。

請你跟著我一起打開這個黑盒子,探索其中的祕密,學習如何將想法視覺化。

> **章節重點**
>
> ✓ 視覺化只是一種手段,目的是為了更好的溝通。
> ✓ 視覺化溝通,是一種富有畫面感的溝通方式。不僅僅是展示圖像或影片,更重要的是,如何透過創意和簡單有力的方式,讓觀眾能夠「直觀的」理解和記住我們想要傳達的觀點。

揭開黑盒子的真面目

黑盒子裡頭裝的，其實是一種處理資訊的思考過程。

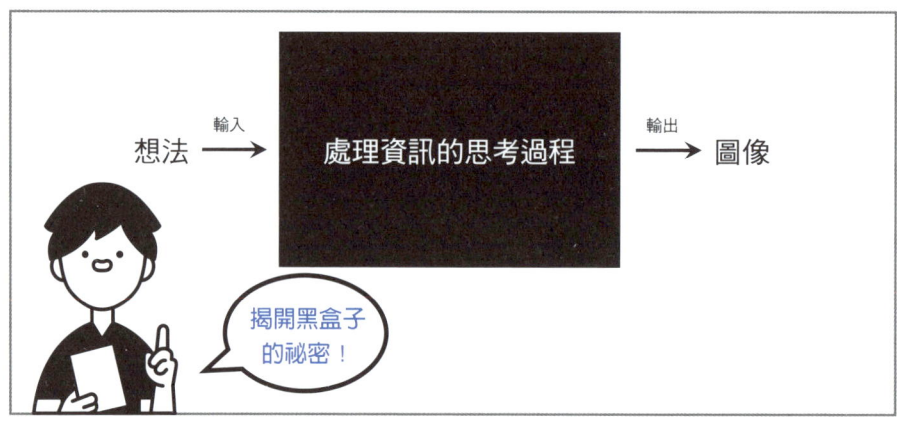

圖 1-7　黑盒子中是處理資訊的思考過程

思考什麼呢？思考「說什麼」和「如何說」這兩個問題。

+ **說什麼**：我們最初的想法是什麼？希望傳達什麼樣的觀點？
+ **如何說**：這個觀點要用什麼樣的方式展現能更好的被理解？

換句話說，觀點就是這個黑盒子中最重要的一樣東西。我們要找出這個觀點，並且用合適的方式來展現觀點。

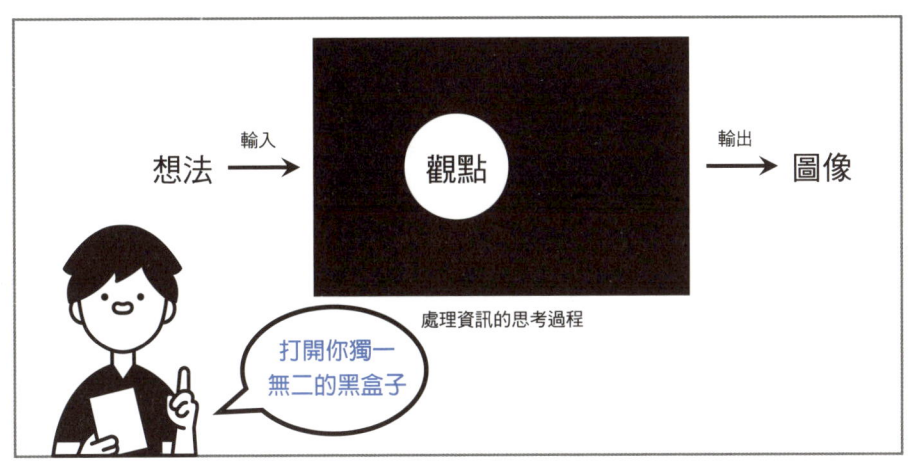

圖 1-8　將想法轉化為觀點,再將觀點視覺化

具體來說,我們可以將黑盒子的運作機制表現為這樣的形式。

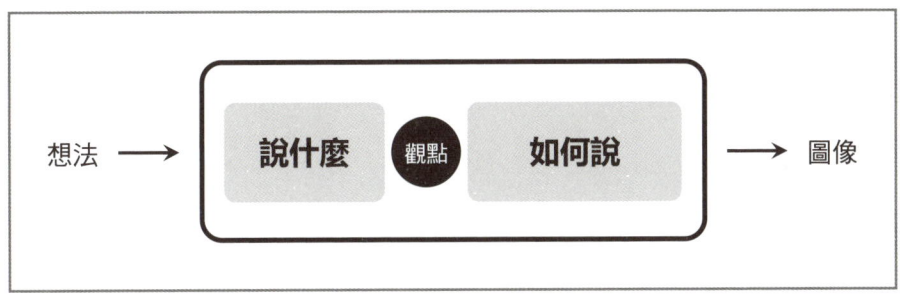

圖 1-9　黑盒子的運作機制:處理「說什麼」和「如何說」的問題

視覺化溝通,不僅僅是將訊息用視覺化的方式展現而已;更重要的是我們要傳達什麼樣的訊息,也就是我們的觀點。

知道「說什麼」代表我們有觀點;懂得「如何說」表示我們可以用視覺化方式來表達。這樣的運作機制,也可以很好的解釋我們在將想法變成一張圖的過程中所遭遇的阻礙。我用一張矩陣圖來表示這些阻礙可能產生的問題與影響。

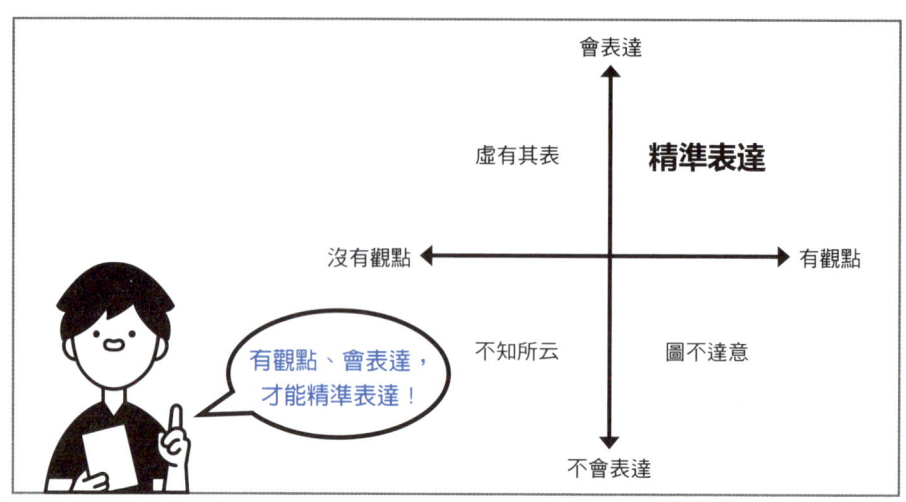

圖 1-10　從想法到產出一張圖的過程中所遭遇到的阻礙

阻礙一：
懂得表達、卻沒有觀點，只是虛有其表

「不少人以為要做好視覺化溝通，就必須提升視覺化技巧。」這句話只對一半。即使具備視覺化技巧，但缺乏獨特的見解和觀點，所呈現出來的內容也會顯得空洞，無法引起觀看對象的共鳴或進一步理解，也更可能因此覺得這些訊息了無新意或價值，結果就是忽視或遺忘。

舉例來說，一位設計師製作一份精美的銷售報告，但報告中僅僅是華麗的圖表和富有設計感的數據表格，並沒有深入分析銷售趨勢或提出洞察的發現與建議。報告雖然看起來很漂亮，但管理者或相關人員無法從中獲得有價值的見解。

類似的情況常發生在剛進入職場的新鮮人或是跨域合作的專業人士，對於背景知識還不太熟悉、缺乏足夠的敏銳度與洞察分析的深度，所以無法產生有價值的見解。也可能是想法其實很多，但缺乏結構化組

織的能力轉化為具體的觀點。

通常隨著資歷累積，以及掌握產出觀點的能力就能有效突破這個阻礙。

阻礙二：
擁有觀點、但不會表達，往往圖不達意

有很棒的想法、深刻的見解，但如果無法有效傳達或展現方式不對，也沒意義。

觀看對象可能難以理解或接受這些觀點，甚至是誤解了我們想表達的意思。如此一來，往往需要更多的說明或解釋，也可能根本沒有這樣的機會。這麼一來，就失去了一張圖的意義，還不如一開始就使用文字說明。例如，一位投資機構的研究員發現一個重要的市場趨勢。他在報告中使用了大量專業術語和複雜的視覺圖表，但由於缺乏淺顯易懂的視覺化訊息與輔助說明，結果投資人完全無法從報告中理解這些重要發現，也錯失潛在的商業機會。

類似的情況也常發生在跨領域的交流與溝通上。明明自己有很強的專業、也能產出有價值的觀點，卻由於不習慣與非領域的受眾對話，加上缺乏視覺化技巧的訓練，導致展現出來的這一張圖只能對特定專業人士發揮成效。還有一類人，認為自己沒有美感、不懂設計，所以做不好視覺化也是合理的。

這其實是一種刻板印象造成的誤解。他們不明白**視覺化是為了讓訊息更好的被接收與理解**，這與為了提升觀看體驗而做的視覺設計是不同的。即使沒有美感、不懂設計，只要掌握基本的視覺化原則，也能展現簡單易懂的視覺化訊息；況且，現在還有人工智慧可以幫你做好這件事。

阻礙三：
既沒觀點、也不擅表達，讓人不知所云

這是最糟糕的情況，溝通幾乎完全失效。

觀看對象既無法從中獲得有價值的見解，也無法理解內容到底想傳達什麼訊息。投入的時間和精力無法產生預期的效果，更可能導致資源浪費和製造新的問題，像是要求重新製作內容、安排更多的會議與討論來搞清楚內容等。例如，一位新手員工被要求準備一份市場分析報告，但缺乏經驗和知識，也不擅長使用視覺化的技巧，結果展現出的圖表和圖解內容既無法提供有價值的觀點，也不能做出有效的傳達。最終，這份報告既沒能提供有用的訊息，也沒有引起任何人的注意。

類似的情況在職場上每天都在發生，不論是職場新人與資深人員都有可能出現這樣的問題。對職場新人來說，主要是缺乏**將想法具象化為觀點的能力**，或是**未能掌握視覺化技巧**，甚至兩者都不擅長；而資深人員的問題則來自於組織機制的僵化，使得溝通與產出內容流於形式化，忽略了視覺化溝通最核心的兩個問題：說什麼、如何說。

於是過去怎麼做，現在就怎麼做；大家怎麼說，自己就怎麼說。要改善這個狀況，就必須從組織文化開始改革，導入正確的視覺化溝通觀念。視情況給予訓練，提升將想法轉化為觀點的能力，以及將觀點展現為視覺化結果的技巧，藉此逐步提升視覺化溝通成效。

擁有觀點、懂得表達，才能做到精準表達

相對於前三種阻礙，最理想的情況就是有觀點、會表達。這有什麼好處呢？

1. **高效溝通**：能清晰、準確傳達觀點，讓觀看對象迅速理解並接受。
2. **強化說服**：明確觀點加上視覺化展現更具說服力，更有效影響決策和行動。
3. **提升觀感**：有觀點、又能表達，往往給人一種專業與信任感。

舉例來說，一位行銷人員在報告中不僅展示了銷售數據，還深入分析指出市場趨勢和潛在機會，並使用簡潔易懂的圖表和策略圖解來輔助說明。這份報告不僅幫助管理者迅速理解市場狀況，還提供了具體的行動建議，最終促成公司在新市場的成功擴展。

此舉對這位行銷人員來說，也獲得更多職涯發展的機會。

問題是：該如何做到有觀點、會表達，將想法轉化為精準表達的一張圖？

只要透過兩個階段、四個步驟就能做到。

+ 階段一：運用結構化思考找出觀點，解決「說什麼」的問題。
+ 階段二：藉由視覺化表達產出圖像，解決「如何說」的問題。

結構化思考，就是透過「脈絡梳理」的步驟，將抽象的想法轉化為清晰的觀點；而**視覺化表達**，則是透過「層次劃分、結構設定、視覺優化」的步驟將觀點用一張圖來呈現。

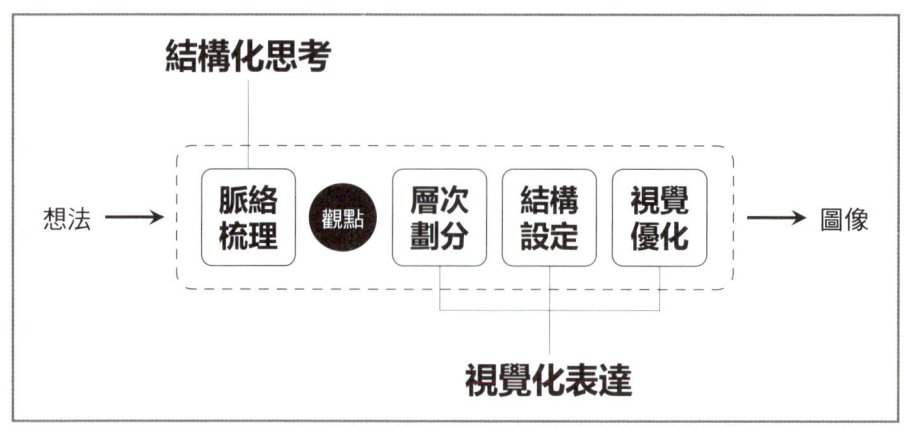

圖 1-11　兩個階段、四個步驟,將想法轉化為一張圖呈現

黑盒子的真面目終於揭開了!就是「結構化思考」與「視覺化表達」的結合運用。

先透過結構化思考將想法轉化為觀點,再藉由視覺化表達將觀點用圖解來展現;分別對應了「脈絡梳理」、「層次劃分」、「結構設定」和「視覺優化」這四個步驟:

步驟❶脈絡梳理:將初步想法進行整理分類,形成清晰的觀點。

步驟❷層次劃分:區隔畫面中資訊的層次感,讓重點一眼就看到。

步驟❸結構設定:安排畫面中訊息的結構性,讓內容一眼就看懂。

步驟❹視覺優化:提升畫面中元素的視覺化,讓質感一眼就看見。

在接下來的篇章中,我將告訴你:

1. 如何進行結構化思考,將想法轉化為觀點?
2. 如何進行視覺化表達,將觀點用一張圖來呈現?
3. 如何結合結構化思考與視覺化表達,在各種場景中用一張圖來解決問題?

章節重點

- 在每個人的大腦中都有個黑盒子,當我們將想法輸入到這個黑盒子中,就能轉變成一張圖。這個黑盒子是一個處理資訊的思考過程,它思考的是「說什麼」和「如何說」這兩個問題。
- 在將想法變成一張圖的過程中,可能遇到的三個阻礙:懂得表達卻沒有觀點、擁有觀點但不會表達、既沒觀點也不擅表達。
- 有觀點、會表達才能做到精準表達,可以透過兩個階段和四個步驟來實現:階段一運用**結構化思考**找出觀點,解決「說什麼」的問題;階段二藉由**視覺化表達**產出圖像,解決「如何說」的問題。

1-3 用大腦喜歡的方式處理訊息

「哇，這張圖解真棒！你是怎麼想出來的？」

「報告中的圖表簡明清晰，一看就懂。你是怎麼畫出來的？」

看到簡明易懂、又能清楚傳達訊息的一張圖，我們總是不由得讚嘆作者的巧思，同時也可能會產生疑惑：對方到底是怎麼想出來的，為什麼自己就想不到？

我也時常被問到這個問題。不論是簡報、文章或全息圖的分享，總會有人問我：這是怎麼畫出來的？你是如何想到這樣的呈現方式？

是啊，我是怎麼想出來的？曾經我也對這個問題感到好奇。

這是一種天賦嗎？那麼應該只有少數人擁有這項能力。顯然不是，我見過許多人藉由經驗的累積、技巧的學習，而在這項能力上有了明顯的進步，甚至成為賴以為生的技能。

只不過，他們之中的多數人都說不出自己是如何辦到的？

圖 1-12　一般人認為提升「將想法用一張圖呈現」能力的做法

　　我們可能會得到這樣的答案：大量練習、深度思考、閱讀書籍或臨摹高手的作品等。不能說這樣的答案不對，然而，對於缺乏這項能力，想要提升自己的人來說沒有太大的實質幫助，甚至連這項能力是什麼都不清楚。這些人面對的困擾是：

+ 大量練習，但不知道該如何練習？又該怎麼驗證練習是有效的？
+ 深度思考，也不知道從何開始、又該如何思考？好像也沒有標準流程。
+ 閱讀書籍，市面上的書籍這麼多要從何讀起？哪些書才是適合自己的？
+ 臨摹高手的作品，這個好像實際一些。不過從作品中好像也不容易看出高手思考的脈絡，只能依樣畫葫蘆；但有時也會發生畫虎不成反類犬的情況也不自知。

　　「天哪！真的好難呀。」

「難道沒有人可以說清楚這件事嗎？」

如果不是這些年從事培訓工作和寫書的歷練，我想自己也不會認真探索這個問題，更不會認真的找出一套思考與實踐的方法；當然，也要感謝編輯的催促，有了這本書的問世。

要回答這個問題，我們必須先搞清楚另一個重要的問題：大腦是如何處理訊息的？

行為經濟學家康納曼：大腦的兩個思考系統

諾貝爾經濟學獎得主丹尼爾・康納曼，被譽為行為經濟學之父。

系統一
反射性的直覺思考
依賴情感、記憶和經驗作出快速判斷。

系統二
按部就班分析的理性思考
需要更多注意力和意識控制，通常用於複雜的問題解決和分析。

大腦的兩個思考系統

圖 1-13　大腦的兩個思考系統

他在《快思慢想》（天下文化出版）一書中提到，我們的大腦分為「快」與「慢」這兩種思考方式，分別以「系統一」和「系統二」稱之。

+ 系統一：反射性的直覺思考，依賴情感、記憶和經驗做出快速判斷。

它不需要太多的努力或意識控制，通常用於日常決策和反應。比方說，當你看到一個熟悉的面孔並立即認出那個人是誰，就是系統一在運作的結果。優點是思考過程比較快，缺點則是容易被自己的主觀偏好誤導而做出錯誤的判斷。

+ 系統二：按部就班分析的理性思考，藉由注意力來分析和解決問題。

它需要更多的注意力和意識控制，通常用於複雜的問題解決和分析。例如，當你在解一道數學題或做出重要決策時，系統二就會被啟動。優點是較不容易出錯，但缺點是比較慢。

這兩個系統在我們的日常生活中相互作用，幫助我們應對不同的情境與挑戰。

+ **決策與判斷**：基於過往經驗和情感反應，系統一會快速且直覺的做出決策；如果遇到需要深思熟慮、不容易做出判斷的決策，系統二就會接手進行緩慢且理性的分析選項。比方說，在超市購買商品時，通常會迅速選擇熟悉的品牌；但是在購買汽車或房屋時，就會考慮得比較多以做出合適的選擇。

+ **情緒和反應**：當你聽到一個突如其來的聲音時，系統一會立即讓你感到驚嚇，這是一種保護機制，自動且迅速的對情緒刺激做出反應。而在情緒反應之後，你會冷靜下來，這是系統二介入幫助你理性的分析情況，判斷那個聲音是否真的有危險，然後決定下一步行動。

+ **學習與記憶**：當你學習騎腳踏車時，系統一會幫助你自動化這些動作，快速學習和記住簡單的事物，讓你不需要每次都刻意思考如何保持平衡。然而在學習一門專業技能或新語言時，系統二會幫助你理解概念規則和語法詞彙的使用。

聽起來系統二比系統一更好，因為它能讓我們避開一些思考盲點與偏誤，不是嗎？

康納曼指出,一般人多半認為自己是使用系統二經過思考後才做出的判斷,其實不然,大多時候都是在使用系統一過日子。雖然系統二擁有最終的決定權,由於系統一可以提供更毫不費力、憑直覺產生的印象,因此系統二也經常「欣然採納」系統一的建議,畢竟這樣比較省事嘛!

日常狀況

提供印象和感覺,給予該下什麼判斷的建議

系統二（省電待機中） —支持→ **系統一**（自動運作）

印象變成想法,衝動變成行動

緊急狀況

碰到困難或突發狀況而進行呼叫

系統一（自動交棒） → **系統二**（啟動）

做出思考與判斷,並採取行動

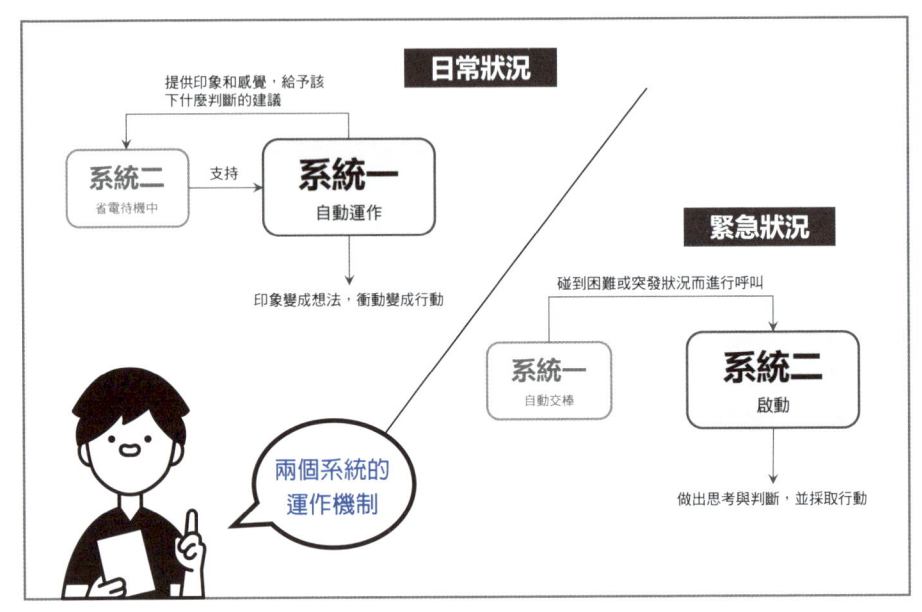

兩個系統的運作機制

圖 1-14　大腦的兩個系統依循著規律的運作機制

回想一下,直覺思考的確可以幫我們省下很多力氣。

我還記得第一次在日本自駕時,真的是冷汗直流,一開始連打個方向燈都頻頻出錯,不像在台灣開車還可以自在的和旁人聊天。

我們可以不假思索的一邊開車、一邊聊天,回到家也能不用思考就直覺的停好車,因為已經習慣成自然,讓系統一在主導駕駛的行為。不過,當我們行駛到一個陌生的地方,或是在百貨賣場找到了一個窄小的停車位,這時候就會顯得戰戰兢兢的吧?這是因為系統一無法應付眼前的狀況,就會切換到系統二來仔細觀察周遭環境的狀況、倒車該注意的

方向等。

康納曼指出，我們的大腦通常依循著這樣的規律運作著：
+ 系統一會自動運作；系統二處於省電模式待機中。
+ 系統一會提供「印象」和「感覺」給系統二該下什麼判斷的建議；如果系統二採納了，那麼這些「印象」和「感覺」就會變成「想法」。
+ 一旦遇到困難或突發狀況，系統一無法自動運作，就會呼叫系統二啟動，進入理性思考的模式，做出思考與判斷並採取行動。

大腦的兩個系統在我們的日常生活和工作中扮演著重要角色，共同影響著我們的判斷與決策過程，也影響著我們如何將想法展現為一張圖、如何從一張圖中理解訊息。

將想法展現為圖解

+ 系統一會快速且直覺運作，並根據想法自動生成一些基本的概念和圖解。

舉例來說，當你想到「樹」這個詞時，系統一會立即在你的腦海中浮現出一棵樹的圖解，通常圖解展現的方式會基於過往的經驗和記憶。於是你會畫下一棵樹、或是利用一張樹的圖示或圖片來展現想法。

+ 需要更複雜和詳細的圖解展現時，系統二會介入並有意識的運作。

比方說，當你需要將一個抽象的概念轉化為具體的圖解時，系統一判斷無法完成這個任務，此時系統二會介入幫助你思考如何將這個概念具象化，可能需要考慮不同的元素和彼此之間的關係，並進行多次修正來完善這個圖解。

從圖解中理解訊息

+ 看到一張圖解時，系統一會迅速做出初步的理解和反應。

像是看到一張笑臉時，你會立即感受到這是一個快樂的表情；看到

一張向上遞增的營收長條圖，會認為這代表營收是成長的，這些都是系統一的直覺反應。這種快速反應有助於我們在日常生活中迅速理解和應對環境。

+ **當圖解中包含複雜訊息，或不清楚該如何理解圖解時，系統二會介入。**

比方說，當你看到一張包含多個數據圖表的報告或儀表板時，系統一會初步判斷這含有複雜的訊息，並呼叫系統二來幫助你分析每個圖表的細節，理解數據之間的關係，並從中得出結論。這往往需要更多的時間和認知資源。

了解這兩個系統運作的方式，有助於我們更有效的利用一張圖來進行思考與溝通。例如，我覺得公司某項產品的銷售狀況愈來愈糟，希望畫一張圖表來印證我的想法。於是我很直覺想到將過去兩年的月銷售金額畫成一張長條圖來展現。

這是系統一運作的結果。但是，這是一個合適的圖表嗎？

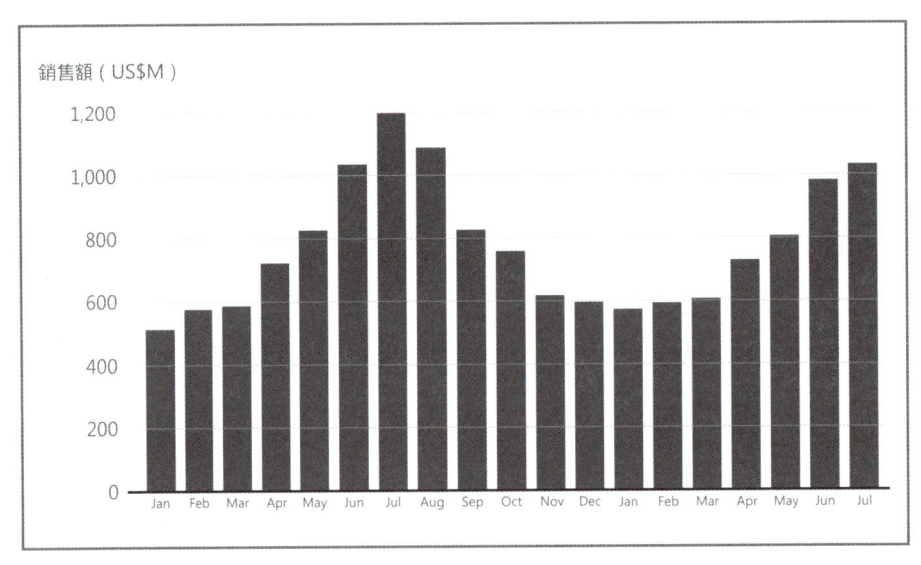

圖 1-15　將銷售額繪製成長條圖，能否展現我的想法？

我可以透過兩個問題來檢視：
+ 這張圖表所傳遞的訊息，能否符合想法的呈現？
+ 這張圖表所展現的訊息，能否達到期望的目的？

首先，我會去檢視這張圖表所傳遞的訊息是什麼？可以符合我覺得公司某項產品的銷售狀況愈來愈糟的想法嗎？
+ 這張圖表看見了每個月的銷售額變化，似乎有淡旺季的效應。
→ 可以從這張圖表印證公司某項產品的銷售狀況愈來愈糟的想法嗎？答案是「不能」。

其次，我會檢視希望透過這張圖表達成的目的，包括為什麼要展現這張圖表、希望對方看到後產生什麼反應？那麼這張圖表可以達到我期望的目的嗎？
+ 我希望對方認同我的想法。
+ 我希望對方看到這張圖表後，產生公司某項產品的銷售狀況愈來愈糟的感受。
→ 那麼這張圖表可以達成我期望的目的嗎？不能！

很顯然，從這兩個檢視的結果都可以察覺到這是一張不合適、甚至是無效的圖表。不過，通常只要其中一個沒能過關，就足以辨識不合適或無效了。

在這種情況下，我可能已經意識到系統一無法幫我處理這個問題，需要啟動系統二好好思考，如何展現這張圖表才能達成我的目的、符合我的想法。

+ 我希望圖表中能呈現出某項產品的銷售狀況愈來愈糟的訊息，該怎麼做？展現成長率的變化或許是個好主意，而且月成長率和年成長率可能都需要。
+ 如果我想強化對方的感受，光是展現成長率的變化還不夠，也需要放上銷售額的變化來創造反差。提醒對方從銷售額的表現上雖然看

起來是成長的,但這是因為受到淡旺季效應的影響,將銷售狀況下滑的訊息掩蓋起來。

因此,以下這張圖是我根據系統二來思考,將想法轉化為觀點,再將觀點轉化為圖表所得出的結果。我的觀點是:公司某項產品銷售額的年成長率持續下滑,開始出現負成長。

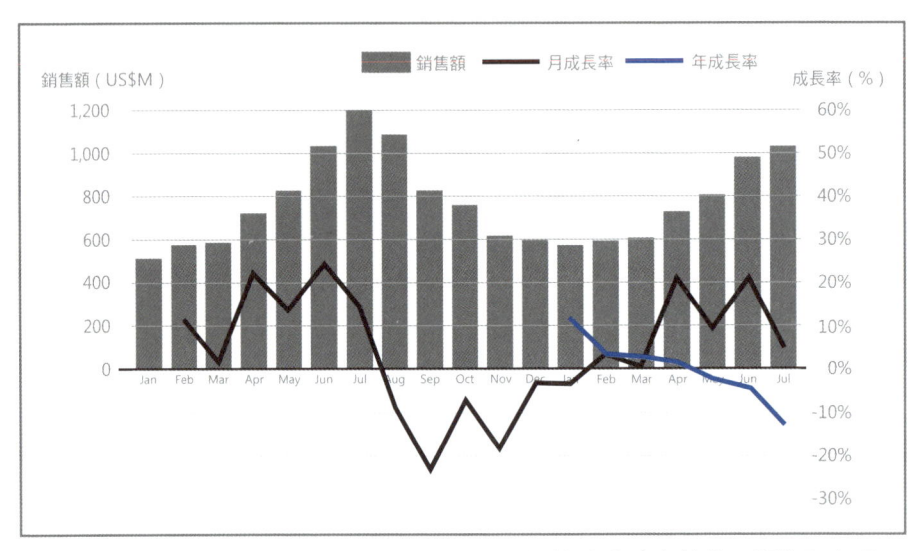

圖 1-16　透過系統二思考所繪製出來的圖表,能傳達合適有效的可視化訊息嗎?

藉由每月的銷售額、月成長率和年成長率的輔助比較,可以明顯看出年成長率持續下滑,甚至在最近三個月出現負成長。這張圖表可以反映出我認為公司某項產品的銷售狀況愈來愈糟的想法,也能達到我期望的目的。

再重新檢視一次:
+ 這張圖表所傳遞的訊息,能否符合想法的呈現?
+ 這張圖表所展現的訊息,能否達到期望的目的?

答案都是肯定的,那麼這就是一張合適的圖表。

善用大腦的兩個系統
做好視覺化溝通

我們的大腦很忙碌。

根據維吉尼亞大學心理學教授提摩西・威爾森（Timothy Wilson）的研究，人類的大腦每秒鐘接收到約 1,100 萬位元的資訊，這些資訊主要來自我們的感官體驗，包括視覺、聽覺、嗅覺和觸覺等。

然而，我們的意識只能處理其中非常小的一部分，大約是 40 位元。

現在你或許已經意識到一個問題：我們是如何處理如此龐大的資訊量？又是如何決定什麼是少數的關鍵資訊？答案是：大腦中的網狀活化系統（Reticular Activating System，RAS）。它負責過濾輸入的資料，也啟動迎戰或逃跑的反應。因此，會格外關注新的、意外的、有趣的、造成威脅的或具體特定的訊息；並且凸顯不一樣或出現變化的部分，忽略那些沒有太大變化的。做為溝通者，我們可以充分善用大腦的運作機制，將溝通對準 RAS 爭取注意力，用對方容易理解的方式，傳達他們想知道的訊息。

只不過，我們只有幾秒鐘的時間完成任務。

我們如何組織和包裝訊息，決定了對方會聽我們說，還是成為背景雜訊的一部分。可別誤會了，我不是說你要在幾秒鐘內讓對方理解訊息，而是抓住對方的注意力，讓他願意聽你再多說一點！

該怎麼做？讓對方的系統一接收簡單易懂的訊息，再透過系統二思考與理解訊息內容。

假設你準備在一個公司會議上，展示一個新產品的市場調查結果，希望讓相關主管與決策者能認同你的結論與建議，並做出支持你的決定，該如何做？

+ 展示直觀易懂的圖表吸引對方的注意力，讓他們能快速抓住重點。

＋ 然後用詳細分析得出的根據，來支持你的結論與建議，爭取對方的認同。

我們來看看系統一和系統二在這個過程中發揮了什麼作用？

當一張圖表或圖解呈現在眼前時，我們會優先使用系統一來理解與判讀接收到的訊息。因此使用簡單、熟悉的圖表來展示關鍵數據，像是用圓餅圖展示市占率的分布，讓對方一眼就能看到新產品在市場中的位置；或是用品牌知覺圖來呈現新產品在市場中相對於其他競品的定位。

當對方接收並理解訊息之後，可能會產生進一步的想法，像是，

「為什麼會這樣，你有什麼根據或更多的資訊可以佐證嗎？」
↓
「然後呢？你想告訴我什麼或是希望我該做什麼嗎？」
↓
「真的如你所說的這樣嗎？我可不信，這和我的認知不同！」
↓
「嗯，原來如此。」

有些人可能就此完全接受訊息了，這是你期望看到的，也是系統一運作下所產生的結果（或說是一種偏誤）。不過，更有可能發生的情況是，有些人會切換到系統二來進行深入的思考與分析，試圖對訊息做出更完整的判斷與解讀。

這對你來說或許是個挑戰。

不過，你已經成功吸引對方的注意力了，這是件好事。

接下來你要做的，就是使用詳細的數據圖表或圖解來進行深入的分析，解釋市場調查結果的具體細節、背後的脈絡邏輯，以及你的結論與建議。比方說，運用折線圖展示過去幾年的市場趨勢變化，並結合數據表格分析不同市場區域和競品比較的表現。

總結來說，**先用直觀圖像來吸引對方系統一的注意力，再用詳細分析支持你的結論與建議來回應對方系統二的所需資訊**。這樣的展示方式

既能快速傳達關鍵訊息，又能提供深入的數據支持，幫助對方更容易做出判斷與決策。

> **章節重點**
>
> ✓ 諾貝爾經濟學獎得主丹尼爾·康納曼提出的大腦的兩個思考系統：反射性直覺思考的系統一、按部就班分析理性思考的系統二。我們的大腦通常依循著這樣的規律運作著：
> - 系統一會自動運作；系統二處於省電模式待機中。
> - 系統一會提供「印象」和「感覺」給系統二該下什麼判斷的建議；如果系統二採納了，那麼這些「印象」和「感覺」就會變成「想法」。
> - 一旦遇到困難或突發狀況，系統一無法自動運作，就會呼叫系統二啟動，進入理性思考的模式，做出思考與判斷並採取行動。
>
> ✓ 運用在視覺化溝通上，我們可以先用直觀圖像吸引對方系統一的注意力，再用詳細分析支持你的結論與建議來回應對方系統二的所需資訊。

1-4 黑盒子的使用說明書

我想你應該明白了，將資料畫成一張圖給對方看，不等於視覺化溝通。我們並不是為了創作一張精美的藝術作品，而是為了借助視覺化的力量，讓訊息一目了然、使溝通更為順暢。

三個關鍵提問，確保我們正確的使用黑盒子

+ 提問一：你想傳達什麼觀點？為什麼？
+ 提問二：希望對方接收到觀點會有什麼樣的反應？
+ 提問三：什麼樣的呈現方式可以讓對方更好理解或認同？

這三個問題是我們在將想法變成一張圖的過程中，需要不斷提醒自己與確認的。

Why 你想傳達什麼觀點？為什麼？

How 希望對方接收到觀點會有什麼樣的反應？

What 什麼樣的呈現方式可以讓對方更好理解或認同？

做好視覺化溝通的三個關鍵提問

圖 1-17　做好視覺化溝通，時刻提醒與確認這三個問題

有次我到一家企業帶領一場以「知識萃取」為主題的工作坊。一開始，我請各組說明什麼是知識萃取？可以上網搜尋資料、也可以是各組的理解與討論結果，然後採用各種方式來展現都可以：

猜猜看，結果發生了什麼事？

我將大家的展現結果歸納為四種，正好對應矩陣圖中的四種類型（前三種也恰好是我 1-2 所提到的三種阻礙）。

+ **沒有觀點、不懂表達**：有些組別將網路搜尋到的內容與圖像等資料拼湊為一份「剪報」展現。講者看著畫面上的資訊說明，面對他人的提問則以「網路上的資訊就是這樣寫的」來回覆。台上的報告者對自己所說的內容沒有深入了解，台下的聽眾也聽得一頭霧水。

+ **沒有觀點、但會表達**：相較於前者，有些組別會將蒐集得來的資料重新彙整為結構化的資訊，並將文字內容與圖像都重新整理為簡潔、一致性的可視化內容。台上的報告者說得很有條理，台下的聽

眾也感受到內容有花心思整理；不過聽起來內容好像很豐富，卻還是不清楚報告者想表達的重點是什麼？

+ **不會表達、但有觀點**：有些組別沒有在簡報上下太多工夫，甚至只是白底黑字的投影片。不過大多有自己的觀點，像是有一組在開場就說：「知識萃取，是源自於知識管理領域，是一種梳理或整理專業知識的技術……，這是一個從個人經驗、直覺和專業知識中提煉出可傳遞、可講授的知識結構化過程。這個過程不僅涉及到知識的提取，還包括了知識的整理、分類和重新組合，使其能夠被更廣泛理解和應用。」

  聽起來頗有觀點，也一下子就抓住了台下聽眾的注意力。不過隨著一頁又一頁的文字、加上過多的專業術語，大家的專注力很快就消磨殆盡了，真的很可惜。

+ **既有觀點、也會表達**：少數組別展現出了與眾不同的表現。其中一組令大家印象深刻的，是以部門新人訓練為例，說明他們是如何透過知識萃取將資深同仁的工作流程與經驗保存下來，並以圖片展現知識萃取的成果、藉由圖解來說明知識萃取的流程步驟，真的很吸睛又能切合聽眾的工作場景。加上簡明扼要的說明，果然博得滿堂彩！

「老師，那你會怎麼說明什麼是知識萃取呢？」面對學員的問題，我自然是早有準備，打出一張投影片並告訴大家：

「知識萃取，就是將知識去蕪存菁與結構化的過程；具體來說，包括**資料蒐集**、**資訊轉化**和**知識整合**三個階段。知識萃取的本質，就在於『轉化』與『整合』。」

「因此，我們的挑戰就是資料如何蒐集、資訊如何轉化、知識又該如何整合？以及如何提高整個過程的品質與速度？這就是今天的工作坊

要帶給大家學習的目標。」

透過一張圖片，我總結了大家的練習成果、說明了什麼是知識萃取，也順勢帶出了工作坊的目標，你是不是也覺得很不錯？不過，這一切都是經過思考設計過的。還記得我在這個案例開始前提到的三個提問：

+ 你想傳達什麼觀點？為什麼？
+ 希望對方接收到觀點會有什麼樣的反應？
+ 什麼樣的呈現方式可以讓對方更好理解或認同？

知識萃取的三個階段

資料蒐集 ▸ **資訊轉化** ▸ **知識整合**

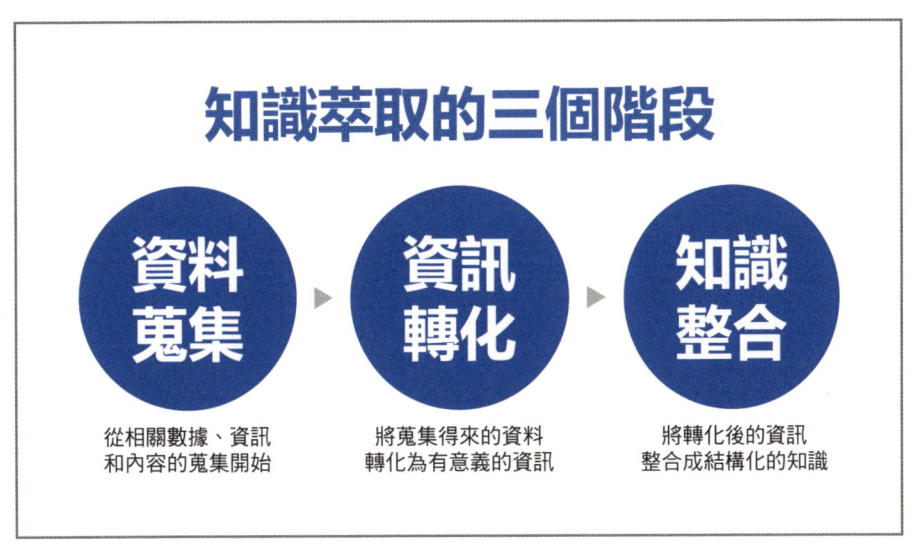

從相關數據、資訊和內容的蒐集開始　　將蒐集得來的資料轉化為有意義的資訊　　將轉化後的資訊整合成結構化的知識

圖 1-18　用一張圖進行工作坊目標的視覺化溝通

我的思考脈絡是這樣的：
+ 我希望學員能理解知識萃取的本質，以及工作坊學習的目標。
+ 我希望學員接收到訊息後，能感受到工作坊的設計是符合他們期待的。

+ 為了讓對方更好理解與認同，我需要在一開始先讓學員自己實作一遍，再順著他們的成果導向我的觀點，以及帶出工作坊的設計與學習目標。同時，需要一張圖片簡單說明知識萃取的步驟、要點與效益。有觀點、會表達，才能讓視覺化溝通發揮「精準表達」的成效。

精準表達：
觀點為主，視覺為輔

有次我受邀參加一場新書發表會。那場發表會是《WEB3 新商機：人人都能獲利的去中心化經濟》的作者泰普史考特（Alex Tapscott）越洋連線分享新書的觀點。

三十分鐘的時間，說長不長、說短也不算短，但說完一整本書肯定是不夠的。如果你是作者，會如何準備這場發表會的內容呢？不，讓我們換一個角度來思考，對到場的觀眾來說會希望聽到什麼樣的內容？什麼樣的方式能發揮更好的成效？

這是個很有趣的問題。

事實上，我參加每一次的演講、論壇或新書發表會，都會好奇台上的講者會怎麼做？也會思考如果是我自己，又會如何準備與希望達成什麼樣的成效？我想你心中可能已經有答案了。

沒錯！視覺化溝通在這個過程中，將會扮演十分重要的作用。

有些新穎難懂的概念，透過視覺化的方式能讓觀眾更好理解。長篇大論的說明只會快速耗損觀眾的專注力，就算內容再精彩也聽不下去，而視覺化內容能快速抓住觀眾的注意力並留下深刻印象。

所以「視覺化」的技巧是關鍵嗎？倒也不是。

真正打動人心的關鍵，仍在於觀點本身。講者想傳達的觀點和關鍵訊息是什麼？這才是觀眾真正感興趣、想知道的事情，至於視覺化的技

巧是為了讓這件事情能更順利的推進。

回到這場新書發表會，你覺得聽眾最想知道的關鍵訊息是什麼？

+ Web3.0 是什麼？
+ Web3.0 跟我們有什麼關係？
+ Web3.0 能帶來什麼價值與好處？又有什麼風險？

我相信你可以列舉出更多感興趣的資訊，不過根據我的經驗，這三個問題通常會是多數人最關心的，也是掌握全貌最重要的三個關鍵。

現在讓我們聚焦在第一個問題：Web3.0 是什麼？

你會想要傳達什麼訊息？又會使用什麼樣的方式展現可視化的訊息？網路上搜尋一下，甚至是問問 Copilot 等 AI 輔助工具可能會告訴你這樣的答案：Web3.0 是網際網路的下一代技術，目的在實現去中心化和用戶數據的自主控制。

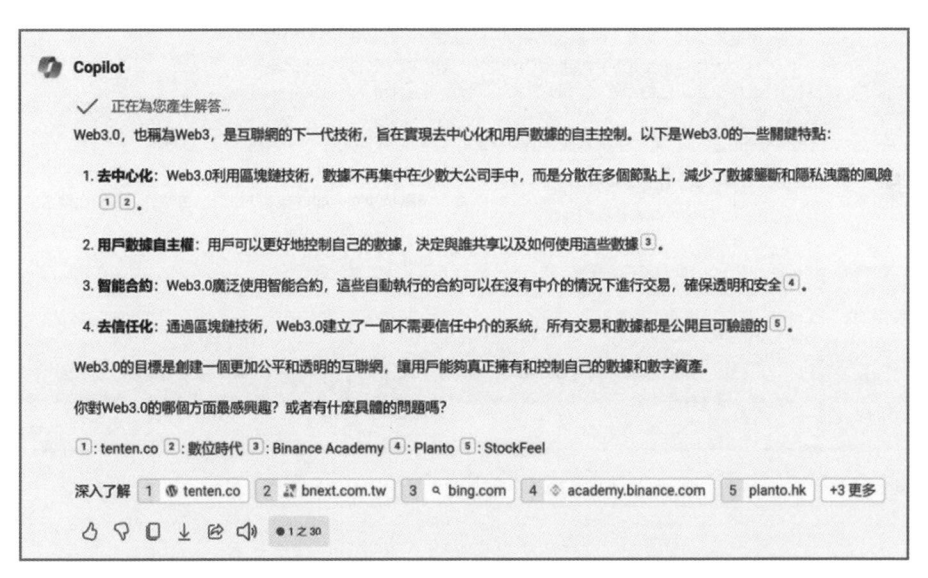

圖 1-19　透過 Copilot 得到關於「什麼是 Web3.0」的答案

我想，你可能看不懂這個意思。

這不是你的錯，只不過是因為這樣的訊息展現沒有考慮到你的知識背景是否足夠理解。

Web3開啟網路的第三次變革，創造內容和獲取價值更自由、更公平！

	Web 1	Web 2	Web 3
時間區間	1989-2005	2005-現在	2014-現在
提出人	英國電腦科學家柏內茲孝	歐萊禮媒體創辦人奧萊理	柏內茲孝於1998年提出概念，以太坊共同創辦人伍德於2014年重新提出構想
特色	資訊由少數人提供。內容只能單向傳播，用戶只能看到網站上內容，無法創作、發表評論，又稱為「靜態網路」	資訊由所有用戶提供，在符合平台規則下，任何人都可以創造內容且發表評論，又被稱為社群態網路	任何人都能創造內容、發表評論，不受審查；主要有幾大特色：可驗證、去信任、高度自治、不用中心化許可、分散式運算
商業模式	只替實體公司提供廣告服務，靠使用者的點擊量獲取利潤	平台擁有者依照用戶喜好推送廣告，吸引用戶點及購買商品，以此賺取廣告利潤	在不蒐集個資情況下，利用演算法推送客製化廣告給客戶，用戶可共享或直接獲取利潤
技術	資料儲存、傳輸	大數據、雲端	區塊鏈
使用方式	利用帳號密碼登入	用社群帳號綁定登入	連接區塊鏈錢包登入
缺點	單方面獲取資訊，缺乏互動感	平台掌握大部分數據，使用者無隱私，也沒有參與治理的權力	發展處於早期階段，尚未成熟
尚未代表公司	Yahoo、Netscape	Google、YouTube、IG	OpenSea、Coinbase

圖 1-20　對於「什麼是 WEB3.0」的說明

讓我們看看其他的訊息展現方式（如圖 1-20），我認為它提供了更易於一般大眾理解的內容。

嗯，看起來好多了，內容也整理得有條理，比較容易理解。

內容提到發展的時間，與我們熟悉的 Web1.0、Web2.0 做比較（也許有人對這些並不是那麼熟悉），也談到特色、商業模式、代表公司、使用技術和缺點等。

可視化的訊息是多了些，有圖解、有表格比較，還有些色彩與字體粗細的輔助。不過，仍然沒有達到我對「精準表達」認為該有的標準。

那麼，還有更好的方式嗎？

當我看到作者泰普史考特（Alex Tapscott）所打出的第一張投影片，眼睛為之一亮，心中不禁喊著：啊，我懂了。

當然，這不表示我真的完全懂 Web3.0 是什麼，而是我在那一瞬間真的理解他要告訴我的訊息是什麼，而我也確實感知到他要傳達的觀點。

我認為這就是精準表達：有觀點、會表達。

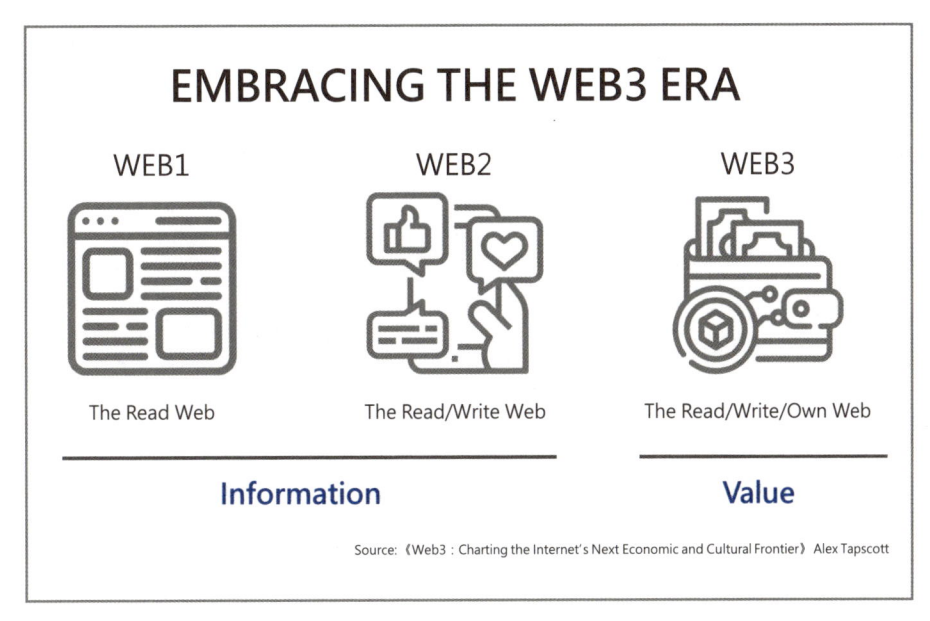

EMBRACING THE WEB3 ERA

WEB1	WEB2	WEB3
The Read Web	The Read/Write Web	The Read/Write/Own Web
Information		**Value**

Source:《Web3：Charting the Internet's Next Economic and Cultural Frontier》Alex Tapscott

圖 1-21　泰普史考特在新書發表會上對於 WEB3.0 的解釋

這張圖是我根據當天拍攝的照片重新繪製的。在這張圖中你看到了什麼？

+ 從 Web1.0、Web2.0 到 Web3.0 的轉變，由閱讀到讀寫、再到能擁有內容。
+ 在 Web3.0 下你擁有的不僅僅是資訊，也包含創造出來的價值：「我能創造價值，而且創造出來的價值屬於自己的」。

以上，這就是我從這張圖所接收到的觀點，加上視覺化的形式呈現，讓我可以快速理解。

當然，我們也可以藉由搜尋找到更多關於介紹 Web3.0 的視覺化圖像，比方說下面這張。你能理解它所要傳達出來的訊息是什麼嗎？

圖 1-22　網路上搜尋到的關於 WEB3.0 的視覺化圖像

「多元化應用？」

「萬物都可連網？」

老實說，我不確定這張圖想要傳達的是什麼？我有沒有誤解？不過第一眼看到這張圖會覺得滿有設計感的。

這就是典型的「沒有觀點、但會表達」或是「有觀點、不會表達」。

也許是不知道如何簡要的展現出「什麼是 Web3.0」的觀點，所以將可能相關的元素全放在一個畫面中，然後寫上 Web3.0 做個象徵。也可能有想法但不知道如何展現比較貼切，於是做出了一張「圖不達意」的圖。

但無論是哪一種問題，很顯然都是失敗的視覺化溝通。

我想告訴你的是，**觀點為主、視覺為輔，才是精準表達的關鍵**。有了觀點，再來思考如何將觀點視覺化，讓對方一眼就能看懂。

想清楚了，一句話或一張圖就足夠

在資訊超載的時代，我們每天都被大量的數據和資訊所包圍。如何在這樣的環境中有效溝通、精準表達，已經成為了一項重要的技能。

有人說：如何說，比說什麼更重要。

不少人誤解或是簡化了這句話，以為只要懂得說話的藝術、會包裝就足夠了。事實上，這只是徒有其表而已。我也認同這句話；不過，更完整的說應該是：**在明白說什麼的前提下，懂得如何說能發揮更大的成效**。

有觀點，然後會表達，任何溝通都會更為順暢。

不過，我還是希望你把焦點放在「有觀點」上。有時候，真正的智慧就在於簡明扼要的表達出想法。當我們想清楚了，往往只需要一句話或一張圖，就能夠傳達出我們的核心觀點或見解，而不需要長篇大論或是一份繁瑣的簡報。

簡潔的表達不僅能夠節省時間，還能夠提高訊息的傳遞效率。

當我們能夠用一句話或一張圖來表達觀點時，就意味著我們對所要傳達的內容有深刻的理解和清晰的思路。這種簡潔的力量在於：

+ 簡單清晰：簡潔的表達能夠讓觀眾迅速抓住重點，避免資訊過載而失去專注。
+ 容易記憶：簡潔的表達方式更容易被記住，從而提高訊息的傳播效果。
+ 強化說服：少即是多，簡潔的表達方式往往更具說服力。

在商業會議中，一句簡潔有力的結論往往比冗長的報告更能打動人心；在日常生活中，一句真誠的話語往往比長篇大論更能表達情感。說不清楚的，就用一張圖來搞定吧！

一張圖的力量在於它能夠將複雜的訊息轉化為易於理解的視覺化內容。要做到這一點，我們不僅需要擁有清晰明確的觀點或見解，也需要掌握基本的視覺化技巧，懂得選擇合適的可視覺化方式來輔助表達。

黑盒子的使用說明書

現在，我想你已經知道黑盒子的祕密。

如何解開黑盒子，善用黑盒子運作的機制來將你的想法轉化為一張圖解，就是我在這本書想要告訴你的。更具體的說，我希望你在閱讀這本書之後，也能找到黑盒子的使用說明書，而且是專屬於你、獨一無二的。

+ **第 1 章 / 高效思考的黑盒子**

在這個章節中，你會學習到黑盒子的祕密，包括想法是如何轉化為

一張圖解的？為什麼有的人能快速產出符合想法、又能讓對方好理解的圖解？關鍵就在於黑盒子中的機制，包含「說什麼」和「如何說」兩個階段。

+ **第 2 章 / 打開黑盒子的第一把鑰匙：結構化思考**

    在這個章節中，我們先來解開黑盒子的第一道鎖，解決「說什麼」的問題。我會告訴你如何透過「結構化思考」進行「脈絡梳理」的步驟，將模糊的想法轉化為具體明確、可理解的觀點。

+ **第 3 章 / 打開黑盒子的第二把鑰匙：視覺化表達**

    在這個章節中，我們繼續解開黑盒子的第二道鎖，解決「如何說」的問題。我會告訴你如何透過「層次劃分、結構設定、視覺優化」的步驟完成「視覺化表達」的過程，將觀點轉化為視覺圖解。

+ **第 4 章 / 升級你的黑盒子**

    在最後的章節，我們來談談如何將結構化思考和視覺化表達應用於工作和生活中的視覺化溝通，包括一頁報告、全息圖，以及國際顧問使用的圖表技巧、如何提升數據圖表的說服力。面對智能化時代的來臨，如何幫我們的黑盒子升級？人工智慧的工具應用在視覺化溝通上又能幫上什麼忙？

> **章節重點**

- 視覺化溝通的目的不是創作藝術作品,而是借助視覺化的力量讓訊息一目了然、使溝通更為順暢。
- 三個關鍵提問,確保我們正確的使用黑盒子:
  - 你想傳達什麼觀點?為什麼?
  - 希望對方接收到觀點會有什麼樣的反應?
  - 什麼樣的呈現方式可以讓對方更好理解或認同?
- 觀點為主、視覺為輔,才是精準表達的關鍵。有了觀點,再來思考如何將觀點視覺化讓對方一眼就能看懂。
- 一張圖的力量在於它能夠將複雜的訊息轉化為易於理解的視覺化內容。要做到這一點,我們不僅需要擁有清晰明確的觀點或見解,也需要掌握基本的視覺化技巧,懂得選擇合適的可視覺化方式來輔助表達。

第 2 章

打開黑盒子的第一把鑰匙：
結構化思考

2-1
有觀點，
傳達才有力量

現在你知道了黑盒子的祕密。

將想法轉化為一張圖的過程中，產出「觀點」是一個重要的關鍵。後續傳達的所有訊息，其實都是圍繞著這個觀點所展開的。

觀點，是我們看待事物的認知，也是我們理解這個世界的方式。無論是文字、言語或是圖解，都是一種傳達訊息的媒介。我們希望藉由這些媒介將說明觀點的訊息傳達出去，讓接收訊息的對象都能理解我們想說什麼。

為什麼我們無法將想法好好的表達出來？

可能沒有想清楚，不知道自己想說的是什麼；也可能想清楚了，但是不知道怎麼說比較好；即使想清楚了，也知道怎麼說比較好，仍然可能讓人不知道自己到底想說什麼。

這些問題當然都有方法可以解決，像是透過邏輯思考幫你**梳理**想法、運用邏輯框架幫你**組織**表達內容，或是運用黃金圈法則幫你**確認**目的等；但真正的核心問題仍在於：你有沒有自己的觀點？

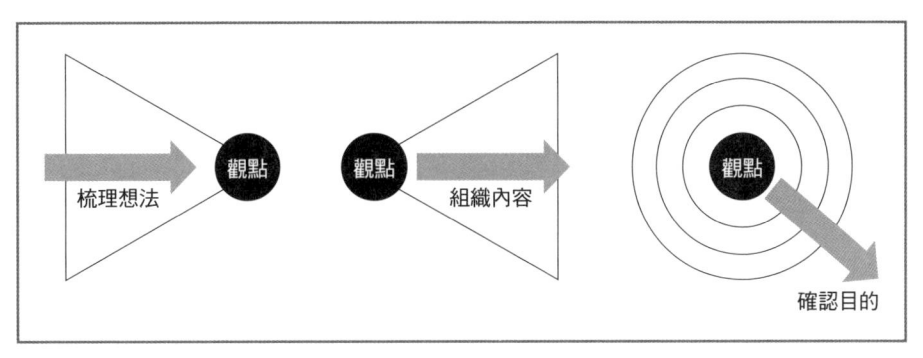

圖 2-1　沒有觀點，就無法將想法好好表達出來

　　舉例來說，如果被問到關於時間管理的想法，你會如何回答呢？

　　大華說：時間管理是一種組織和計畫如何分配時間，以完成特定任務的過程。它涉及設定目標、制定計畫、安排時程和監控進度等過程。時間管理的工具和技術包括待辦事項清單、行事曆、提醒和時間追蹤的應用程式等。良好的時間管理可以幫助個人提高效率和生產力，並且減少壓力。

　　凱文也說了自己的想法：我認為時間管理的核心在於優先排序和專注於最重要的任務。有效的時間管理不僅僅是完成更多的任務，而是完成對自己而言最重要的任務。這需要明確自己的目標，並根據這些目標來安排時間。每天早上花幾分鐘規劃一天的時程，並確保自己專注於那些能帶來最大價值的任務活動。如此一來，不僅能提高生產力，也能減少壓力，因為我會知道自己正在做有意義的事情。

　　你覺得大華和凱文，誰的說法是有觀點的呢？

　　如果你覺得兩者的說法都是有觀點的，那我想你可能得好好思考自己平常的說話與表達方式了。也許別人也覺得你說出的內容沒有觀點，而你卻不知道；也許你在報告時老是被主管刁難、說自己表達沒有重點，也是這個原因。

沒關係！這就是我和你要一起解決的問題。

許多人誤以為將想法說出來，或是做成一張圖就能更好被理解，但往往成效不彰、甚至造成更多誤解，就是因為忽略了這個重要的關鍵：傳達的訊息中要有自己的觀點。

觀點，是你對事物、問題或情況的看法

你如何認知一個事物、問題或情況，如何看待這個世界的方式，都會形成一種觀點。

觀點可以是一種看法、立場或主張，通常包含個人的見解、評價或建議，而不僅僅是對事實的陳述。觀點可以幫助你表達出自己的態度和信念，為了使其更有力量，通常會伴隨著支持這些觀點的理由或證據。

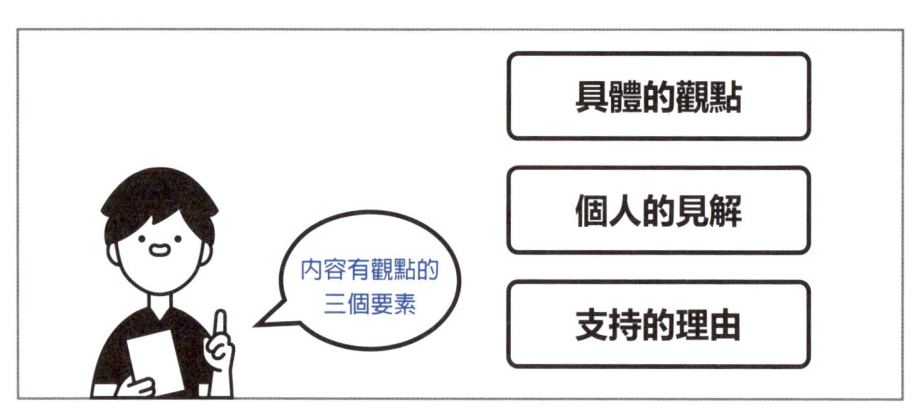

圖 2-2　有觀點的內容具備三個要素

比方說，在大華的說法中，僅僅是客觀的陳述什麼是時間管理、時間管理的工具和技術，並沒有表達任何個人對於這些工具和技術的看法或建議，也沒有個人見解。

套句網路上常聽到的說法：這只是一種資訊搬運。

這正是缺乏自己的觀點所導致。在這個資訊超載的時代，我們隨處可看到這類缺乏觀點的文章、書籍或各種訊息內容，乍看之下好像訊息含量很高，但看完還是不知道想要表達什麼，甚至認為就是網路資料的整理而已。

我並不是說這樣的內容沒有價值，而是要告訴你：如果我們希望說出來的話能被人理解、受到重視，甚至是認同而採取我們期望的行動，就必須要具備自己的觀點。在凱文的說法中，我們可以看到**具體的觀點**、**個人的見解**，以及**支持觀點的理由**。

他的說法正是有觀點的內容中必備的三個要素。

除了明確的觀點是必要的，其餘兩個不一定需要；但是具備愈多的要素，愈能讓接收內容的對象更好的理解你的觀點，並且產生印象深刻的感受。

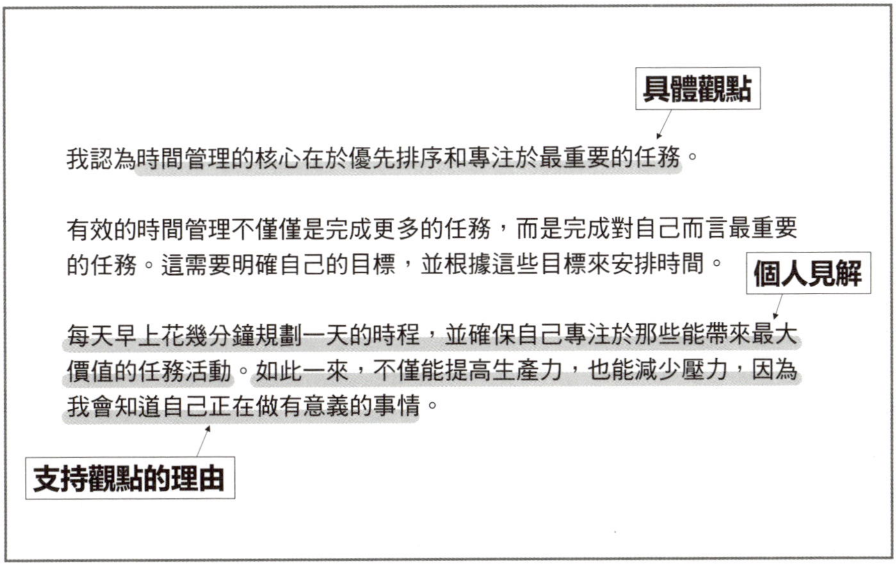

圖 2-3　一段有觀點的敘述中，包含三個關鍵元素

反過來說，也可以用這三個要素來判斷一段敘述中是否有觀點：

+ **立場、主張或觀點**

有觀點的敘述會有一個明確的立場或主張。像是在凱文的說法中，「時間管理的核心在於優先排序和專注於最重要的任務」這句話就表達了一個具體的觀點。

+ **個人見解或評價**

有觀點的敘述會包含個人見解或評價，而不是僅僅陳述事實。像是「每天早上花幾分鐘規劃一天的時程，並確保自己專注於那些能帶來最大價值的任務活動。」這樣的說法中，就包含了對時間管理方法的個人建議。

有時也可以是個人對於時間管理方法使用上的感受、意識到的盲點或誤區，甚至是一個真實案例，都能讓觀點更為具體鮮明。

+ **支持觀點的理由或證據**

有觀點的敘述通常會提供支持觀點的理由或證據，特別是觀點和多數人所認知的有巨大落差時，更需要理由或證據來強化觀點的說服力。像是「如此一來，不僅能提高生產力，也能減少壓力，因為我會知道自己正在做有意義的事情。」這句話就解釋了為什麼優先排序和專注於最重要的任務是有效的。

改善你的說法，成為有觀點的內容

回過頭來看看大華的說法。

萬一你就是大華，面對著凱文說出如此有觀點的說法，你該怎麼辦？總不能照抄凱文的內容吧？

> 時間管理是一種組織和計畫如何分配時間已完成特定任務的過程。
>
> 它涉及設定目標、制定計畫、安排時程和監控進度等過程。時間管理的工具和技術包括待辦事項清單、行事曆、提醒和時間追蹤的應用程式等等。
>
> 良好的時間管理可以幫助個人提高效率和生產力,並且減少壓力。

圖 2-4　大華的說法只是客觀陳述事實,缺乏自己的觀點

沒問題的。

只要根據上面提到的三個要素,加入觀點、立場或建議,補充個人見解,並提供支持這個觀點的理由或證據,就能將缺乏觀點的敘述改善為有觀點的內容。

✚ 首先,加入觀點、立場或建議

將原本像是客觀定義的說法:「時間管理是一種組織和計畫如何分配時間以完成特定任務的過程。」調整為看起來更像是個人觀點的說法,像是:「我認為,時間管理的關鍵在於有效的組織和計畫時間,以完成最重要的任務。」

即使這不是你原創的觀點也沒關係,只要補充引用出處即可。不過對於接收訊息的對象來說,還是會想知道「你的觀點」是什麼?所以,加上「我認為」就能讓對方意識到這是你提出來的觀點。

✚ 其次,補充個人見解

將原本的說法:「它涉及設定目標、制定計畫、安排時程和監控進度等過程。」調整為加入個人見解的說法,也許你覺得這些過程中,最重要的是設定目標、制定計畫,那麼就可以改為這樣的說法:「設定明確的目標和制定詳細的計畫是成功的基礎。」

+ **再來,提供支持觀點的理由**

將原本單純介紹工具與技術的說法:「時間管理的工具和技術包括待辦事項清單、行事曆、提醒和時間追蹤的應用程式等。」調整為這樣的說法:「使用待辦事項清單、行事曆、提醒和時間追蹤的應用程式等工具,可以幫助我們更好的安排時程和監控進度」來為提出的觀點提供支持的理由。

+ **最後,強調結果或影響**

讓觀點發揮最大影響的做法,就是明確指出能帶來什麼效益或價值。將原本的說法:「良好的時間管理可以幫助個人提高效率和生產力,並且減少壓力。」調整為「這樣做不僅能提高效率和生產力,還能顯著減少壓力,因為我們能夠更有條理的完成任務。」更能讓人感受到效益與價值。

這樣的改善使得內容不僅僅是陳述事實,也包含了觀點和個人見解,並提供了支持觀點的理由和帶來的效益價值。

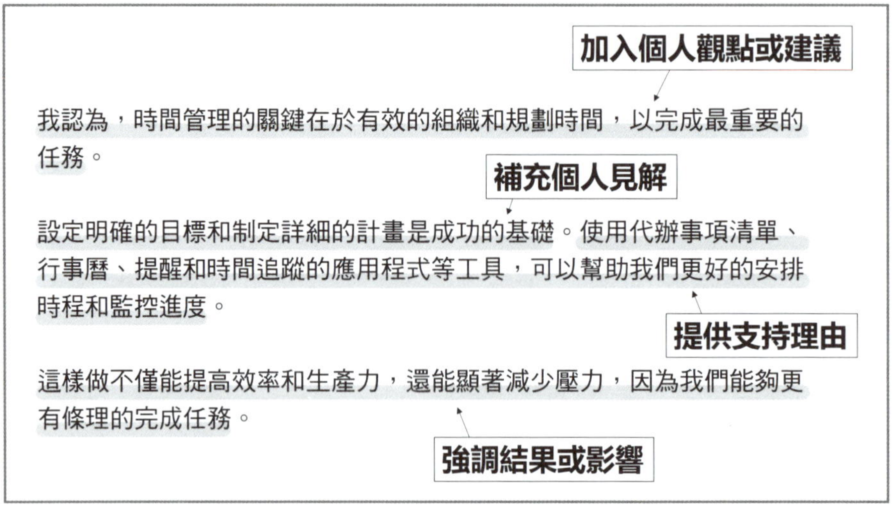

```
加入個人觀點或建議 →
我認為,時間管理的關鍵在於有效的組織和規劃時間,以完成最重要的任務。

補充個人見解 →
設定明確的目標和制定詳細的計畫是成功的基礎。使用代辦事項清單、行事曆、提醒和時間追蹤的應用程式等工具,可以幫助我們更好的安排時程和監控進度。

提供支持理由 →
這樣做不僅能提高效率和生產力,還能顯著減少壓力,因為我們能夠更有條理的完成任務。

強調結果或影響 →
```

圖 2-5　如何改善原本沒有觀點的內容?

有觀點，
傳達訊息更有力量

現在，你應該知道了什麼是有觀點的內容，以及如何改善缺乏觀點的說法。就如同我在前面提到的有觀點的三個要素，其實這篇章節的內容也是包含了這些要素。現在我要告訴你最後一個要素，也就是支持觀點的理由。

+ 清晰傳達：觀點能幫助你更清晰的傳達你的立場、見解或主張，讓他人更容易理解你的想法。
+ 強化說服：觀點通常更具說服力，因為提供了理由和證據來支持你的立場或主張。此外，強調結果與影響，也可以做為支持理由或證據的一種。
+ 促進互動：觀點更容易引發討論和互動，因為它表達了個人的見解，可能會引起他人的共鳴或反對。

有觀點，能讓你的訊息傳達更有力量。

如果你有了很棒的想法，辛苦的蒐集與整理資訊後，整理出一番說法，結果卻被別人說不知道你想要說什麼，不是很可惜嗎？試著加入觀點、立場或建議，補充個人見解，並提供支持這個觀點的理由或證據，就有機會將原本缺乏觀點的內容進行改善。不過，萬一修改能改善的程度有限，或是連如何從想法轉化為有觀點的內容都不知道該如何進行，又該怎麼辦呢？

比方說，主管在聽完大華和凱文的說法後，也要求新人小麗說說自己的想法。

小麗輕聲的說：我覺得時間管理就是一種跟時間有關的管理過程。包括使用時間管理工具和技術來管理時間，目的是為了更好的管理時間。做好時間管理就像大華和凱文說的，可以提高效率和生產力，並且

減少壓力。

你覺得小麗的說法如何呢？

除了複誦大華與凱文最後的說法之外，其他內容都是在對時間管理的重複描述，沒有任何個人的見解，也沒有提供任何具體的理由或證據來支持任何觀點。這樣的說法即使使用前面提到的改善方法，也很難轉變為有觀點的內容。

像這樣缺乏實質性內容，充其量是正確的廢話。

要處理這個問題，還是需要從問題的源頭出發，學習如何將想法轉化為有觀點的內容。這也是接下來的章節，我所要告訴你的。

章節重點

- 從想法到產出圖解的過程中，第一個關鍵是將想法轉化為觀點。
- 觀點，是你對事物、問題或情況的看法，幫助你表達出自己的態度和信念。
- 觀點，通常包含三個要素：看法、立場或主張；個人的見解、評價或建議；支持觀點的理由或證據。
- 藉由加入立場或建議，補充個人見解，並提供支持這個觀點的理由或證據，就能將缺乏觀點的敘述改善為有觀點的內容。

2-2
寫下來、畫出來，
想法才能落地

在日常生活中，我們常常會有許多靈感和想法閃過腦海，但這些想法往往停留在模糊的圖像狀態，難以具體化和表達清楚。

就像是一幅未完成的畫作，雖然有了大致輪廓，但是缺乏細節和色彩，無法傳達出完整的意境。當我們無法清晰的表達自己的想法時，不僅會感到挫折，還可能造成他人的誤解、錯失許多原本可以把握的機會。

舉例來說，你是一位創意滿滿的系統設計師，經常有許多新穎的設計理念。

然而，每當你在會議中試圖向團隊解釋自己的想法時，總是感到困難重重。同事們常常無法理解你的設計概念，這讓你感到非常沮喪。這種情況下，想法就像是腦海中的模糊圖像，沒有被具體化和清晰化；而你需要找到一種方法，將這些模糊的想法轉化為具體的表達，才能讓同事們理解和認同。

也可能，你是一位有著創業夢想的年輕人，腦海中充滿了各種創業點子。當你試圖向投資人介紹自己的創業計畫時，總是無法清晰的表達出來。投資人們對你的計畫感到困惑，而你也無法說明得更清楚，這讓

你的創業夢想難以實現。同樣的，你需要找到一種方法，將這些模糊的想法轉化為具體的商業計畫，才能吸引投資人的注意和支持。

有想法卻說不明白的困擾

像這類的困擾在我們的日常生活中並不少見，通常是源自以下的瓶頸或阻礙：

一、模糊不清的想法

當我們的想法還處於初步階段時，往往是模糊不清的。這些想法可能只是一些零散的靈感或片段，尚未形成完整的觀點或結論。

比方說，一位設計師經常有許多創意的設計理念。

然而，這些想法在他的腦海中只是一些模糊的圖像，沒有具體的細節和結構。如此一來，當他試圖向團隊解釋自己的設計時，可能就無法清晰的表達出來。

二、表達能力的不足

即使我們有清晰的想法，如果缺乏足夠的語文表達能力，也很難將這些想法準確的傳達給他人。可能是由於表達能力的缺乏、不擅長面對非專業領域的對象說明所導致。

舉例來說，一位創業者有一個很好的商業點子，但每次試圖向投資人介紹自己的商業計畫，總是無法找到合適的方式來表達想法，就會使得計畫難以被投資人理解和接受。

三、心理壓力和焦慮

在面對重要的場合或需要向他人展示自己的想法，心理壓力和焦慮可能會影響我們的表達能力。這種情況下，即使我們有清晰的想法，也可能因為緊張而無法順利表達。

比方說，一位研究生正在準備一場重要的學術報告。雖然他對自己的研究非常熟悉，但在報告前，他感到極大的壓力和焦慮，就會導致他在報告時無法清晰的表達自己的研究成果。

四、缺乏結構化思考

結構化思考是指能將複雜的想法進行分解、再整理為有條理結構的一種思考能力。如果缺乏這種能力，我們的表達可能會顯得混亂，難以讓他人理解。

例如，一位產品經理和他的團隊正在開發一款新產品。他對於市場做了充分調查與訪談，擁有許多產品設計的需求與創意。但他在會議中的表達缺乏邏輯結構，導致團隊成員無法理解他的想法，進而影響產品開發的進度。

五、語文表達的局限

有時候，僅僅依靠語言或文字表達是不夠的。我們需要借助視覺化工具，如圖表、圖像或概念圖解，來幫助我們更清晰的表達想法。

譬如，一位市場分析師需要向公司高層報告市場調查結果。為了讓報告更具說服力，他使用流程圖解釋整個調查計畫的設計與數據蒐集過程，也運用統計圖表來輔助說明數據中的關鍵訊息。這不僅讓他的報告更加清晰，還提高了高層的理解和認同。

綜上所述，很有想法，卻說不明白的問題可能由以上一個或多個原因所引起，包括想法模糊不清、表達能力的不足、心理壓力和焦慮、缺乏結構化思維，以及語文表達的局限。

首先要辨識出我們所遭遇的問題點是什麼，才能找到有效的對策來解決問題。

將模糊的想法具體化

要將模糊的想法轉化為具體的觀點和見解，你需要掌握一些具體的方法和技巧。比方說，以下是我常用的有效技巧：

一、先條列出來再整理

將想法用條列的方式寫下來，看見後可能又會引發新的想法，新想法同樣也以條列的方式寫下來，然後整理這些內容的脈絡，嘗試梳理出自己想表達的主要觀點和要點。這樣做可以幫助自己理清思路，確保不會遺漏重要的內容；在思考的過程也可以不斷新增、修改與刪除。

二、借助視覺化圖解來幫助思考

有時候，圖解比文字更能清晰表達想法。透過圖表可以展現出數據中看不見的訊息，進而驗證或刺激自己產生新的想法；藉由心智圖、概念圖等圖解，也能幫助自己整理、理解和表現複雜的想法，使思考產出的觀點更加具體且直觀。

三、別想著一步到位，先求有再求好

讓想法具象化為觀點，其實是一個反覆修改的過程。在大多數的情況下，理想的觀點呈現都不會是一步到位的；不要害怕修改你的表達內容或方式，反覆修改可以幫助你發現和解決潛在的問題，讓你的觀點表達更加精準與完善。

四、尋求他人的回饋與建議

他人的意見可以幫助自己發現沒有注意到的問題，並提供新的視角和建議。

舉例來說，一位市場行銷人員正在進行一項新產品的市場研究。為了更好的整理和分析數據，他開始記錄研究過程中的每一個步驟和發現。這個過程讓他能夠更清晰的理解自己的研究成果，並找到新的研究

方向。

透過記錄，他發現自己能夠更好的組織和表達自己的研究成果，這對於他的研究發展有很大的幫助。他的研究紀錄不僅幫助他理清了思路，還讓他能夠更清晰的向他人傳達自己的研究成果，獲得更多的支持和認同。

光是寫下來，就能提高想法的能見度

書寫是一種強大的工具，能夠幫助我們將模糊的想法具體化。

當我們將想法寫下來，實際上是在進行一種外部化記憶的過程，可以減輕大腦的認知負荷，不再需要在腦海中同時處理多個訊息，讓我們能夠更清晰的思考和分析問題。

塗鴉的作用也是一樣的，借助視覺化的力量能幫助我們的大腦更好的理解複雜概念，也能促進思考的創造力，而且文字、圖案或線條都可以成為讓想法具象化的觸發點，引發更多的想法，也讓想法愈來愈清晰。

+ **寫下來，能幫你清空工作／短期記憶**

  許多時候，我們以為自己的大腦沒有在想事情，但潛意識其實一直在運作。光是將腦中所想的寫下來，就能有效釋放工作／短期記憶，有更多餘裕去思考。

+ **畫出來，會讓你的想法得到確認**

  我們的大腦討厭模糊、不確定的事物。因為這意味著大腦需要消耗能量去做選擇，而過多的選擇則會耗盡所有的能量。當你將想法畫出來，在具象化的過程你會更加確定自己的想法是清楚明確的，還是不夠完整、甚至是錯誤的。

✚ 看得見，可以讓你的心裡更有把握

當你的心中有參考的依據時，比較不會慌張。即使被突發事件打斷而分心時，也能夠快速回到原本的軌道，而不是就此偏離目標去做其他無關的事情。譬如，你將行程安排整理成一張時程表後，就算臨時需要安插一個緊急任務、也做出了調整，還是能看到原本的規劃而不是全盤重來。

不知道你是否還有印象，在孩提時代常會在課本上塗鴉，或是隨手在紙上記錄下一些想法、用簡單的線條或符號來整理自己的思緒？

我到現在仍保有這個習慣。

在和他人討論時，我也會隨手拿出一張廢紙背面來塗塗寫寫；在會議室裡討論工作時，我也習慣在白板上畫下流程、概念或表格等方式，來幫助自己、也能引導他人釐清想法，凝聚共識。

隨手書寫和塗鴉，本來就是每個人與生俱來的能力。

只不過在成長的過程，因為「追求正確答案」或「害怕受到嘲笑」等種種原因，我們逐漸不再使用與鍛鍊這項能力。想要一步到位、快速得到答案的心態，也讓不少人只想尋求更快可以找出答案的方法或模型，卻捨棄了最簡單、但也富有成效的方法。

舉例來說，我在構思這一個章節的內容時，也是在紙上用心智圖畫下我的想法，一邊寫下想到的內容、一邊梳理整體的脈絡，最後歸納出「光是寫下來，就能提高想法的能見度」這個觀點。

最初的想法就是：許多人都會遇到有想法、卻說不明白的問題。

這是指什麼意思呢？能否舉例說明。接著我又想到為什麼會這樣？又該怎麼辦？

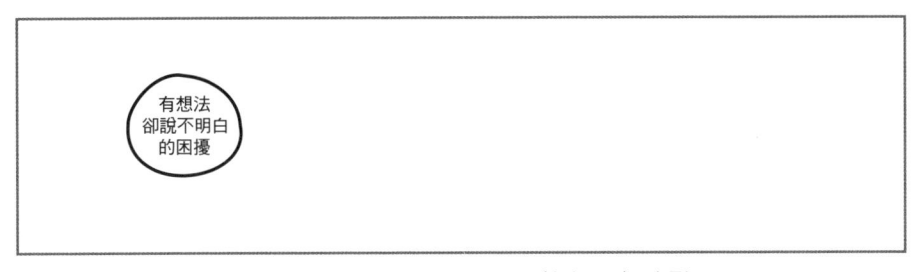

圖 2-6　寫下最初的想法，就有了起始點

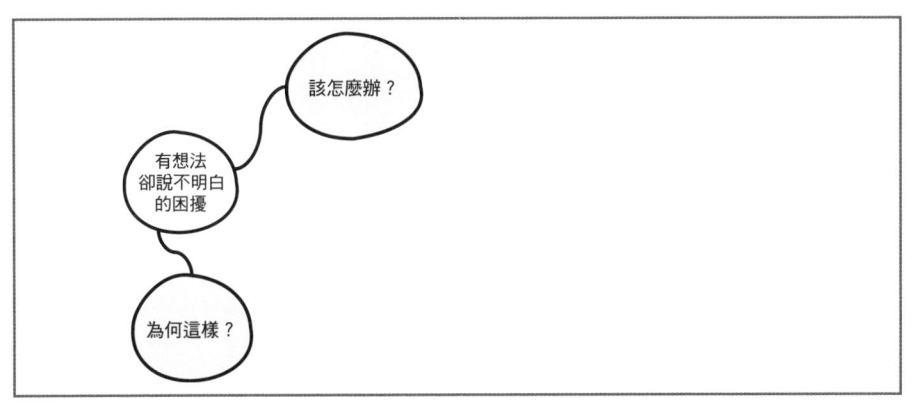

圖 2-7　寫下來之後，又觸發了新的想法

　　接下來，我就是進一步思考「為什麼會這樣」的原因、困難、瓶頸或阻礙有哪些？寫下了想法模糊不清、表達能力不足、邏輯偏誤等答案，也刪去了一些不合適的。

　　在「該怎麼辦」的部分則是思考如何讓模糊的想法具體化？包括先列出再整理、用視覺化圖解幫助思考、別想著一步到位，先求有再求好、尋求他人回饋與建議。

　　看著寫下的這四個方法，我不禁在想：有沒有更簡單的方式？

　　「啊，光是寫下來就能提高想法的能見度了呀！」

　　很多時候我們就是求好心切，反而不知道從何開始，於是我在紙上

又寫下了這個觀點。事實上，我是看見剛才寫下的「別想著一步到位，先求有、再求好」這句話觸發了新的想法而歸納出這個觀點的。

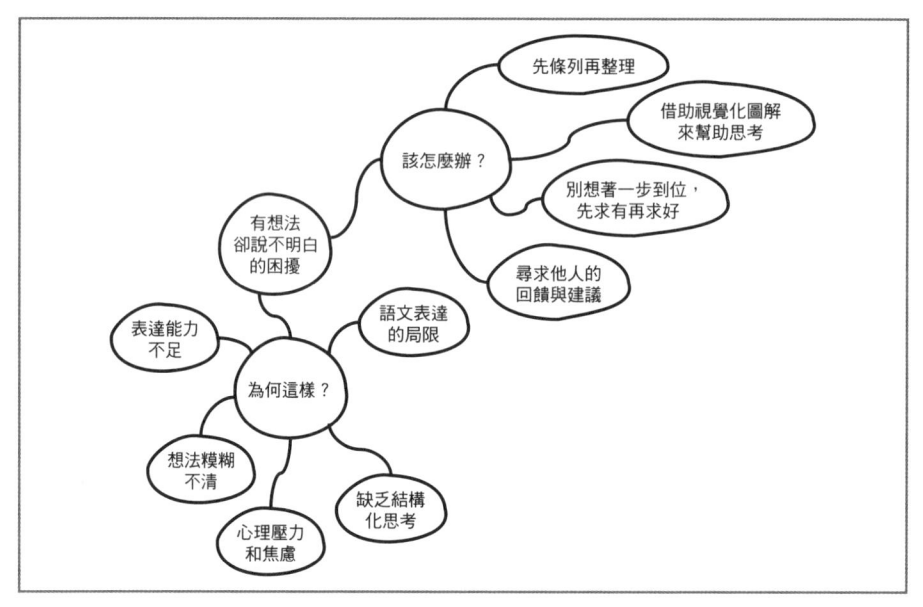

圖 2-8　思考到一個階段，不妨停下來沉澱一會兒

「光是想沒有用，要寫下來、畫出來，想法就會清楚許多。」

這也是我常給大家的建議，先不用管對錯、完整與否，總之先把想法寫下來再慢慢整理，很多時候就這樣想通了一些事情，或是意識到目前還缺乏了什麼。

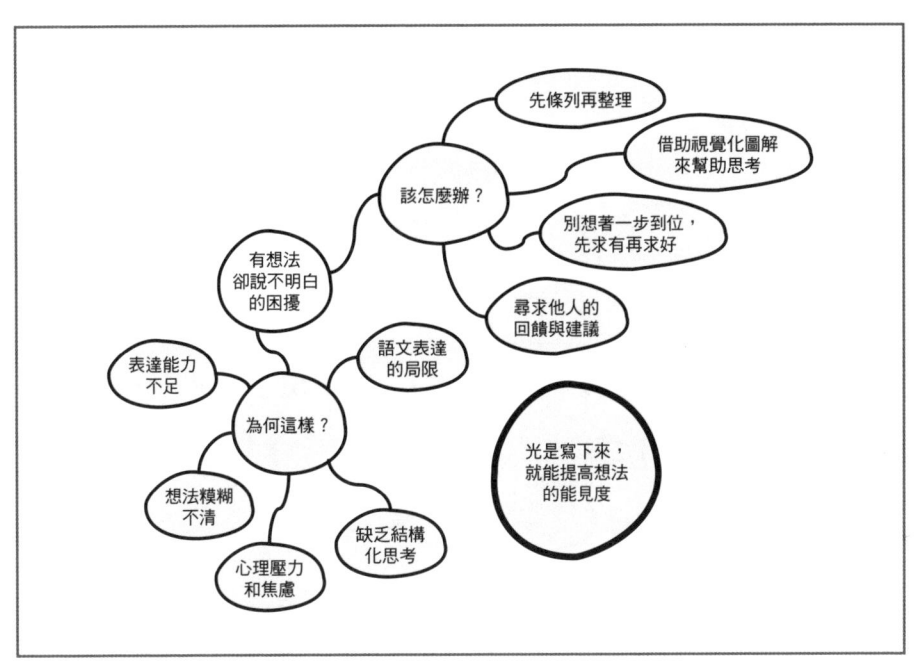

圖 2-9　將目前的想法歸納總結後,發現了一個不錯的觀點

這樣的做法在任何情境都可以適用。比如,當你有一個創業的想法時,將它寫下來可以幫助你理清思路,發現潛在的問題和解決方案。這不僅能提高自信,還能讓你更容易向他人傳達你的想法,獲得支持和認同。

有許多人對於閱讀和知識學習感到焦慮。

我說你優先該解決的是焦慮的問題,而不是閱讀和知識學習的問題。把你覺得焦慮的經歷和感受都寫下來,這個過程就能讓你更清晰的面對自己的情緒,並找到解決問題的方法、緩解你的焦慮。

寫下來,才能讓想法落地。

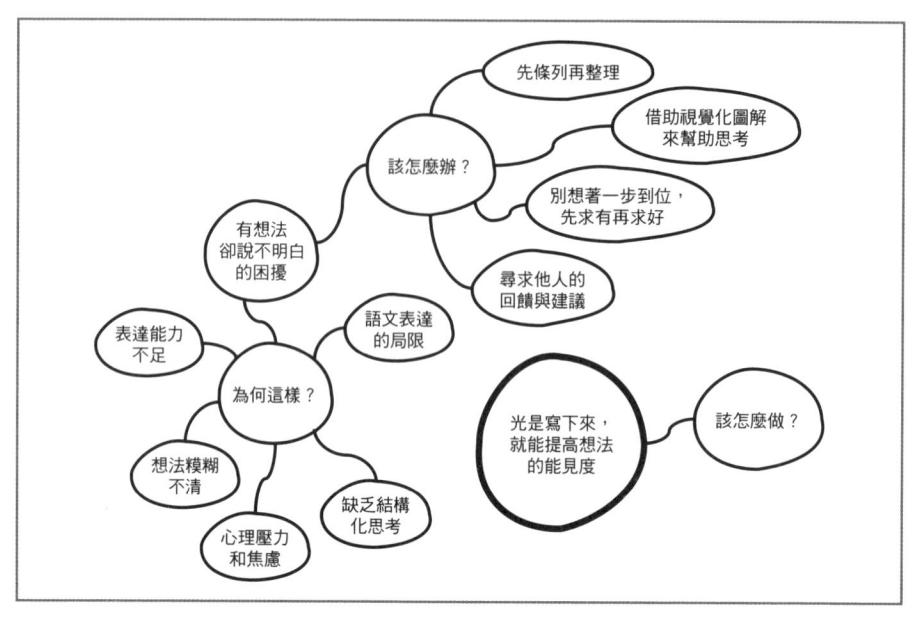

圖 2-10　從觀點衍生出新的問題

「那具體該怎麼做？」

最後觸發的想法是這個問題。知道了有想法卻說不明白的原因，也有了讓想法具體化的對策，接下來最簡單的方式就是寫下來、畫出來，那麼該怎麼做？

畫幾個圓，用箭頭或符號串連起來，就可以整理紊亂的想法；畫兩條線，就可以形成表格、矩陣或圖表，簡化複雜的想法。這些都是我常用的方法。

對了！我還有歸納出來的一套圖解框架，可以因應不同目的來挑選合適的框架。

當我在紙上寫下想法，重新梳理過後就得到這張圖解，也讓我對這個章節的內容撰寫有了更清晰的想法。

透過書寫或塗鴉，人人都可以將模糊的想法具體化，逐漸提高想法

的能見度。無論是文字、圖案還是線條,都能成為讓想法變得更具體的有力工具。

具體來說,該怎麼做呢?很簡單,畫幾個圓、幾條線,或是一些箭頭或符號都可以。

以下整理幾個我自己常用的方式給你做個參考。

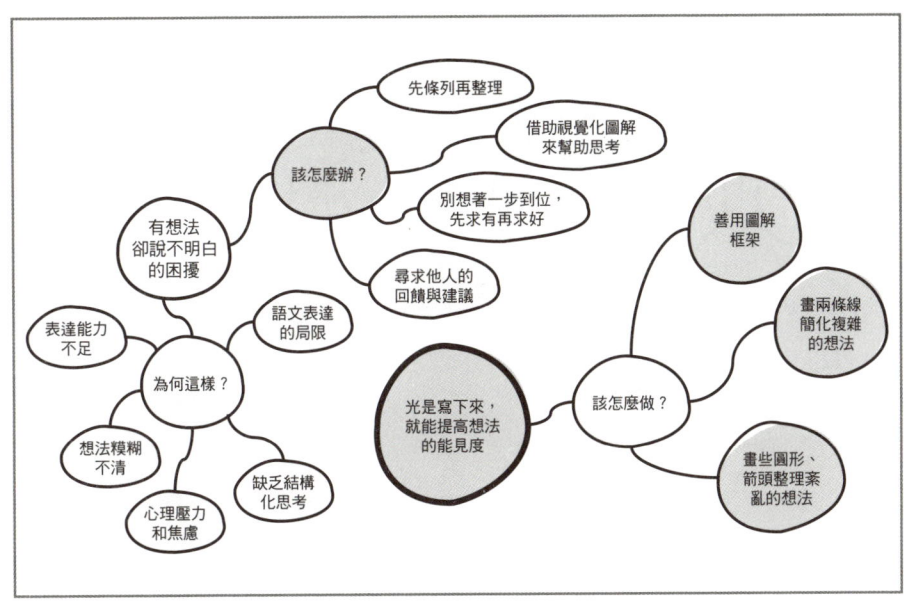

圖 2-11　在紙上書寫來構思這個章節的想法與內容

腦袋一片空白?
畫些圓形整理紊亂的想法

「你能用幾個圓形說明自己的想法嗎?」擅長圖像化思考,素有韓國企劃女神之稱的朴信榮,在她的著作《韓國企劃女神 CCC 思考整理術》(樂金文化出版)提出簡單又有趣的建議。

「腦袋一片空白時，就利用一個又一個的圓形，好好整理腦子裡紊亂的想法。」

像這樣在紙上畫下三到四個圓形，然後用箭頭或符號標示圓形之間的關係，就可以將腦中的想法整理出來一個雛形。

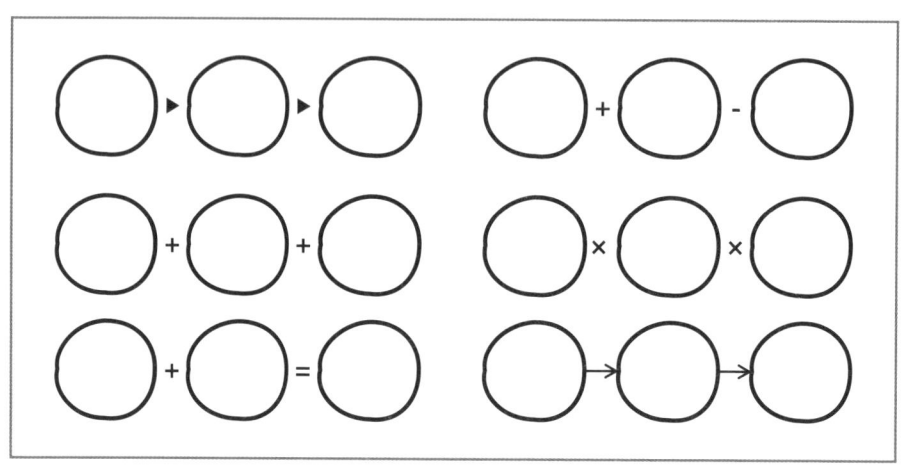

圖 2-12　畫下幾個圓形，加上箭頭或符號就能表示關係

比方說，如何完成一場好的簡報？問題解決要怎麼進行？

我可以在紙上畫下幾個圓形，寫下我能想到的項目，像是目的釐清、對象掌握、時間管理、視覺設計、資訊呈現、架構規劃、內容鋪陳、口語表達、整體優化等，不夠就多畫幾個圓形，然後想想這些項目之間的先後順序與關聯性，用箭頭串聯起來；最後重新梳理一下結構，讓它看起來更順眼一些。

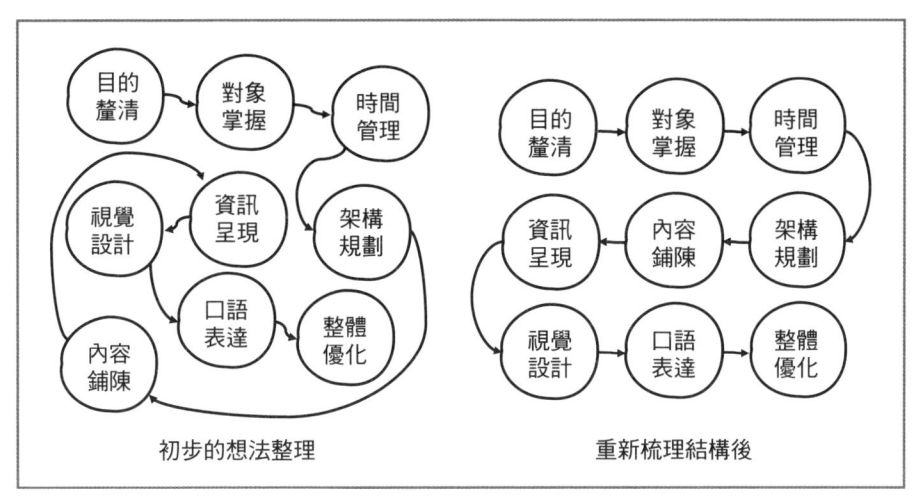

圖 2-13　整理如何完成一場簡報的想法

看到整理完的結果，我又有了新的想法，有一些項目可以歸納在一起，於是我用幾個更大的圓形將這些項目進行歸類，然後重新整理新的想法。

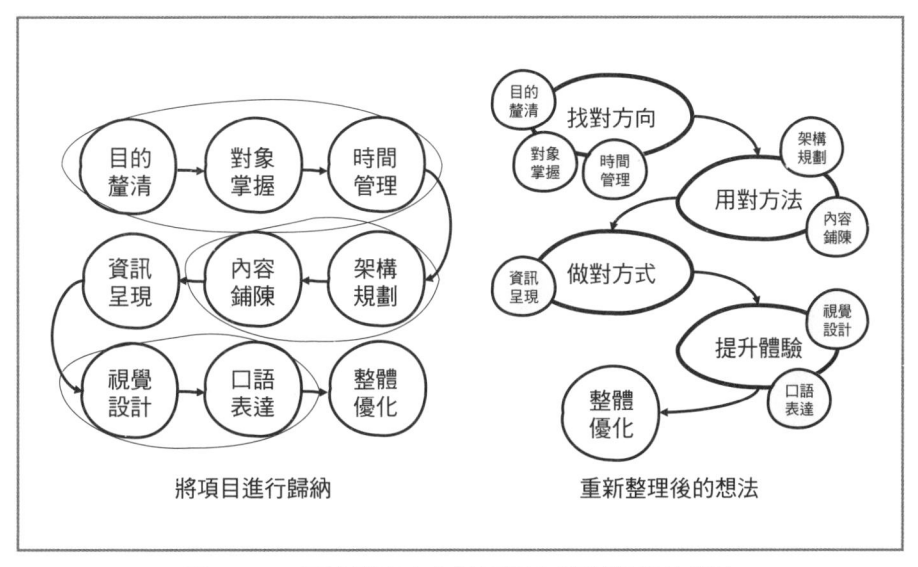

圖 2-14　根據畫出來的結果再次整理出新的想法

第 2 章　打開黑盒子的第一把鑰匙：結構化思考　081

就這樣，我發現自己的想法還有調整的可能性，而且愈來愈感受到具體的觀點好像快要浮現出來了。如果沒有畫出來，在腦中進行這樣的想法整理，我想會花費更多時間也還是做不到這樣的結果。

就如同前面所說，寫下來、畫出來，就能讓想法落地。

當你將想法寫下來、畫出來，可能會發現許多「空隙」的存在，也許是沒想清楚的地方、也許是邏輯上有缺漏的部分，這樣一來，更可能引發出新的想法。不僅可以填滿空隙，還可以去除毫無用處的內容，整理出更具體的想法。

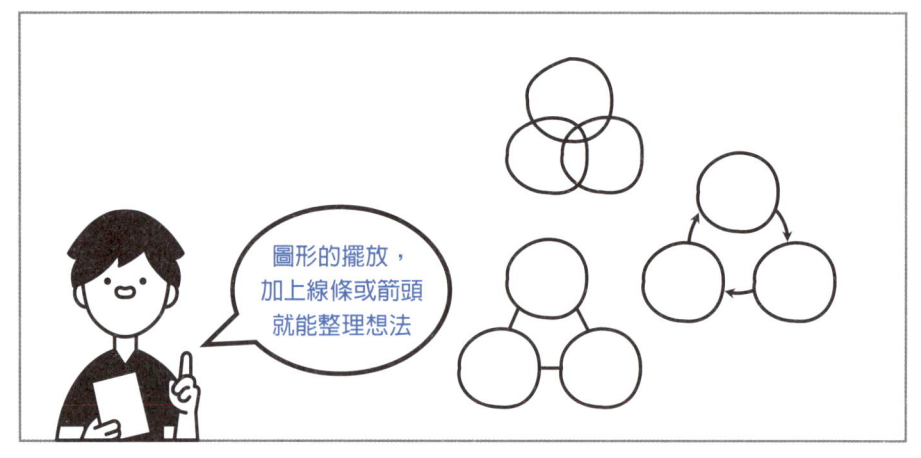

圖 2-15　圓形的運用展現各種不同的結構關係

你知道嗎？這些圓形不一定只能是順序上的關係，也可以是彼此交疊、相互連結，或是正向循環的關係。

再進一步擴大圓形的運用，就是許多人熟悉的心智圖。

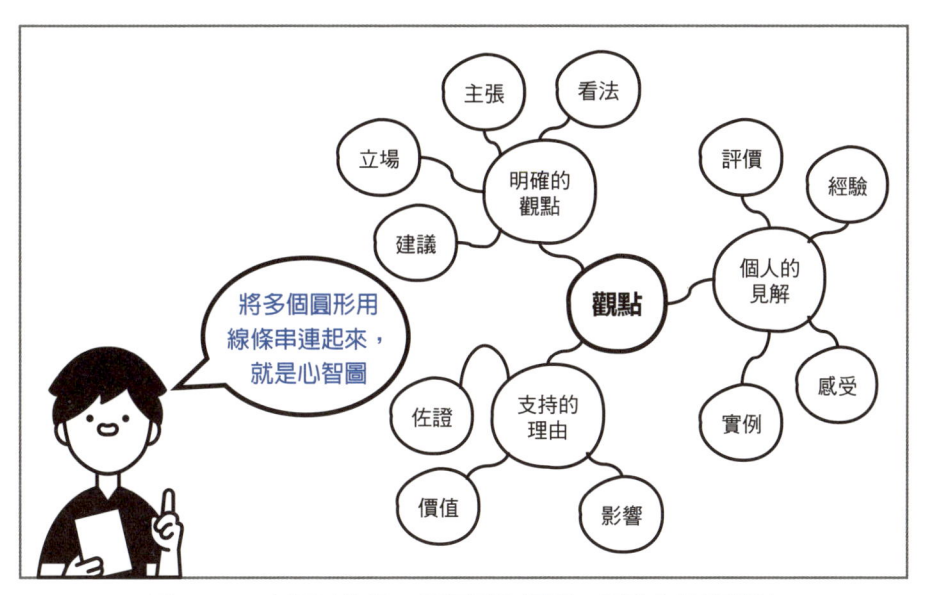

圖 2-16　心智圖也是一種圓形的運用，幫助你整理想法

現在你有什麼想法嗎？

馬上拿出一張紙，試著畫出幾個圓、寫下你的想法吧。對了，如果你不喜歡圓形，請自行換成方形、三角形也可以。

混亂沒有頭緒？
畫兩條線簡化複雜的想法

畫出幾個圓，加上線條、箭頭或符號，往往就能讓想法變得清晰。

如果上述的方式行不通，很有可能是想法過於複雜不知從何開始，或是線性的方式無法妥善的展現想法的結構。這時候，我就會試著畫出兩條線來思考了。

無論是表格、矩陣或是圖表，其實都是兩條線構成的形式。

日本知名的商業顧問與作家木部智之，是位擅長解決複雜問題的專

家,他在其著作《2軸思考》(台灣角川出版)就直言:

「只要在紙上畫兩條線,就能解決所有問題。」

畫出縱軸與橫軸兩條線,問題的關鍵點就會變得清晰,而不重要的部分也會變得明確,這樣就能聚焦在關鍵點深入思考。

「只要能畫出框架,接下來就只是填補內容而已。」

木部智之認為,思考並不是從無到有的過程,而是先建立思考的框架;如此一來,任何人都可以集中在框架內思考。對於「現在該思考什麼」的問題,也會變得簡單且明確,不再感到困惑與繁雜了。

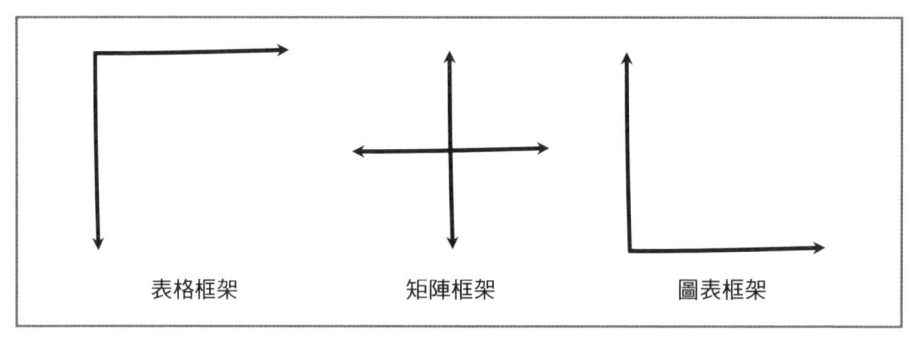

圖 2-17　用兩條線來整理想法,包括表格、矩陣和圖表框架

比方說,關於時間管理你可能聽過「優先排序」和「專注於最重要的任務」的說法。

但是具體來說該怎麼做呢?如果只是畫出幾個圓,寫下所有的任務,好像也無法再展開接下來的思考吧。這時候我們可以試著畫出兩條線來整理手頭上的任務。

比方說,史蒂芬·柯維在《與成功有約》中提到的重要急迫矩陣(又稱為時間管理矩陣)是最廣為人知的時間管理工具之一。我們可以將所有任務依據「重要/不重要」與「急迫/不急迫」來劃分,填入這個矩陣的四個象限中。

柯維認為我們應該捨棄那些「不重要但急迫」與「不重要也不急迫」的任務,節制時間的投入在那些「重要且急迫」的任務上,然後保留更多時間在「重要但不急迫」的任務上。如此一來,我們才不會將時間浪費在不必要的地方,又一直為那些「重要且急迫」的任務疲於奔命。

這是個簡單又有效的工具,可以整理我們對於任務安排的想法。

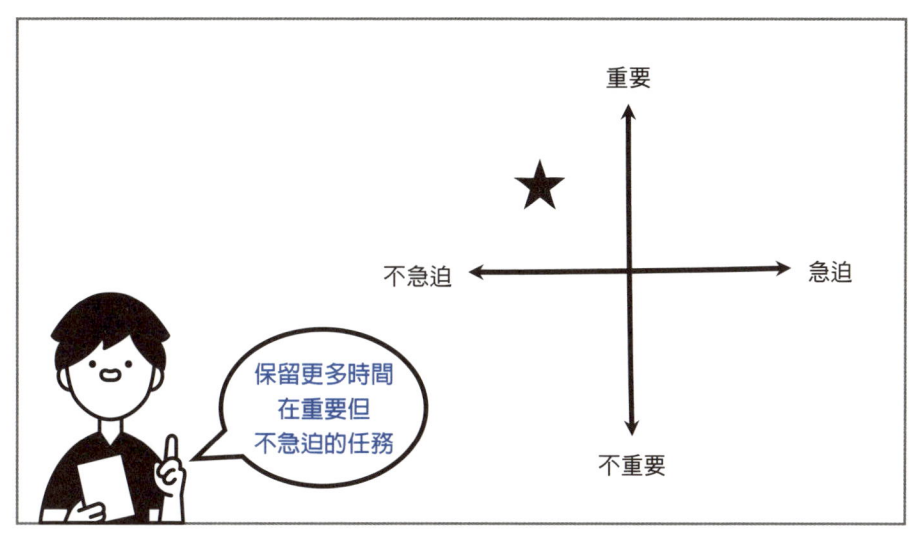

圖 2-18　用時間管理矩陣來劃分任務的優先順序

不過,光是區分為四個象限好像不太夠?萬一劃分到「重要且急迫」或「重要但不急迫」這些象限的任務有很多怎麼辦?我還是不知道該如何取捨和安排優先順序呀。

沒問題,我們可以換個方式來思考看看,將任務按照「重要性」與「急迫性」來打分數如何?

這時候,我們換成圖表框架的形式來整理想法。因為每個任務都有對應的分數,所以可以畫成散布圖,來觀察任務的分布與優先順序的取捨。

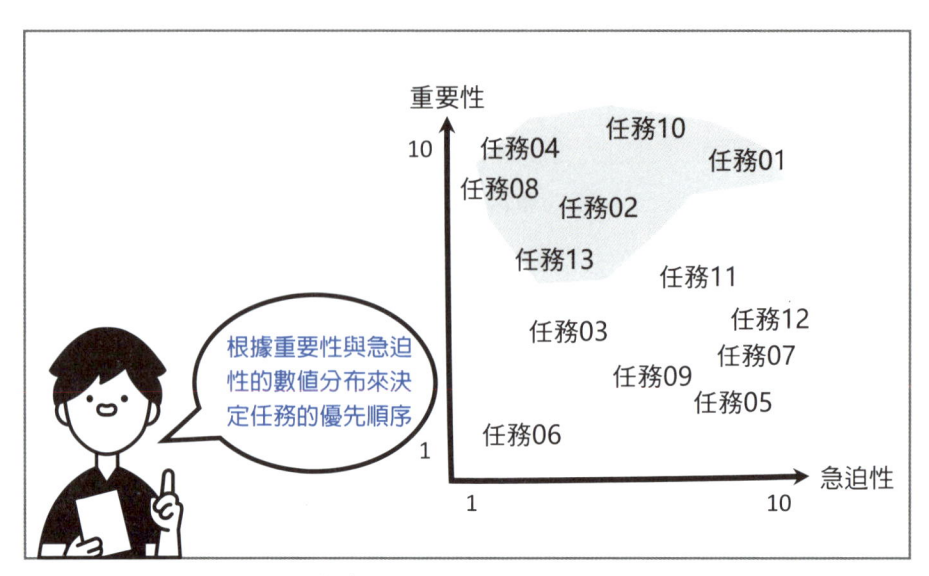

圖 2-19　運用重要性與急迫性的數值評估來區別任務的優先順序

　　從結果來看，我們似乎應該優先處理上方區塊內的任務。

　　也許你覺得這兩種方式都不適合，光是考慮任務的急迫性與重要性，並不足以判斷它們的優先順序，應該要將困難度、任務負責人，以及具體內容都納入考量才客觀。

　　那我們試試表格框架如何？橫軸代表評估任務優先順序的各項因素，縱軸代表各個任務，然後將對應的資訊填入表格當中再做出綜合判斷。

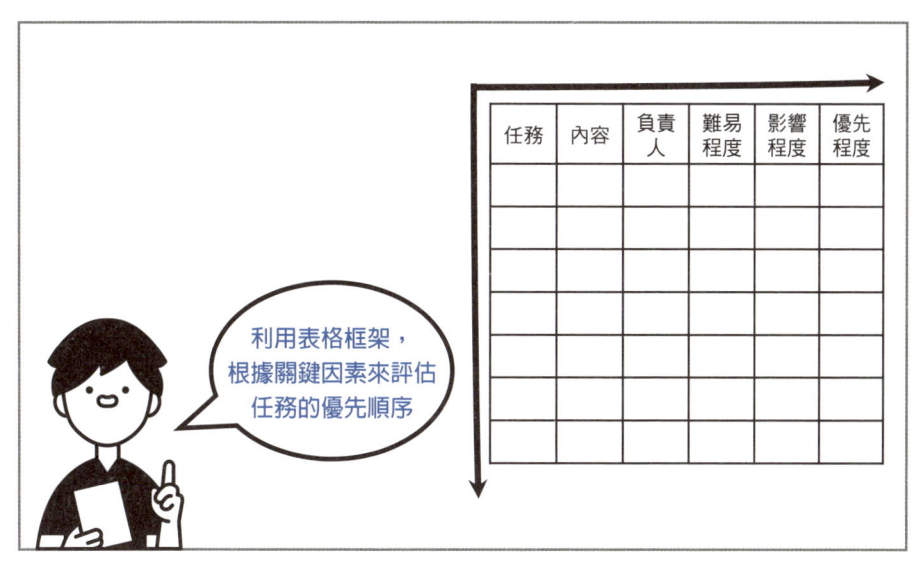

圖 2-20　利用表格框架的形式來整理想法

　　現在你應該明白為什麼木部智之會說「只要在紙上畫兩條線，就能解決所有問題」的理由了吧？

　　的確，只要畫出兩條線，再加上常用的一些模型、工具或圖表，大多數的複雜問題都可以簡化為清晰的想法。

善用圖解框架
幫你提高想法的能見度

　　無論是畫出圓形、還是兩條線，都是我常用來整理想法與思考的工具。

　　不過，也有人告訴我，這些方式在使用上仍然不是很能得心應手，有沒有整理好的工具包，可以讓他根據不同的目的和情境直接套用啊？

　　當然有！那就是我在《高產出的本事》和《高勝算的本事》中都有提到的「圖解框架」。

圖解框架包括樹狀圖、流程圖、矩陣圖和文氏圖四個基本原型，以及衍生的圖解應用。

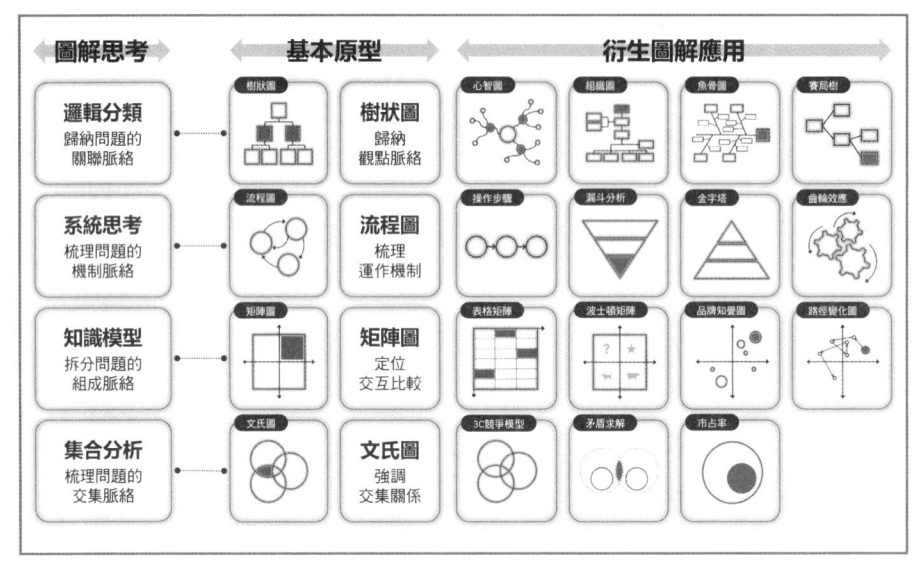

圖 2-21　圖解框架的四個基本原型與衍生應用

透過目的釐清，你可以快速選擇對應的圖解框架來整理想法。

比方說，我想整理新產品在市場上的定位，那麼矩陣圖會是個不錯的選擇，具體來說可以採用表格矩陣來比較新產品與市場競品之間的各項評估因素，也可以運用品牌知覺圖來整理新產品在市場上的相對定位，或是利用路徑變化圖來呈現新產品在市場上的占有率及成長率的變化。

藉由這些框架來提高想法的能見度，整理出更清晰的看法、主張或建議。

我在後續的章節案例中，會帶到關於圖解框架的運用；更完整的介紹與說明，我想你可以參考拙作《高產出的本事》和《高勝算的本事》這兩本書，相信會帶給你許多啟發的。

> **章節重點**

- ✓ 無法很好表達想法的困擾，大多源自模糊不清的想法、表達能力的不足、心理壓力和焦慮、缺乏結構化思維和語文表達的局限。
- ✓ 我們可以透過一些技巧將模糊的想法具體化，像是先條列下來再整理、借助視覺化的圖解來幫助思考、別想著一步到位，以及尋求他人的建議與回饋。
- ✓ 寫下來、畫出來，就能提高想法的能見度。這樣能幫你清空工作記憶，有更多餘裕去思考；能讓你的想法得到確認，補上或修改空隙的部分；還能讓你的心裡更有把握，有所依據而不會感到慌張。
- ✓ 最簡單的做法，你可以畫些圓形來整理紊亂的想法，或是畫兩條線來簡化複雜的想法；具體來說，可以善用圖解框架來提高想法的能見度，加速整個過程。

2-3
結構化思考，將想法轉化為觀點

在前面的章節中，我想你已經學到了什麼是觀點，以及如何讓想法落地。

不過具體來說，到底該如何將想法轉化為觀點？這就是黑盒子的第一道鎖，透過「脈絡梳理」的步驟，將最初的想法轉化為明確、有結構性的觀點。

而打開這道鎖的鑰匙，就是「結構化思考」。

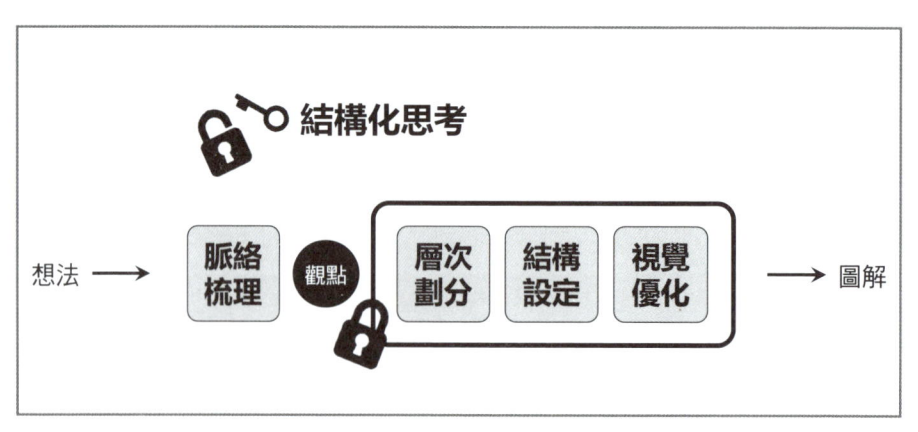

圖 2-22　藉由結構化思考，將想法轉化為觀點

思緒愈來愈混亂，好煩呀！

你有沒有發覺，愈來愈不容易想清楚一件事？

即使腦中有些想法，也不知道該如何清楚的表達出來。為什麼會這樣？這是因為我們每天接觸來自工作、學習與社交媒體的訊息量愈來愈龐大。過多的訊息會讓我們的大腦難以處理和組織，導致思緒混亂；更別說這些訊息中還參雜著虛假、無用的資訊，為大腦帶來了極大的認知負荷。另一方面，資訊流通更為快速，我們也被要求更快的做出思考與回應。

如果你又對表達能力缺乏自信，擔心自己說得不夠好或不被理解，這種自我懷疑也會進一步加劇思緒混亂，更加難以表達自己的想法。在這些壓力與焦慮下，認知功能會受到影響，使我們難以集中注意力和組織想法。

在多重因素的作用下，即使是善於思考的人，有時也會感到思緒混亂，難以清晰的表達自己的想法。那該怎麼辦？拒絕接收過多的資訊、透過練習來提升自信與表達能力，或許是個有用的建議，但具體該如何做到，情況可能因人而異。

有沒有更關鍵的因素，是我們每個人都可以做到、也能改善思緒混亂的困擾？有什麼方式可以幫助自己將模糊不清的粗淺想法，轉化為井然有序的觀點陳述？我一直在思考這個問題，所以觀察許多在高壓環境中依然能從容對談的人，也研究腦科學、心理學中如何影響思緒能力的原理和機制，更閱讀了不少關於思考、表達與問題解決的書籍，我發現關鍵是「思考能力」。

模糊不清的　　　　　隱約存在的　　　　　井然有序的
粗淺想法　　　　　　訊息脈絡　　　　　　觀點陳述

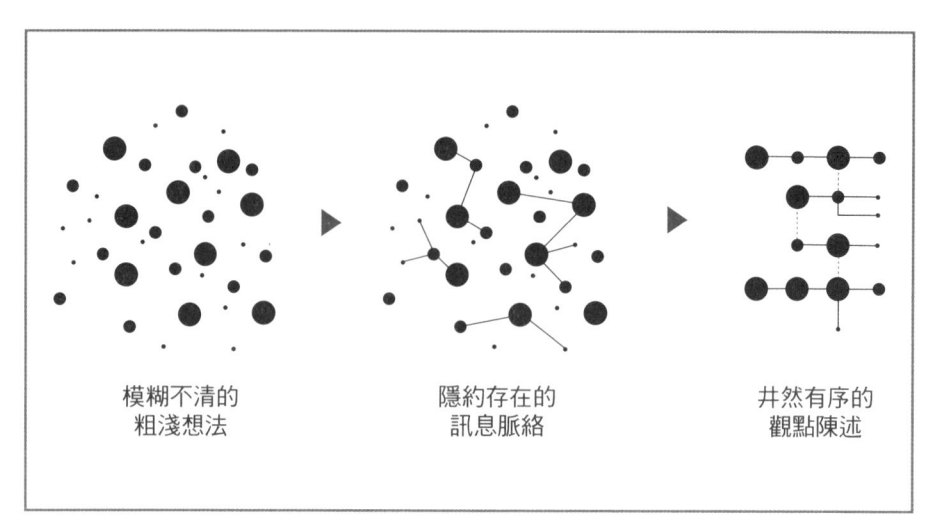

圖 2-23　如何改善思緒混亂的困擾，將想法轉化明確的觀點

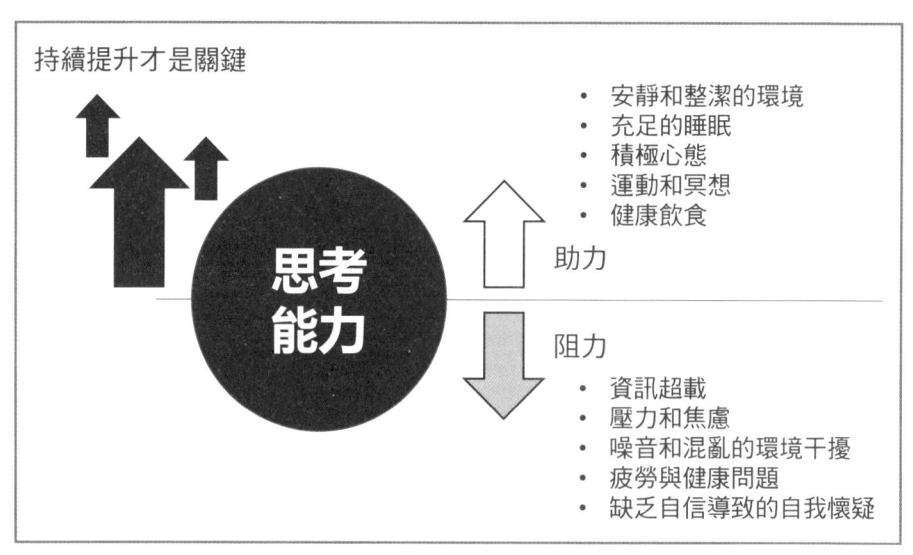

持續提升才是關鍵

思考能力

助力
- 安靜和整潔的環境
- 充足的睡眠
- 積極心態
- 運動和冥想
- 健康飲食

阻力
- 資訊超載
- 壓力和焦慮
- 噪音和混亂的環境干擾
- 疲勞與健康問題
- 缺乏自信導致的自我懷疑

圖 2-24　持續提升思考能力，才是治本的關鍵

那麼，思考能力指的又是什麼？

思考能力與應用場景

思考能力指的是我們在面對問題、做出決策和解決問題時所使用的各種認知能力。這些能力可以幫助我們理解、分析和處理訊息，並做出明智的選擇。

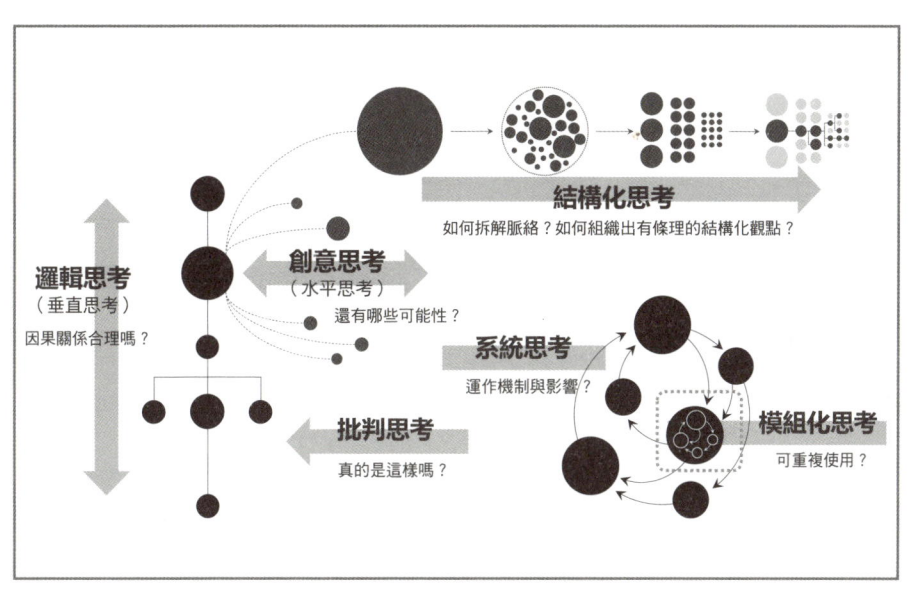

圖 2-25 思考能力與對應關係

思考能力包括：

+ **邏輯思考：又稱為垂直思考，藉由推理和分析來得出結論的能力。**
常用於數學、科學、法律等需要嚴謹推理的領域。我們常用來思考事物的因果關係和合理性。

- **創意思考**：又稱為水平思考，透過新穎和有創意的想法，將看似無關的概念和想法聯繫起來，以產生新的見解並找到創新的解決方案的能力。常用於產品設計、藝術創作或廣告行銷等需要創新想法的領域。

- **批判思考**：能客觀分析和評估訊息、識別偏見和謬誤，並做出合理判斷的能力。常用於學術研究、法律、辯論與商業決策等需要避免偏見或謬誤影響判斷的領域。近年來由於社群網路的假資訊氾濫，加上生成式人工智慧的興起也創造了更多虛造資訊，使得批判思考的能力愈來愈受到重視。

- **結構化思考**：將問題進行結構上的拆解，分解成更小、更易管理的問題，並透過有條理的步驟來理解、分析和解決這些問題。常用於需要系統分析和解決問題的情境，如業務決策、專案管理、職涯發展等，以及應用在將繁雜資訊中梳理出明確結構、歸納觀點的場景中。

- **系統性思考**：是以整體、系統和動態的角度看待問題，理解各部分之間的相互關係和影響的能力。常用於工程設計、環境管理與商業策略與營運模式等領域，也被使用在解決複雜的「系統性問題」的問題分析手法上。

- **模組化思考**：將問題或系統分解成獨立模組或組件的思考方式，這些模組可以單獨開發、測試和維護，並且可以靈活組合以形成完整的解決方案。常用於軟體開發、工程設計和產品開發等需要靈活組合和反覆使用的領域；我自己也會應用在簡報與寫作上，增加應變彈性與多元運用性。

其中邏輯思考、創意思考和批判思考，可以說是思考能力的底層基礎，也是多數人在學校教育中會受到訓練的能力。而結構化思考、系統性思考和模組化思考，則是建構在這些底層基礎上的進階能力，影響我

們的思考、表達與問題解決能力。

而這些能力的綜合運用，可以再延伸出情境思考、決策思考與問題思考等特定場景下的思考能力，也反映出每個人在思考能力上的程度差異。

為什麼你能想得又快、又好，還很有道理？

前面介紹了這麼多種的思考能力，是為了讓你明白「思考能力」是有很多面向的。

就像廚房也有著各式各樣的刀具，適用於不同的料理場景；當然，有人可以從頭到尾都用一把菜刀完成所有的料理過程，但如果懂得善用合適的刀具，即使不是廚藝精湛的人也可以獲得事半功倍的成效。

讓我們回到本書所要探討的問題。

「為什麼有的人在面對複雜難題或產出想法時，總是能又快又好？」

我時常分享閱讀觀點，甚至在聽完一場演講後就能馬上發表一篇心得。當我在台上面對聽眾的提問，也總能從容做出回應、侃侃而談。

不少人好奇，我是如何辦到的？是有什麼特殊技巧、還是有厲害的工具可以輔助？我想有三個關鍵可以分享給各位參考。

第一個關鍵，是背景知識帶來的理解力。

像是數據、簡報或商業知識是我較為擅長的領域，也擁有足夠多的背景知識。所以在閱讀相關內容時，需要重新理解的比較少，自然讀得快、也能迅速萃取重點和組織自己的想法、產出個人的觀點。

相對的，如果是不熟悉或不擅長的領域，我就需要花上更多時間和精力。比方說，針對人工智慧最新的演算法發展進行研究或提出看法，

我也無法立即做出回應。不過，過往的思考經驗仍然可以讓我比一般人更快做好這件事，這也是一種知識的累積效應。

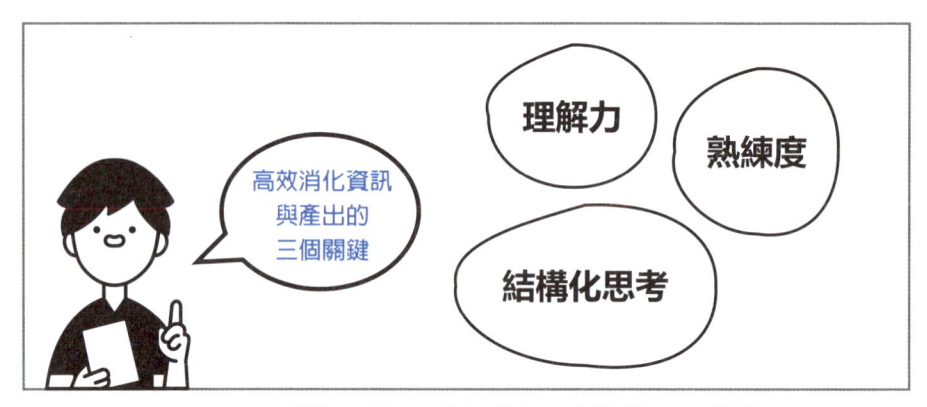

圖 2-26　想得又快、又好，還很有道理的三個關鍵

第二個關鍵，是刻意練習下的熟能生巧。

只要掌握了模型和技巧，任何人都可以在持之以恆的刻意練習下愈來愈熟練的。

比方說，我每天會投入兩小時的時間進行閱讀和產出，看完一本書、聽完一場演講，或是接收到任何資料都會進行資訊轉化、知識整合的過程；此外，善用一些技巧也能幫助我提升思考到產出想法的速度和品質，比方說：

1. 在每個階段層層過濾雜訊，而不是到最後才過濾

一般人在資料蒐集、資訊轉化時並不會刻意過濾內容，而是到最後要整合為知識的時候才開始過濾，往往會花費大量時間，因為必須重新理解與消化。

我的做法是資料蒐集的當下就過濾雜訊和不必要的內容，在資訊轉化的階段也會過濾不必要的內容，最後在知識整合的階段時，自然不用

花太多時間去過濾。

當腦中出現新的想法時,我也會立刻寫下來,在紙上或語音輸入在手機中都是一種便捷的方法。如果時間允許,我會在當下就過濾想法中不正確或多餘的雜訊;即使當下沒能處理,我也會在當天找時間重新消化過濾記錄下來的想法,不過肯定得多花些時間。

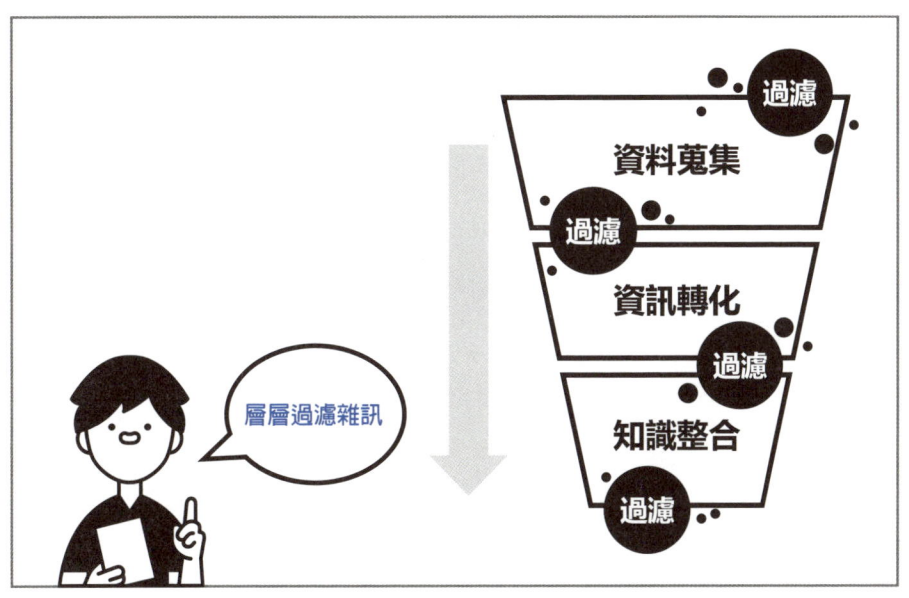

圖 2-27　層層過濾雜訊,反而能省下更多時間與提升成效

在每個階段都進行雜訊過濾的動作,看似好像多做一道工,但長期下來反而更省時、省力,也有助於避免自以為想法很豐富的錯覺。

2. 帶著提問來進行思考,發揮柴嘉尼效應

在心理學上有一種柴嘉尼效應(Zeigarnik effect),人們對未完成的事情會更容易記住。

比方說,當你正在規劃一個旅遊行程的期間,就會格外留意周遭有

關旅遊的資訊,這就是柴嘉尼效應帶來的影響。帶著提問來進行想法的提煉,也能發揮柴嘉尼效應,能讓你更專注在需要的關鍵資訊上。

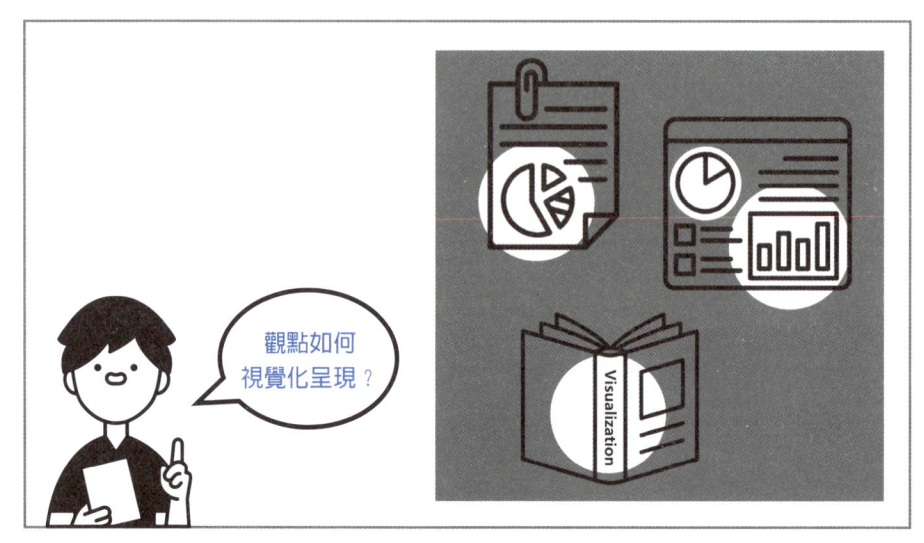

圖 2-28　愈在意什麼,就愈容易注意到什麼,是一種柴嘉尼效應

像是我在撰寫這本書時,先和編輯討論過大致的想法:如何將腦中的想法轉變成看得見的圖像,包括圖表、圖解或各種視覺化的形式?

這個懸而未決的問題一直在我腦中打轉。即使我在做其他的事情,也會格外留意周遭與之相關的訊息或線索,而且腦中有個部分會一直掛念與思考著這件事。而從這個問題我也延伸出更多新的問題,像是:

+ 為什麼有的人做不好視覺化?
+ 抽象的想法要如何變成具象的觀點?
+ 觀點該如何用視覺化的方式來呈現?
+ 有哪些視覺化的形式,又各自有什麼使用上的時機與限制?
+ 做成視覺化的圖像後,我怎麼知道效果是好的?

我還可以列出更多的問題,而這些問題也能幫我留意周遭出現的各

種訊息,即時記錄、思考與轉化為自己的觀點。我有一本筆記本,專門用來記錄和思考這個問題。

正式要寫書稿時,這本筆記就可以幫上很大的忙。

3. 結合生成式人工智慧,打造我的第二大腦

第二大腦,還是個很新的議題,涉及到如何運用數位科技來幫助自己提升效率,甚至是與我們的大腦協作,扮演第二大腦的角色。

特別是在生成式人工智慧 ChatGPT 問世之後,相繼推出的應用程式與相關運用完全顛覆了我們與資訊對話的方式,也改變了我們思考與產出想法的過程。無論是資料蒐集、資訊轉化還是知識整合,其實人工智慧都可以做得更好。

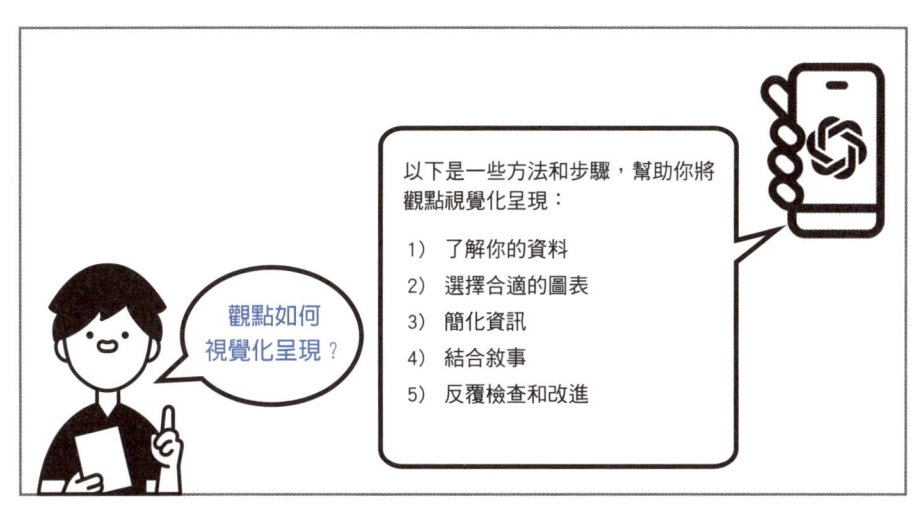

圖 2-29　生成式人工智慧會根據「提問內容」來回應答案

只要懂得提問和具備辨識資訊正確性的能力,就能透過人工智慧的協作大幅提升速度和品質。通常我會將人工智慧告訴我的答案,當作發想的靈感或是下一個提問的參考,也能藉此整理和組織腦中的想法,省下了摸索與探尋資料來源的時間與精力。

第三個關鍵，是結構化思考的靈活運用。

經常面對大量訊息和複雜問題，容易使我們的思緒變得混亂。學會結構化思考可以幫助我們更有效的處理資訊，做出清晰的判斷與明智的決策。

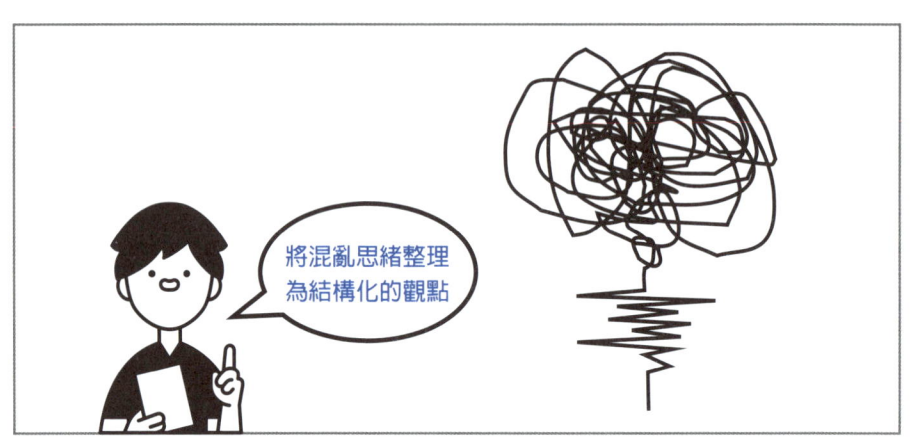

圖 2-30　透過結構化思考將混亂思緒整理為結構化的觀點

從「抽象」想法到「具象」觀點的思考過程

那麼，什麼是結構化思考？將問題進行結構上的拆解，分解成更小、更易管理的問題，並透過有條理的步驟來理解、分析和解決這些問題。

簡單來說，包含了「理解、分解、再構築」三個階段。你可以想像有一堆積木在面前，如果要組裝出一個成品會有以下的過程：理解這些積木的模樣有哪些不同的零組件、以及它們可以如何結合在一起；將積木分解為獨立的零組件，或者還可以將它們進行歸納分類，以便知道有哪些零組件可以使用，產生成品的想法；根據設想的結構，將積木進行組裝，拼出成品的模樣。

沒錯！玩積木就是一種結構化思考的簡單訓練。

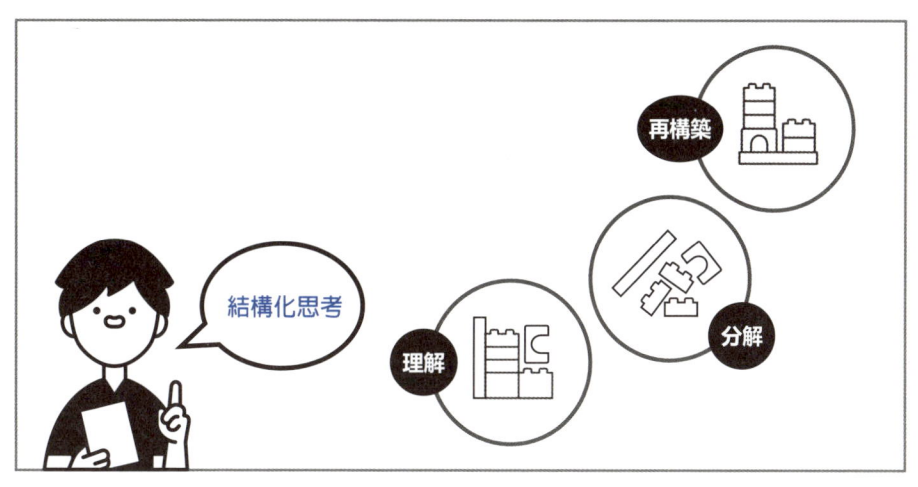

圖 2-31　結構化思考的三個階段

另一個我常舉的例子，是料理。

如果我想為家人準備一頓晚餐，可以如何運用結構化思考來想這件事呢？

首先，想想家人喜歡吃什麼、冰箱裡有哪些食材，可以準備哪些菜餚，不足的食材到附近的超市購買。到了超市看到琳瑯滿目的食材，又有了新的想法；於是在「理解」相關資訊之後，我決定晚餐煮咖哩飯和玉米濃湯。

其次，採買好足夠的食材回到家，開始「分解」這些食材備料，也思考了咖哩、白飯與玉米濃湯的料理順序。

最後，整合這些想法，開始進行烹煮過程「再構築」為料理的模樣，完成裝盤上餐桌。

小學生的數學題，
也是結構化思考的一種訓練

在生活與工作上，我也時常利用「理解、分解、再構築」來思考與解決問題。例如，最近我在教女兒小學四年級的數學題。題目是這樣描述的：一個正方形的對角線長為 20 公分，那麼這個正方形的面積是多少平方公分？

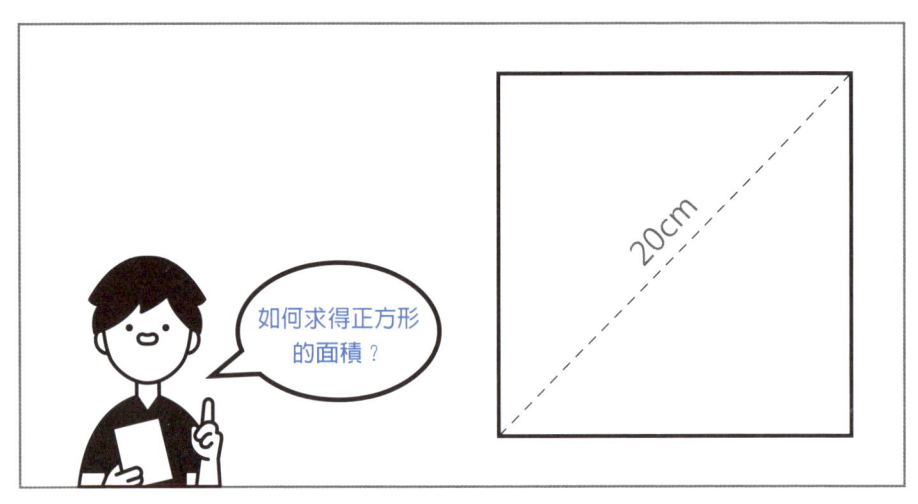

圖 2-32　小學生的一道數學題

用大人的視角，將對角線相乘再除以二，其實很快就可以得出答案。

但是從小學生的視角和既有的知識，該怎麼思考這道問題呢？我想到了運用結構化思考來引導她將想法轉化為觀點。

首先，理解題目要表達的意思，以及問題是什麼？

+ 我們在紙上畫下一個正方形，並標示出對角線是 20 公分，目標是計算出它的邊長是多少，就能計算出正方形的面積。

+ 但是要如何得知正方形的邊長呢？女兒還沒學過對角線等於「邊長平方相加再開根號」的公式，所以我們得換個目標：如何計算出面積？

其次，分解這個正方形，看看能否找出一些線索？

+ 藉由正方形的兩條對角線，可以將正方形拆分為四個直角三角形。
+ 觀察一下這四個直角三角形，轉換角度好像可以組裝為兩個小的正方形，而且邊長是可以計算出來的。太棒了！女兒找到了這個重要的觀點。

最後，重新構築這四個直角三角形，成為一個新的長方形，也能算出長和寬分別是對角線的長度和一半，於是藉由長乘以寬就可以得出面積為 200 平方公分。

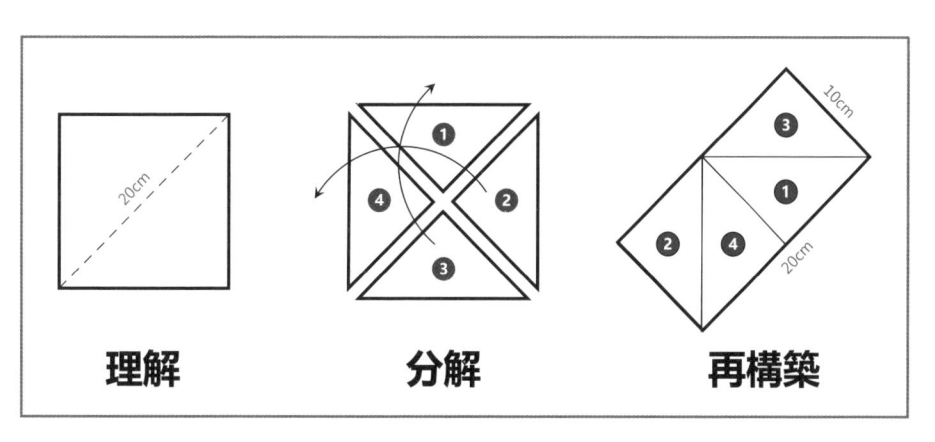

圖 2-33　用結構化思考來解決小學生的數學題

或許你覺得這道問題太過於簡單，我們來試試另一道題。

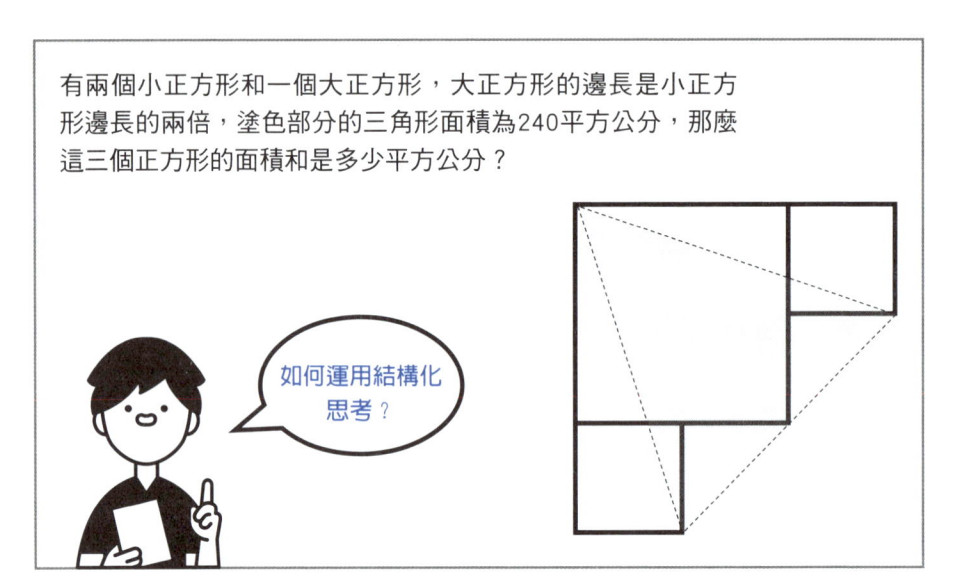

圖 2-34 用結構化思考來解決複雜的數學題

　　我建議你先暫停在這裡，先想想看如何用結構化思考來找出想法。然後再往下看，或許你就會豁然開朗。

　　我們先理解題目的意思，然後試著用小正方形來分解這個塗色的三角形面積。重新排列組合之後，可以發現這個塗色的三角形面積就等於大正方形的面積，也等於四個小正方形面積的加總。

　　所以，大正方形的面積為 240 平方公分，而小正方形的面積為 60 平方公分。因此，三個正方形的面積和為 360 平方公分。（240 + 60 + 60 = 360）

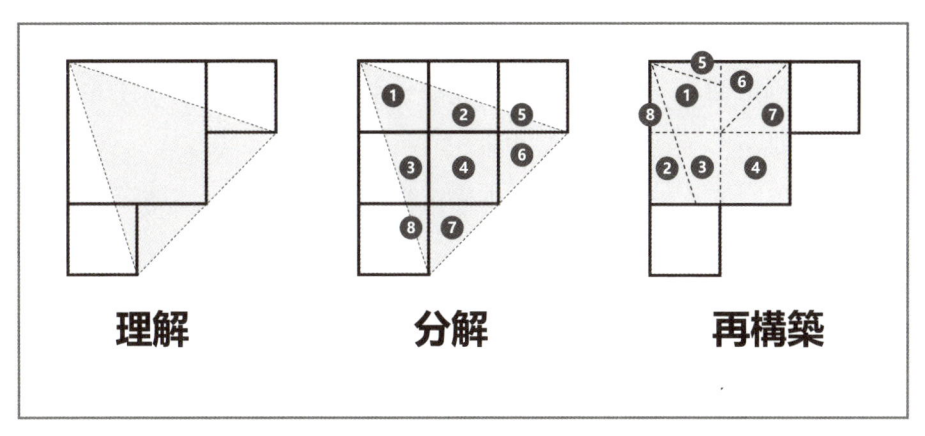

圖 2-35　運用結構化思考，重新組織結構讓問題變得簡單

怎麼樣？問題是不是變得簡單，豁然開朗？

這就是結構化思考的威力。

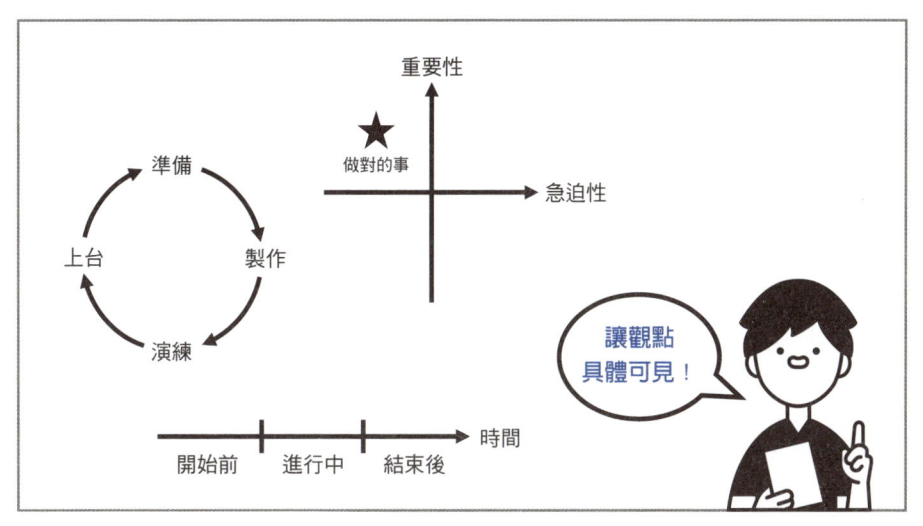

圖 2-36　寫出來、畫下來，讓觀點清晰可見

在生活中，我們可以看到許多觀點都是透過這樣的形式，將最初的想法轉化為清晰可見的觀點或見解。比方說：

+ 任務的輕重緩急，可以用「重要性、急迫性」來分解整理出觀點。
+ 會議的準備事項，可以用「開始前、進行中、結束後」來分解整理出觀點。
+ 簡報的完成流程，可以用「準備、製作、演練、上台」來分解整理出觀點。

透過「理解、分解、再構築」三個階段，藉由線條、箭頭與符號，將想法寫下來、畫出來，就可以讓原本模糊不清的想法（或是沒想清楚的部分），轉化為具體可見的觀點。

結構化思考，解構一個問題讓思緒更為清晰

在一場職涯主題的演講上，有位聽眾提出了這樣的問題。

「應該做喜歡的工作，還是擅長的工作？」

如果是你，會如何回答這個問題呢？或者我應該這樣問：**你的想法是什麼？又該如何展現你的觀點或見解，讓聽的人可以理解呢？**

我當然有自己的觀點，不過貿然做出回答肯定不是件好事。

為什麼？因為我不知道對方的背景、提問的原因，以及希望得到的答案是什麼；而我的「簡單」回覆也可能引發對方的「複雜」感受，甚至可能造成誤解。所以，我決定引導對方和在場聽眾，一起用「結構化思考」來想想這個問題。

首先，是「理解」這個問題在說什麼。

「應該做喜歡的工作、還是擅長的工作？」

不過對方認知的「喜歡」與「擅長」和所謂的「工作」未必和我的認知一樣，問出這個問題的目的和期望得到的回應我也不清楚，所以我反問對方：「為什麼你會問這個問題？你期望聽到什麼樣的回答？」

結果得到的答案是:「喜歡的工作不是自己擅長的,擅長的也不是自己喜歡的。」「我不知道自己到底想做什麼樣的工作,想聽聽老師的看法。」

就我的理解,對方沒有明確的觀點,不過聽得出來他覺得「喜歡」和「擅長」的工作彼此是對立的,只能二擇一。

我大概可以理解為什麼對方會這麼問了。

不過,如果我就此做出回覆,其實也是種預設立場的偏見,並不是真的理解這個問題。

於是我進一步詢問更多細節,包括對方的工作背景、喜歡的工作類型與特質是什麼、擅長的工作類型與特質又是什麼,同時我也觀察對方的反應與情緒的變化。

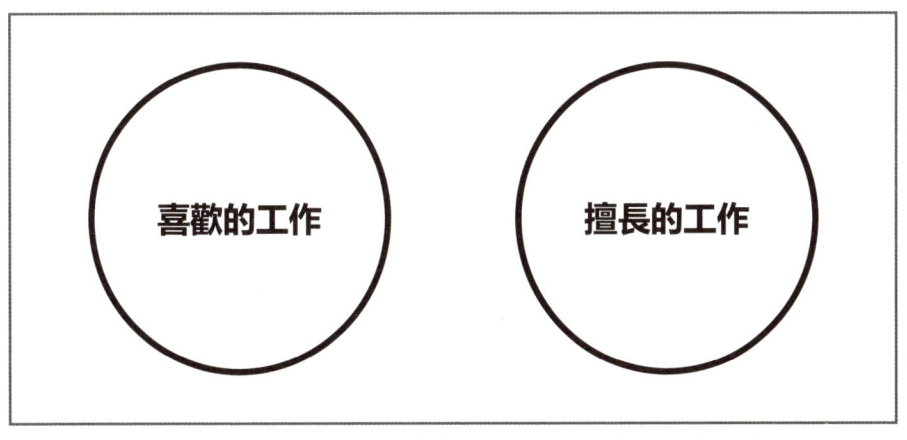

圖 2-37　對方的初步想法認為兩者對立,不會產生交集

這時候我也在思考:**喜歡和擅長的工作,兩者就真的不能並存嗎**?
這也成為我初步設立的目標。

我希望透過進一步的思考找出更多資訊來驗證這個假設，兩者能否找出一個共存的平衡點？如果不行，又該如何在兩者之間做出明智的選擇？

到目前為止，我都是在進行「理解」的過程。我隱約有了「兩者應該有機會共存」的想法，不過還沒有很好的觀點與方式來表達，貿然說出這個想法，應該也會被對方視為隨口說說的吧！畢竟我沒有支持這個想法的論述。

接下來，我邀請對方及在場的參與者，和我一起進行一件事。

+ 拆解喜歡的工作、擅長的工作分別有哪些特質？
+ 為什麼會覺得這是喜歡的工作、又為什麼覺得這是擅長的工作？

很快的，我們就有了大收穫。我將大家的想法整理成一張表格，同時也讓所有人都可以檢視自己的想法和表格上的有何不同、還有沒有遺漏的觀點。

我注意到兩者的特質有些相似之處，很快也有人發現到這一點。

「老師，這兩邊有些很相似的答案耶！」

「喔，真的嗎？讓我們試著將這些類似的特質找出來吧！」

喜歡的工作	擅長的工作
• 充滿熱情，願意投入時間和精力 • 符合興趣愛好，感到愉快和滿足 • 能發揮創意、探索新想法和方法 • 能激發動力願意投入時間和精力 • 能感受到成就感與滿足感 • 在工作上有自主權 • 能促進個人成長和發展	• 能發揮專長，高效完成任務 • 能促進個人發展 • 有豐富經驗，能應對各種挑戰 • 能感受到滿足感 • 能激發動力 • 能有效率的完成工作 • 有信心能應對困難和挑戰 • 能穩定完成工作也還能成長

圖 2-38　用一張表格展現喜歡的工作、擅長的工作有哪些特質

我讓大家討論並圈選出相似的特質，結果還真不少呢。

「所以說，喜歡的工作、擅長的工作之間並不是完全對立的，對嗎？」

「是的，看起來好像是如此。」

很好，我想思考的過程有些進展，同時也讓我的想法更具體一些。

透過「分解」工作特質的過程，我讓大家看見了更多結構上的細節，而不再只是「喜歡」和「擅長」這樣模糊的概念。

當然，在這個過程中，也有不少人開始意識到自己的想法可能不是那麼清晰，甚至是誤解。舉例來說，以下是我請大家在這個階段給予的想法回饋：

+ 原來我喜歡的工作，是不工作。
+ 我發現自己擅長的工作並沒有上述的這些特質耶？我真的擅長嗎？
+ 仔細想想自己擅長的工作也不是那麼不喜歡，至少不是全部。
+ 什麼樣才算是喜歡呢？擅長又是指做到什麼程度？

我發現不只是我，包括在場的參與者都在將自己的想法逐漸具體化。

到目前為止，我藉由「理解」的過程產生了初步的想法與目標設定，也透過「分解」將原本的問題拆解出更多的細節與資訊，過濾掉一些雜訊、也發現了關鍵訊息：「喜歡的工作、擅長的工作，兩者之間存在一些共通特質。」

喜歡的工作	擅長的工作
• 充滿熱情，願意投入時間和精力 • 符合興趣愛好，感到愉快和滿足 • 能發揮創意、探索新想法和方法 • **能激發動力願意投入時間和精力** • **能感受到成就感與滿足感** • 在工作上有自主權 • **能促進個人成長和發展**	• 能發揮專長，高效完成任務 • **能促進個人發展** • 有豐富經驗，能應對各種挑戰 • **能感受到滿足感** • **能激發動力** • 能有效率的完成工作 • 有信心能應對困難和挑戰 • **能穩定完成工作也還能成長**

圖 2-39　喜歡與擅長的工作，兩者之間存在著一些共同特質

現在我可以整合這些關鍵訊息，萃取出自己的觀點，重新組織為一個結構化的論述。

「經過剛才的討論，我想讓大家聽聽我對這件事的觀點。」

「喜歡的工作，和擅長的工作並非完全沒有交集。我認為大家可以試著這麼做：**把喜歡的工作變成自己擅長的，把擅長的工作變成自己喜歡的。**」

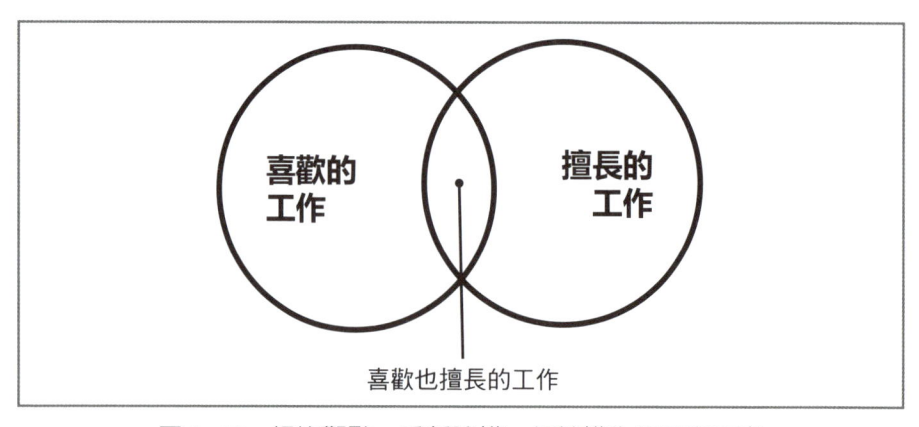

圖 2-40　根據觀點，重新建構一個結構化的訊息內容

我在白板上畫下了兩個交疊的圓,並且說明著自己的觀點。

「有沒有可能,我可以把中間重疊的部分變大?」

「比方說,改變工作流程、加入一些儀式感和自我獎勵,讓擅長的工作變成自己喜歡的模樣?或是藉由學習提升自己的技能與專業度,來爭取到自己喜歡的工作?」

「大家可以試著想想看,如何發現這個重疊的部分?又該如何讓它變大?」

我看見大家興奮的神情,充滿幹勁的討論著這個議題。

「我相信,在你們每個人心中已經有了屬於自己的想法或觀點。」

最後的這個階段,我在「重構築」自己的觀點與論述,將思考過程中所發現的關鍵訊息重新組織為一個能支持觀點的結構化內容,讓大家一看就懂。

現在,你對於結構化思考是否有了更清晰的認識?

結構化思考的 3×3 模型,幫你逐步將想法轉化為觀點

為了更好的掌握和運用,我整理了一個結構化思考的 3×3 模型。

+ **理解,是為了掌握想法或問題的本質**

   也許是從一個想法、一個問題或一個內容出發,到相關資料的蒐集、再擴大到背景的分析,然後設定一個清晰的目標。

   - 想法蒐集:蒐集相關資料和訊息。
   - 背景分析:延伸的背景與脈絡分析,確認相關的影響因素。
   - 目標設定:設定明確要解決的問題或達成的目標。

+ **分解,是為了拆解為更小、好管理的部分**

   在上一個階段,可能蒐集了許多資料、也有了更多想法與明確的目

標。現在我們要將這些進行脈絡的拆解,然後過濾不必要的資訊、針對資訊進行提煉,找出關鍵訊息並進行歸納。

- 目標拆解:將問題或目標分解成各個組成部分或步驟。
- 資訊過濾:篩選出最相關和重要的訊息,排除不必要的干擾。
- 訊息歸納:將篩選後的訊息進行整理和歸納,形成清晰的結論。

+ **再構築,是為了將多個結論重新組織,形成一個完整的觀點**

相較於最初模糊、零碎的想法,現在已經有了相關資料的蒐集,也過濾和提煉出關鍵訊息,歸納為多個結論。現在則是將這些關鍵訊息和結論進行結構化的整合,從中萃取出有價值的觀點或見解,再重新組織為一個完整內容。

- 訊息整合:將歸納的結論與關鍵訊息整理在一起。
- 觀點萃取:從中提取出核心觀點或關鍵見解,組織為結構化的內容。
- 結構梳理:檢視觀點與對應訊息,確保言之有物、言之有據。

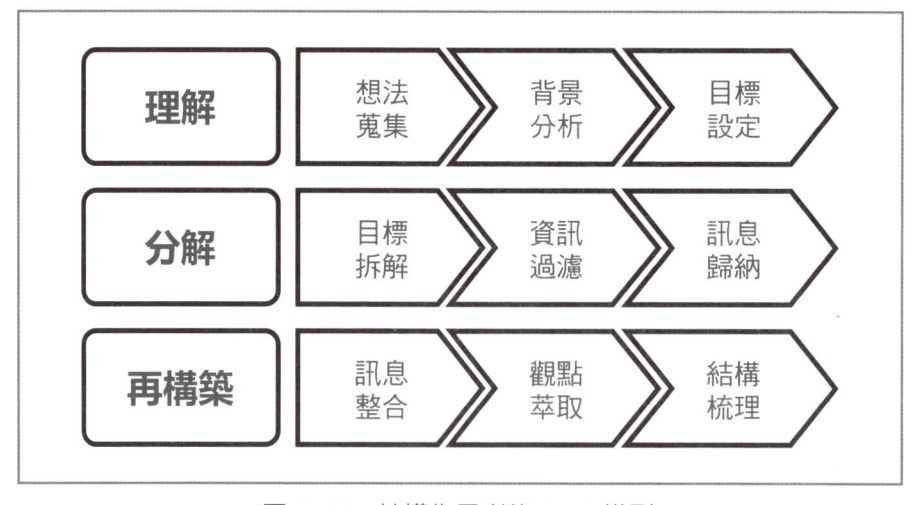

圖 2-41　結構化思考的 3×3 模型

以「應該做喜歡的工作、還是擅長的工作？」這件事為例，我們來看看怎麼做：

+ 理解：問題的全貌
  - 資料蒐集：蒐集提問對象的提問理由、期望答案等更多資料。
  - 背景分析：了解提問對象的工作背景、喜歡的工作類型與特質、擅長的工作類型與特質等能影響問題的因素。
  - 目標設定：喜歡和擅長的工作，兩者就真的不能並存嗎？

+ 分解：目標為更小、可管理的內容
  - 目標拆解：請大家列出喜歡、擅長的工作分別有哪些特質？
  - 資訊過濾：將大家的答案整理成一張表格。
  - 訊息歸納：針對表格中的訊息進行歸納，發現喜歡的工作、擅長的工作，兩者之間的確存在著一些共通特質。

+ 再構築：為一個完整、合乎邏輯的觀點展現
  - 訊息整合：將歸納的訊息和大家的討論整合在一起。
  - 觀點萃取：將兩個獨立的圓形，重新組織為彼此交疊的兩個圓；交集的部分就是我想傳達的觀點。
  - 結構梳理：將觀點、根據與佐證整理為一個完整的論述。

藉由以上例子，我們可以看到，在結構化思考的過程中，都可以利用「整理、梳理或歸納資訊」的步驟，獲得一個完整且清楚的結論或「觀點」。

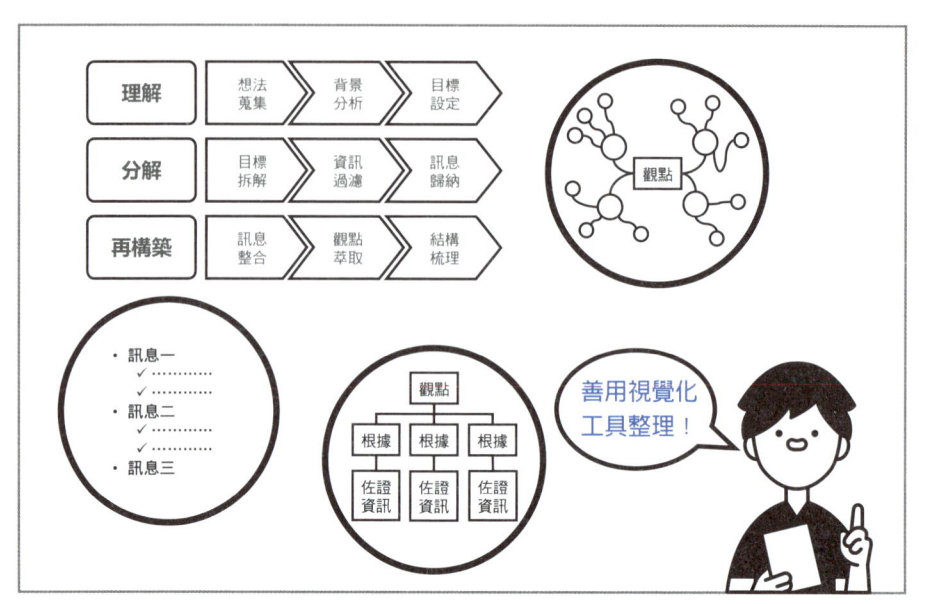

圖 2-42　運用視覺化工具來提高資訊整理的效率

再舉一個生活中的案例，假設我想安排一次家庭旅行。

+ 理解：全面理解家庭成員旅行的需求和限制
  - 資料蒐集：蒐集所有家庭成員的意見和偏好，包括目的地、活動、預算等。
  - 背景分析：了解家庭成員的時間安排、健康狀況和其他可能影響旅行的因素。
  - 目標設定：設定旅行的主要目標，例如放鬆、探索新地方、家庭團聚等。

+ 分解：將旅行計畫分解成更小、更可管理的部分
  - 目標拆解：將旅行計畫分解為交通、住宿、活動安排、餐飲等項目。
  - 資訊過濾：篩選出最佳交通方式、最適合的住宿選擇、必去的景點等。

- 訊息歸納：將篩選後的資訊進行整理和歸納，形成清晰的結論，包括選擇搭乘火車加自駕、預定飯店安排、每日主要活動規劃等。
+ **再構築：形成一個完整且有效的旅行計畫**
  - 訊息整合：確保交通安排、住宿和活動規劃的時間相匹配。
  - 觀點萃取：每天行程重點、穿著與攜帶物品、享用餐點與採購建議。
  - 結構梳理：將上述資訊進行結構化整理，形成一個有條理的旅行計畫，包括日程表、導覽地圖、準備所需物品清單等。

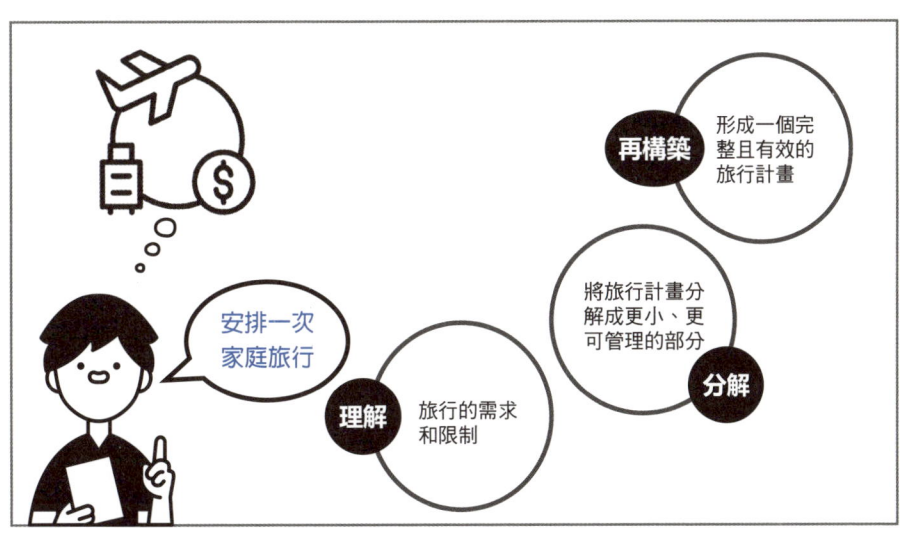

圖 2-43　藉由結構化思考來安排一次家庭旅行

透過結構化思考，我就能夠有條不紊的計畫一次愉快的家庭旅行，確保每個細節都得到妥善安排，也能陳述一個完整的觀點論述。這個模型也可以應用到其他生活和工作中的各種情境中，幫助你更有效的思考、將想法轉化為明確的觀點。比方說：思考一個複雜問題、產出一篇

閱讀心得。

將撰寫一本書的想法轉化為具體的提案

我在撰寫這本書時，也運用這個結構化思考的模型來讓想法更為明確。

最初，我和編輯討論時就是一個簡單的想法：撰寫一本解決「如何將想法轉化為一張圖讓人一看就懂」的書。

我可以基於這個想法，展開 3×3 模型的結構化思考：

+ **理解：釐清撰寫這本書的需求和目標**
  - 資料蒐集：蒐集關於視覺傳達、圖像設計、資訊圖表等方面的資料，了解市場上已有的相關書籍和讀者需求。
  - 背景分析：分析自己的專業背景和經驗，確定我能提供的獨特價值和視角。
  - 目標設定：設定撰寫這本書的主要目標，幫助讀者將複雜的想法轉化為簡單易懂的圖像，提高他們的可視化溝通能力。

+ **分解：將撰寫這本書的過程分解成更小、更可管理的部分**
  - 目標拆解：將撰寫過程分解成各個組成部分，包括為什麼要寫這本書、這本書要解決讀者的哪些問題、可以為讀者帶來哪些價值、應用在什麼場景。
  - 資訊過濾：篩選出最相關和重要的資訊，例如可視化溝通成效的科學根據、如何將想法轉化為觀點、如何將觀點轉化為可視化訊息、有哪些應用案例、實用工具模型等。
  - 訊息歸納：將篩選後的資訊進行整理和歸納，形成每個章節的主要觀點、論述與內容鋪陳。

＋ 再構築：形成一個完整且有效的撰寫計畫
- 訊息整合：整理出章節綱要，確保每個章節的內容連貫且有邏輯。
- 結構梳理：提取出每一章節的關鍵觀點和見解，讓編輯能理解我想傳達的訊息和讀者可能看到的內容重點。
- 觀點產出：將所有資訊進行結構化整理，形成一個有條理的撰寫計畫，包括書籍大綱、各章節摘要與時間規劃等。

藉由這樣的思考過程與觀點的產出，可以確保我和編輯之間有清晰的共識。

寫出來的會是怎麼樣的一本書？自己也能釐清接下來的時程安排，需要蒐集哪些資料和資訊？在撰寫內容時，也會清楚的意識到與其他章節內容的連動關係與一致性。

如此一來，可以確保撰寫的速度與品質維持在可被管理的水準。

這對於高效工作者來說，是相當重要的一項能力：能將想法轉化為具體的時程規劃。

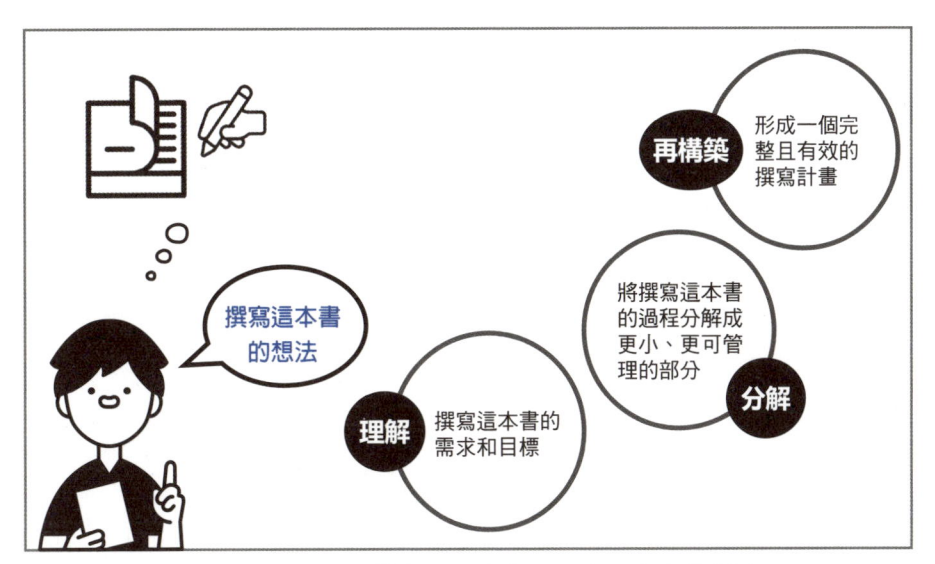

圖 2-44　透過結構化思考來整理撰寫一本書的想法

帶著想法閱讀一本書，產出自己的觀點

不少人在閱讀後想要產出自己的想法或觀點，但由於種種原因而作罷。比方說，書中的資訊量過於龐大，記錄了許多重點與筆記而感到不知所措，不知道該如何篩選和整理；可能被書中諸多精彩內容和故事所吸引，覺得都很有價值反而難以產出自己的觀點；又或許讀完後隱約有自己的想法，但不知道如何清晰的表達自己的觀點，怕寫得太糟被人笑話。

這些困擾其實都可以用結構化思考幫你找到答案。

我們可以在閱讀一本書之前，試著用 3×3 模型來結構化思考一下自己的閱讀計畫：

+ **理解：掌握書中的內容、主旨與方向**
  - 資料蒐集：在閱讀之前，先了解這本書的背景、作者的經歷和寫作目的；有助於讓自己更好的理解書中的內容。
  - 背景分析：閱讀一本書的目錄、前言和結語，了解書籍的結構和主要內容，幫助自己在閱讀過程中掌握有哪些重點。
  - 目標設定：設定閱讀這本書的目標，像是學習特定技能、獲得新的觀點或解決某個問題，也可以單純是讀完一本書。

+ **分解：將書中的內容分解成更小、更可管理的部分**
  - 目標拆解：將書籍分解成各個章節或主題，逐步閱讀和理解每個部分。
  - 資訊過濾：在閱讀過程中，篩選出最相關和重要的資訊，做成筆記記錄下來、或是在書上標記重點與關鍵字。
  - 訊息歸納：將篩選後的資訊進行整理和歸納，形成清晰的結論。比方說，總結每章的主要觀點、重點與啟發。

+ **再構築：形成自己的觀點和見解**
  - 訊息整合：將所有分解的部分重新組合，像是將不同章節的觀點進行比較和對比，或是可以依照三到四個面向來歸納各章節的重點。
  - 觀點萃取：從整合的內容中提取出核心觀點，並思考這些觀點如何應用到自己生活或工作中的情境，或是與過往經驗如何產生連結。
  - 結構梳理：將這些核心觀點和自己的見解進行結構化整理，形成一個有條理的總結或評論，像是撰寫一篇讀書筆記、書評文章或是啟發心得。

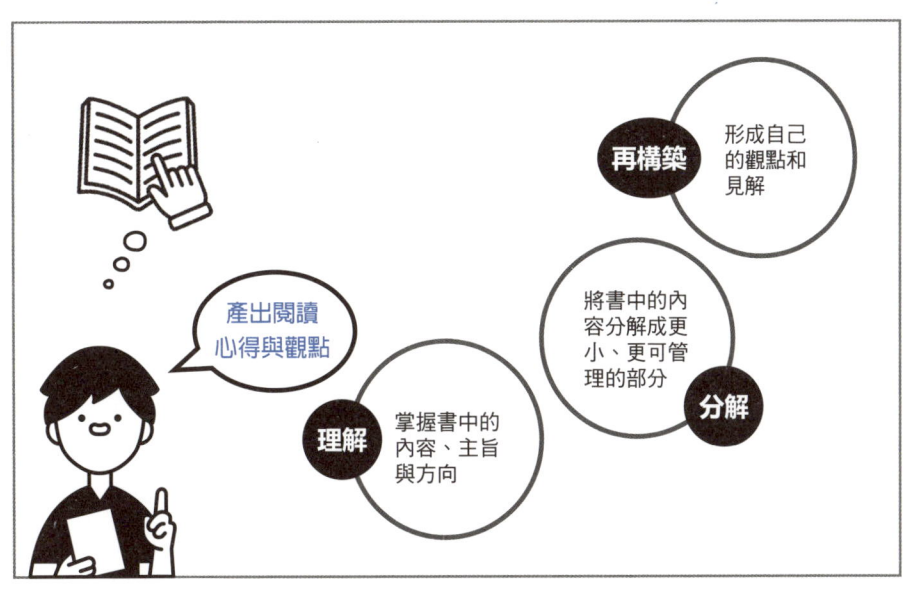

圖 2-45　透過結構化思考來安排閱讀與心得產出的計畫

舉例來說，我閱讀《一如既往：不變的人性法則與致富心態》這本書。

- **首先，理解這本書在說什麼，以及作者撰寫的緣由和背景**
  - 資料蒐集：了解作者摩根・豪瑟的背景和這本書的寫作目的，發現書中主要探討了在人性和致富心態中不變的法則，並透過歷史事件和小故事來說明這些原則。
  - 背景分析：閱讀書籍的目錄、前言和最後的致謝文，了解書籍的結構和主要內容，這本書分為多個章節，各章節探討一個不變的原則或法則。同時我也閱讀了作者的前一本著作《致富心態：關於財富、貪婪與幸福的 20 堂理財課》，了解兩本書之間的關聯性。
  - 目標設定：雖然這本書的主題談的是投資策略，但我想書中的原則也可以應用在生活與工作上的選擇策略，學習如何在變化的世界中找到穩定的原則，改善自己的決策與選擇模式。
- **其次，分解書中的章節，逐一消化與過濾重點**
  - 目標拆解：將書籍分解成各個章節或主題，逐步閱讀和理解每個部分，包括風險管理、機會識別、情緒控制等原則。
  - 資訊過濾：在閱讀過程中篩選出最相關和重要的資訊，做筆記記錄下每個章節中的核心觀點和實際案例，特別有感的部分我還會摺頁註記。
  - 訊息歸納：我會在各章節的最後一頁總結主要觀點和重點，並思考這些觀點如何應用到自己的生活中，以及帶來哪些啟發與新的提問。
- **最後，再構築總結出的內容與啟發，形成自己的觀點和見解**
  - 訊息整合：我會在紙上將不同章節的核心觀點、關鍵字用心智圖的方式來整理出一個作者視角的輪廓；然後進行比對與整合。
  - 觀點萃取：從整合的內容中再進一步提取出最重要的三個觀點，並思考這些觀點如何應用到自己生活或工作中的情境，或是與過

往經驗如何產生連結。

- 結構梳理：將這些內容進行結構化整理，寫成一篇閱讀觀點。

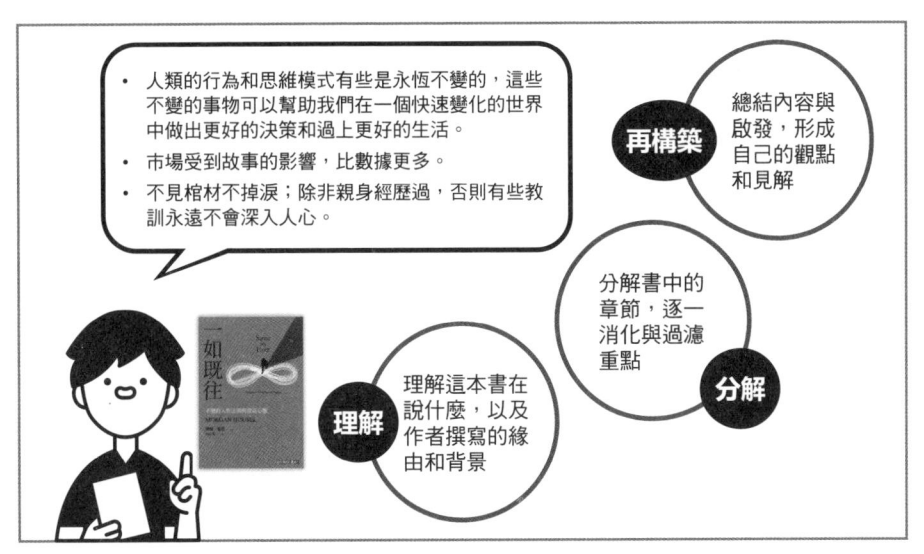

圖 2-46　運用結構化思考產出一本書的讀後觀點

最後我產出的三個觀點，分別是：

+ 人類的行為和思維模式有些是永恆不變的，這些不變的事物可以幫助我們，在一個快速變化的世界中做出更好的決策和過上更好的生活。
+ 市場受到故事的影響，比數據更多。
+ 不見棺材不掉淚；除非親身經歷過，否則有些教訓永遠不會深入人心。

也寫下了自己對於這三個觀點所獲得的啟發，包括：

+ 不要被外在的變化所迷惑，而要關注內在的本質；找到自己的價值和目標，並堅持實踐就能獲得複利效應的回報。
+ 數據單獨存在沒有意義，而且可能產生迷惑。我們要理解數據背後的脈絡，並用故事來傳遞自己的訊息和說服他人。

+ 不要盲目的模仿別人的成功或失敗，而要從自己的經歷中學習和成長，並尊重別人的經歷和選擇。

如果你也恰好讀過這本書，或許可以印證一下我的觀點與啟發，與你的有哪些不同？而你又會如何詮釋你的觀點呢？

我想提醒你的是，雖然我將結構化思考的過程，整理為一個 3×3 的模型，不過這是為了讓你方便學習與練習，未必是正確答案或是最適合你的方式。就我自己來說，每次在將想法轉化為具體的觀點產出時，也未必都依循著這樣的步驟。

重點在於從「理解、分解、再構築」這個基本概念出發，去思考：

+ 我可以如何對眼前的這本書有更深入的理解？
+ 我該如何拆解「一本書」來降低消化的難度、提高理解的效率？
+ 我要如何歸納出自己的觀點，要選擇作者視角、讀者視角或是第三人視角？

希望這些說明有助於你找到屬於自己的結構化思考模式！

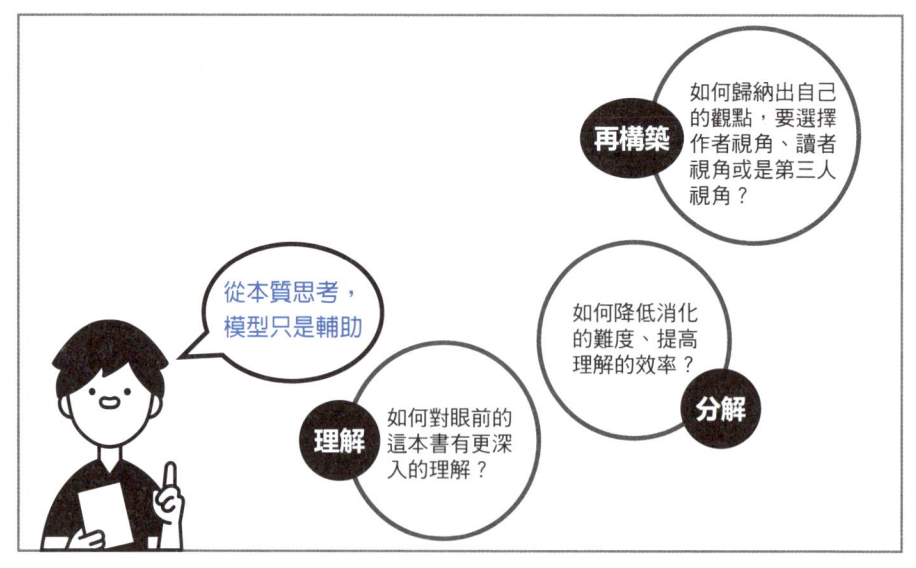

圖 2-47　從三個階段的本質去思考，模型只是輔助練習

完全沒有想法時，該怎麼辦？

前面我談了許多關於結構化思考的運用，像是一個想法如何轉化為明確的觀點、一個問題該如何展開清晰的思考、一本書該如何閱讀並產出自己的見解等。

不過，我想你在閱讀的同時，也可能產生一個疑問：

「我就是沒想法呀！那該怎麼辦？這個模型或方法根本不管用嘛。」

這個疑惑會在你腦中不停糾結著，甚至會阻礙你繼續閱讀下去。所以在這個章節的最後，我想幫助你解決這個困擾。

是的，即使你完全沒有想法，這個結構化思考的 3×3 模型仍然適用。只不過你可能會在「理解」這個階段卡關，甚至投入了大量時間和精力也毫無頭緒，像隻無頭蒼蠅一樣原地打轉。

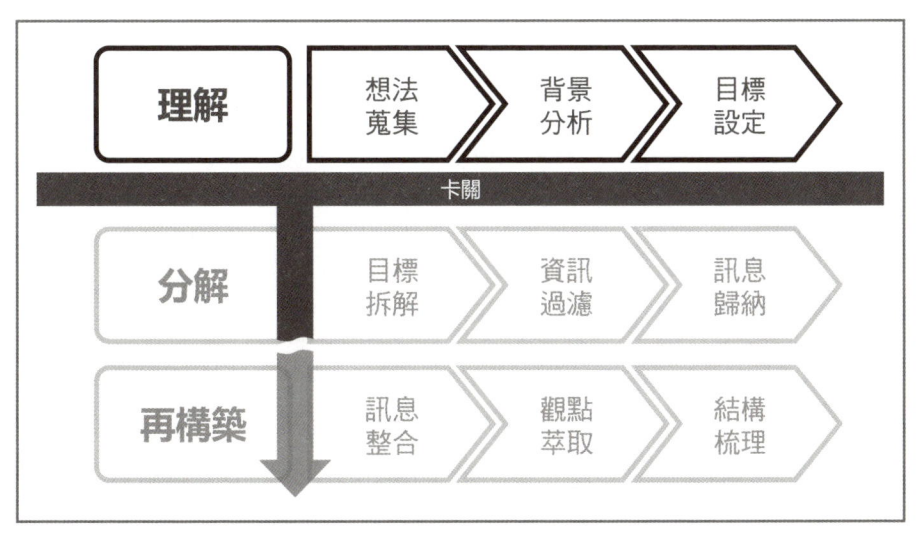

圖 2-48　沒有想法，可能就會在「理解」階段卡關而無法往下走

你可能會遇到以下情況：

+ 資料蒐集，不知道應該蒐集哪些？也不確定要蒐集到什麼程度、何時該停止？
+ 背景分析，不知道範圍要有多廣？到什麼程度才算足夠理解？
+ 目標設定，不確定目標的合理性？也可能根本走不到這一步。

那麼該怎麼辦呢？我有三個建議可以供你參考。

1. 要有自己的想法（這不是廢話嘛？）。
2. 尋求他人的建議，也許就會產生自己的想法。
3. 先找到自己的為什麼。

第一個建議，要有自己的想法。

雖然聽起來像是廢話，卻是根本的解決之道。

人不會完全沒有想法的。就像很多時候，我們會對一件事有意見，就是一種想法；即使真的沒有想法，那也是一種想法。

只不過我們沒有好好去思考，或是害怕去表達出來。

於是就停留在「我覺得怪怪的」、「我不這樣認為」或「真的是這樣嗎？」這樣表層的感受，而沒有進一步將抽象的感受發展為想法或概念，像是：

「為什麼我會覺得怪怪的？是因為⋯⋯，然後呢？」

「為什麼我不這樣認為？是因為⋯⋯，然後呢？」

「為什麼我會說真的是這樣嗎？是因為⋯⋯，然後呢？」

只要向前追問「為什麼？」與向後追問「然後呢？」就可以進一步找出自己的想法。哪怕再粗淺、再沒有意義也沒有關係，這些都是在我們腦中思考的過程；只要習慣了思考，自然就會讓想法愈來愈成熟。

是的，你不會沒有想法，只是不習慣思考、害怕思考而已。

第二個建議，尋求他人的建議。

外在的訊息，會刺激我們的大腦進而**觸發**一些新的想法，或是讓模糊的想法浮現。

尋求他人的建議，也未必要真的開口問，透過閱讀也是一種方式；現在還多了一種新的管道：向 ChatGPT 提問，不管再難以啟齒的想法或問題都不會有人笑你，可以放心大膽地問。

如果以上兩個建議，對你都不管用。沒關係，我還有最後一個建議。

第三個建議，先找到自己的為什麼？

有時候沒有想法，是因為缺乏明確的目的。

所以，不妨先從找到為什麼開始。思考以下問題：

+ 為什麼我要傳達想法（或觀點）給對方？希望對方的反應是什麼？
+ 我該如何做才能讓對方產生自己期望的反應？
+ 具體來說，要呈現什麼訊息？

這些問題不是為了讓你找出答案，而是藉由思考的過程讓「隱藏在大腦深處」的想法浮現出來，或者藉此意識到新的想法。

比方說，我想寫一本書，但是完全沒有頭緒。這時候就可以問問自己這三個問題。

+ 為什麼我想寫書？希望讓市場看見我的專業、希望解決許多人都有的困擾、希望藉此累積個人品牌的影響力等。
+ 寫給誰看？職場工作者、有相關問題的讀者。
+ 希望讀者看完後的反應？覺得這本書能幫助到他們，可以運用書中的內容解決生活或工作上的問題。
+ 我該如何做才能讓對方產生自己期望的反應？在書中提供有用的觀點、可操作的方法，還有符合讀者情境的案例讓對方更好理解與應用。
+ 具體來說，要呈現什麼訊息？還沒能想清楚……

雖然我沒能對這三個問題給出完整的答案，然而，經過這樣的思考過程，讓我有不少新想法與念頭冒出來。

當你遇到沒想法的時候，不妨試試我的這三個建議。

> **章節重點**
>
> - 要想改善思緒混亂的困擾，更有效率的將想法轉化觀點；除了透過各種因素來增加助力、減少阻力之外，關鍵還是**持續提升自己的思考能力**。
> - 思考能力指的是我們在面對問題、做出決策和解決問題時所使用的各種認知能力，包括邏輯思考、創意思考與批判思考，屬於底層基礎的思考能力。進階則包括結構化思考、系統性思考和模組化思考等思考能力，**可以幫助我們更好的理解、分析和處理訊息，並做出明智的選擇。**
> - 在面對複雜難題或產出想法時，提升思考速度和品質的三個關鍵：**背景知識帶來的理解力、刻意練習下的熟能生巧，以及結構化思考的靈活運用。**
> - 只要掌握了模型和技巧，任何人都可以在持之以恆的刻意練習下愈來愈熟練思考能力。包括在資料蒐集、資訊轉化與知識整合的**每個階段都層層過濾雜訊**，而不是到最後才過濾；**帶著提問來進行思考，發揮柴嘉尼效應**，讓你更專注在需要的關鍵資訊上；以及**結合生成式人工智慧**，打造第二大腦。
> - 結構化思考，是將問題進行結構上的拆解，分解成更小、更易管理的問題，並透過有條理的步驟來理解、分析和解決這些問題。

簡單來說，包含了「**理解、分解、再構築**」三個階段；透過結構化思考，能幫你解構一個問題讓思緒更為清晰。

✓ 具體操作，可以運用**結構化思考的 3×3 模型**，幫助你逐步將想法轉化為觀點。共有以下三個階段、九個步驟：

- 理解，為了掌握想法或問題的本質；包括想法蒐集、背景分析與目標設定等三個步驟。
- 分解，為了拆解為更小、好管理的部分；包括目標拆解、資訊過濾與訊息歸納等三個步驟。
- 再構築，為了將多個結論重新組織，形成一個完整的觀點；包括訊息整合、觀點萃取與結構梳理等三個步驟。

✓ 在結構化思考的過程中，需要整理、梳理或歸納資訊的步驟，都可以**善用視覺化工具如條列式、心智圖或樹狀圖來提高效率**。

✓ 活用結構化思考，像是**將撰寫一本書的想法轉化為具體的提案**、**帶著想法閱讀一本書並產出自己的觀點**，都可以有效提升思考的速度與品質。

✓ **完全沒有想法時**，可以根據以下三個建議找出自己的想法：要有自己的想法、尋求他人的建議、先找到自己的為什麼。

2-4
確認目的與對象，提高觀點的能見度

將腦中的想法轉化為觀點，說給對方聽，就能理解了嗎？

那可不一定。這取決於對方的背景知識、理解能力，以及你說明觀點的方式。你得用對方容易理解的方式，展現自己的觀點；否則說出來的內容，也只是曲高和寡，仍然無法達到溝通與傳遞訊息的目的。

因此，在將想法產出自己的觀點之後，還需要思考如何提高觀點的能見度？讓說出來的訊息內容可以讓人聽得懂、腦中可以浮現畫面。

找出一條故事線，讓觀點更好理解

比方說，關於時間管理的觀點我聽過不少，像是：

「優先處理重要但不急迫的任務。」

「學會說不。」

「儘管去做。」（Get Things Done）

「先吃掉那隻青蛙。」（Eat That Frog）

你能理解其中幾個？或許第一個觀點會讓你想到時間管理矩陣，所

以大致可以理解要表達的意思。但是其他三個呢？

像是「先吃掉那隻青蛙」這個觀點要傳達的是什麼訊息呢？

圖 2-49　光是說出觀點就能被理解嗎？

針對這個觀點「多加」一些說明如何？

「青蛙象徵困難、重要的任務；先吃掉那隻青蛙，接下來的事情就不難了。」

「如果有兩隻以上的青蛙，先吃掉大隻的。」

好像更好理解一些了，對吧？

讓我們再說明得清楚一些，這樣如何？

「每天早上先完成最困難、最重要的任務。」

「這樣做可以讓你在開始就解決最具挑戰性的工作，從而讓接下來的時間更輕鬆。」

圖 2-50　將觀點用更容易「被理解的訊息」來表達

　　這樣的說明，或許「有些人」已經能理解這個觀點所要表達的意思了。

　　但也「有些人」無法理解，或許你需要說明得更清楚，讓我們試試這樣的說法如何？

　　先吃掉那隻青蛙：從最困難、重要的任務開始做起。

1. 識別你的「青蛙」：找出對你最重要、最具影響力的任務。
2. 優先處理這些任務：每天早上第一件事就是處理這些「青蛙」避免拖延。
3. 專注於一件事：避免多任務處理，專注於完成這些重要任務。

　　這個觀點強調在時間管理上專注和優先處理的重要性，幫助你提高生產力和效率。

　　像這樣安排一條故事線，用對方容易理解的方式說明你的觀點，才能真正達到精準表達的目的，讓對方接收到你想要傳達的觀點和見解。

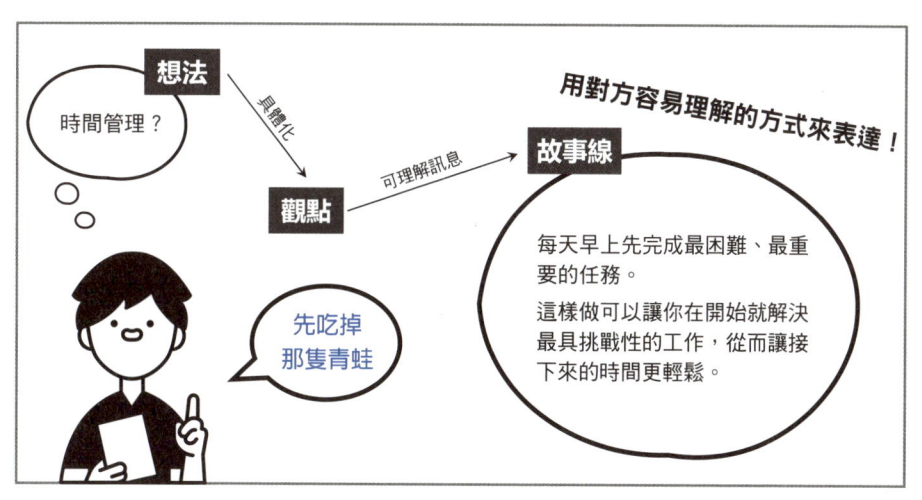

圖 2-51　安排一條故事線說明你的觀點，更容易被理解

　　當我們將想法轉化為觀點時，其實也包含著其他訊息，像是個人的看法、建議與見解，支持的理由與證據等。只不過有時候我們會簡略這些，說出來的可能就只有一句話；自己清楚背後的脈絡，當然懂這句話的意思，但別人可能就不懂。

　　因此，為了讓表達的對象更好的接收到你的觀點，理解你的想法，就需要安排一條故事線的內容，將觀點進一步轉化為可理解的訊息。

　　就像「先吃掉那隻青蛙」這個觀點一樣，多說幾句話會讓對方更好懂。

　　但是，該如何找出這條故事線的安排，將觀點轉化為可理解的訊息呢？我們可以從目的和對象出發，問問自己為什麼要傳達這個觀點？又是傳達給誰呢？

第 2 章　打開黑盒子的第一把鑰匙：結構化思考　　131

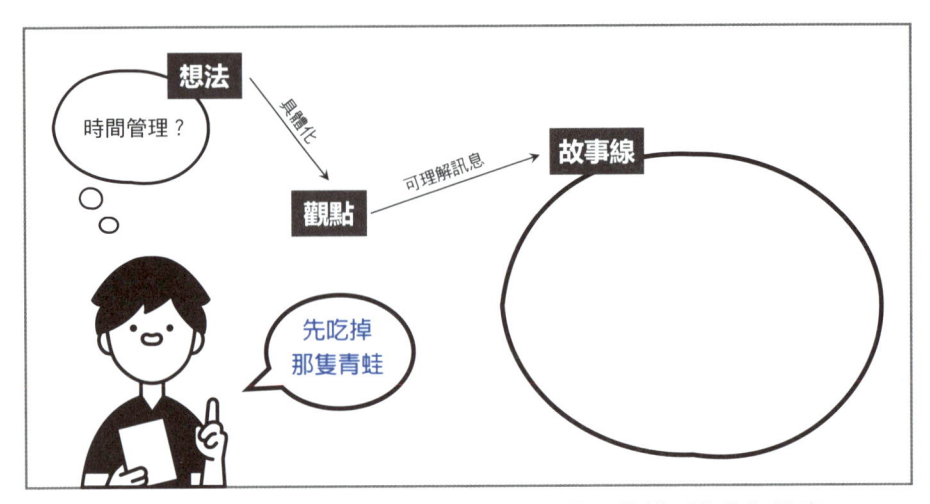

圖 2-52　如何將觀點轉化為故事線的安排？先找到你的為什麼

找到你的為什麼，傳遞的訊息才會被聽到或看見

賽門・西奈克用一個同心圓，說明為什麼人們喜歡蘋果的產品，以及偉大的領導者是如何激勵人心的。

他認為所有成功的領導者或品牌，思考、行動與解決問題的方式都是遵循著黃金圈法則，從核心的理念與目標出發，然後向外思考實踐的方法與過程，最終呈現出來的是產品與領導風格。

最著名的例子就是蘋果公司。

他說，蘋果在推出產品時是這樣思考的：

+ Why：蘋果的品牌理念是創新思考，希望帶給消費者卓越的使用經驗。
+ How：為此必須設計出簡約精緻的產品外型、人性化的使用者介面。
+ What：蘋果推出的產品，都是基於這樣的方式打造的。

這個「黃金圈法則」也適用於我們將觀點轉化為可理解的訊息，更好的傳達給對方。

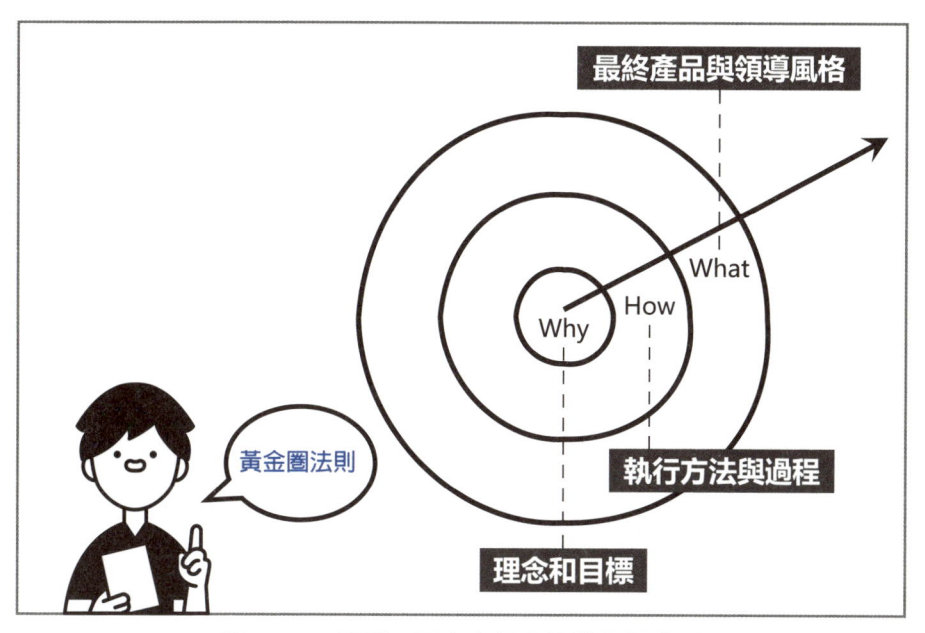

圖 2-53　賽門・西奈克提出的黃金圈法則

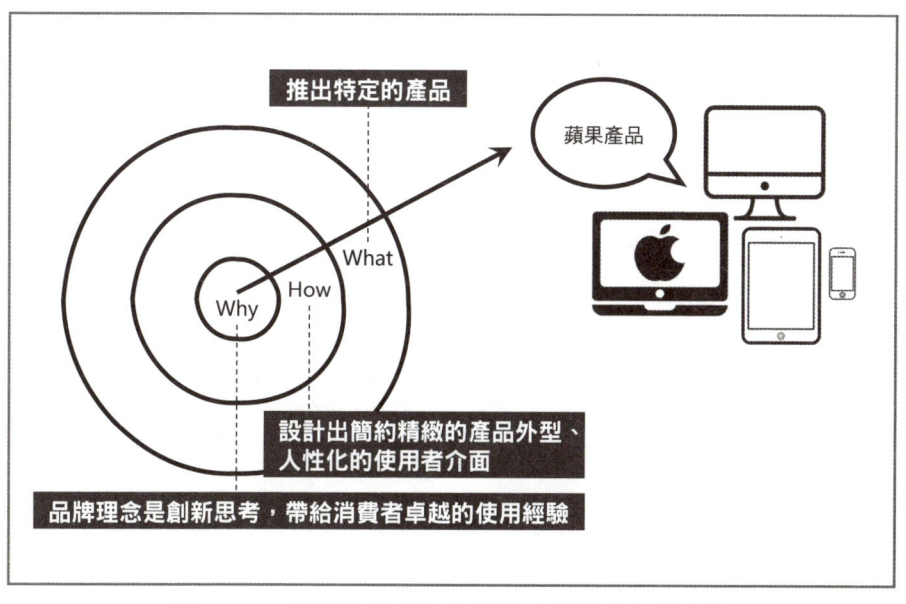

圖 2-54　蘋果公司推出的產品依循著黃金圈法則

第 2 章　打開黑盒子的第一把鑰匙：結構化思考　133

+ Why：為什麼要傳達這個觀點？希望對方的反應是什麼？
+ How：要如何說明這個觀點，才能讓對方理解並產生期望的反應？
+ What：具體來說，這個可理解的訊息是什麼？

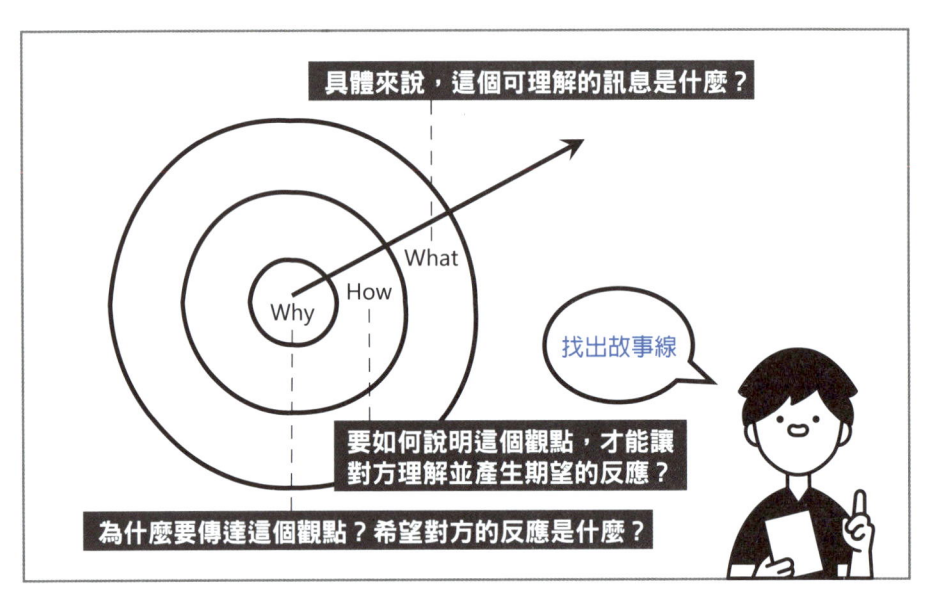

圖 2-55　藉由黃金圈法則將觀點轉化為可理解的訊息

比方說，剛剛那個時間管理的例子。要傳達的觀點是「先吃掉那隻青蛙：從最困難、重要的任務開始做起」。

我們可以運用黃金圈法則思考：

最後得到可以被對方更好理解的訊息會是：「先吃掉那隻青蛙：從最困難、重要的任務開始做起。每天早上先完成最困難、最重要的任務。這樣做可以讓你在開始就解決最具挑戰性的工作，從而讓接下來的時間更輕鬆。」

觀點	先吃掉那隻青蛙
Why 為什麼要傳達這個觀點？希望對方的反應是什麼？	強調專注和優先處理在時間管理上的重要性，可以幫助提高生產力和效率。希望對方能理解並認同。
How 要如何說明這個觀點，才能讓對方理解並產生期望的反應？	說明「青蛙」象徵「最重要、最具影響力」的任務，以及先吃掉青蛙的重要性、可以帶來的好處。必要的話，補充執行的簡要步驟。
What 具體來說，這個可理解的訊息是什麼？	先吃掉那隻青蛙：從最困難、重要的任務開始做起。 →每天早上先完成最困難、最重要的任務。這樣做可以讓你再開始就解決最具挑戰性的工作，從而讓接下來的時間更輕鬆。

圖 2-56　運用黃金圈法則來思考，將觀點轉化為可理解訊息

更進一步，我們可以搭配一些圖像化的展現方式，傳達「可視化訊息」提升對方的理解和印象。具體的技巧，我會在下一個章節說明。

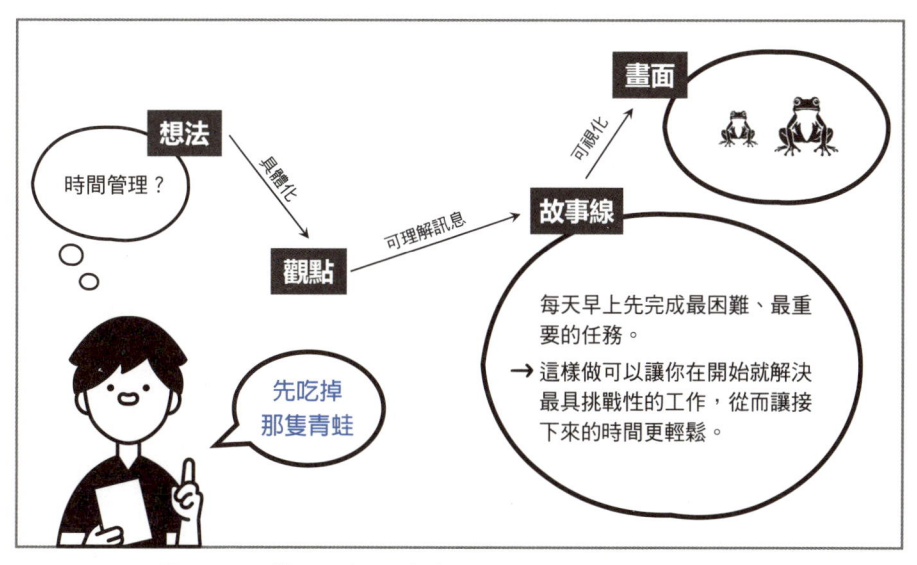

圖 2-57　將可理解訊息進一步轉化為「可視化」訊息

從想法、觀點到可理解訊息，提高觀點的能見度

假如你想出了很棒的觀點，卻沒能讓對方理解自己的想法，豈不是很可惜？這也是許多人在進行溝通與訊息傳達時，最容易發生的盲點。這是因為我們在與他人交流時，往往會下意識的假設對方擁有理解所需要的背景知識，於是就產生了「知識的詛咒」或「專家盲點」這樣的認知偏誤。

透過黃金圈法則，再一次檢視傳遞觀點的目的和對象，就可以避免認知偏誤的發生。

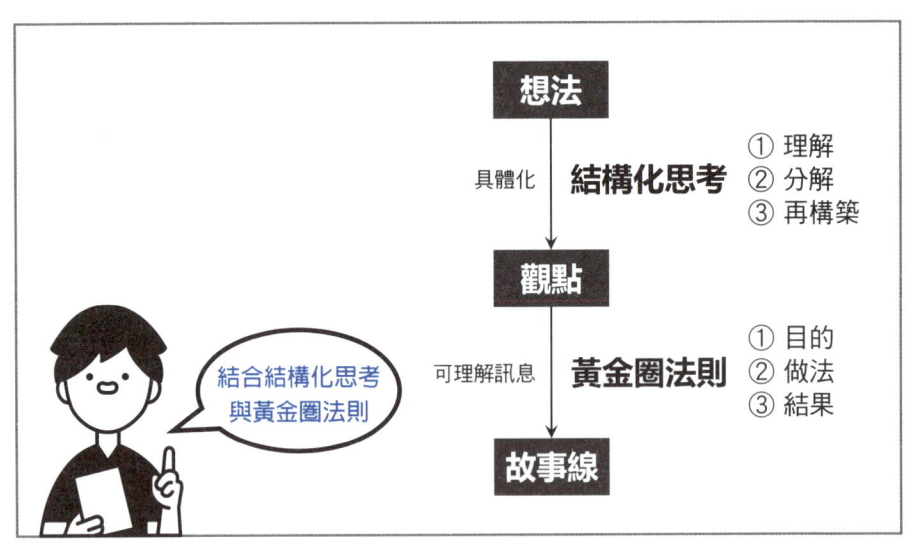

圖 2-58　結合黃金圈法則，讓觀點成為可理解的訊息

根據想法蒐集相關的資訊並轉化為觀點，然後再將觀點轉化為可理解訊息。

具體的實踐，就是「結構化思考」與「黃金圈法則」的結合，我們

只要善加練習就能提升整個過程的效率和品質。

+ 結構化思考：將想法轉化為觀點。
+ 黃金圈法則：將觀點轉化為可理解訊息。

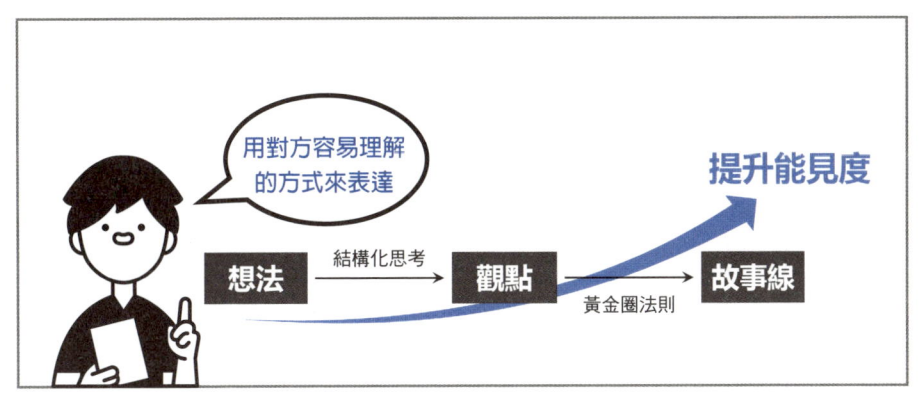

圖 2-59　結合結構化思考與黃金圈法則，提升觀點的能見度

確認目的、觀點和故事線的一致性

在最後，我們來思考一個實際的問題：如何確保「故事線」是有效的？

會不會只是自以為是的想法，其實對方還是無法理解我們想傳達的觀點是什麼呢？當然有可能。關於這個問題，其實只要檢視以下三個問題就可以確認：

1. 能否達到我們預期的目的？對方是否會產生期望的反應？
2. 能否符合我們想表達的觀點？
3. 能否反映我們最初的想法？

確認目的、觀點和故事線的一致性，基本上就可以確認傳達的「可理解的訊息」是有效的。

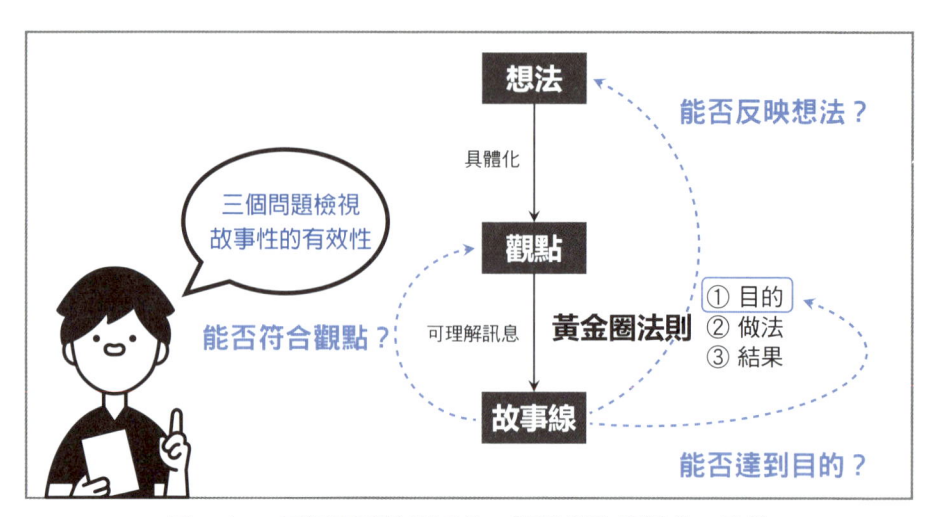

圖 2-60　三個問題檢視目的、觀點與故事線的一致性

比方說，在先前的例子中最後得到的故事線（可理解的訊息）是，「先吃掉那隻青蛙：從最困難、重要的任務開始做起。每天早上先完成最困難、最重要的任務。這樣做可以讓你在開始就解決最具挑戰性的工作，從而讓接下來的時間更輕鬆。」

+ 檢視一、能達成我們預期的目的「強調專注和優先處理在時間管理上的重要性，可以幫助提高生產力和效率。希望對方能理解並認同」嗎？可以。
+ 檢視二、能符合我們想表達的觀點「先吃掉那隻青蛙」嗎？可以。
+ 檢視三、能反映我們最初的想法「時間管理」嗎？可以。

因此，這個故事線與目的、觀點，甚至是最初的想法是保有一致性的。

> **章節重點**

- 找出一條故事線，**用對方容易理解的方式展現自己的觀點**。
- 運用**黃金圈法則**將觀點轉化為可理解的訊息，更好的傳達給對方。
    - Why：為什麼要傳達這個觀點？希望對方的反應是什麼？
    - How：要如何說明這個觀點，才能讓對方理解並產生期望的反應？
    - What：具體來說，這個可理解的訊息是什麼？
- 我們在與他人交流時，往往會下意識的假設對方擁有理解所需要的背景知識，於是就產生了「知識的詛咒」或「專家盲點」這樣的認知偏誤。透過黃金圈法則，再一次檢視傳遞觀點的目的和對象，就可以避免認知偏誤的發生。
- **透過三個問題，確認目的、觀點和故事線的一致性**
    - 能否達到我們預期的目的？對方是否會產生期望的反應？
    - 能否符合我們想表達的觀點？
    - 能否反映我們最初的想法？

2-5
提升結構化思考的品質與速度

前面的章節中,我們介紹如何透過「理解、分解、再構築」三個階段,來進行結構化思考來將想法轉化為觀點;以及借助黃金圈法則的「目的、做法、結果」三個提問,來安排故事線將觀點轉化為可理解的訊息。

但是你可能會感到很納悶:真的每一次都需要經過這些階段和提問嗎?我們總是能看到有些人可以「秒答」說出自己的觀點耶!好像他們都不用思考一樣。難道真的可以做到零秒思考嗎?

零秒思考的兩個關鍵

說「零秒」的確有些誇張。不過這讓我想到擁有十多年專業顧問經驗,一手打造麥肯錫韓國分公司的日本顧問大師赤羽雄二在《零秒思考力》(悅知文化出版)中提到,所謂的零秒思考,並不是不需要時間思考,而是花在猶疑困惑、煩惱憂慮、搞不清狀況的時間為零。

換句話說,清楚自己該做什麼?不該做什麼?

若是要做,該依什麼順序進行?又該如何提升每一項任務的執行速

度？如果能持續思考這些，那麼就算需要進行的任務量增加也不會感到太痛苦，而是能輕鬆面對。

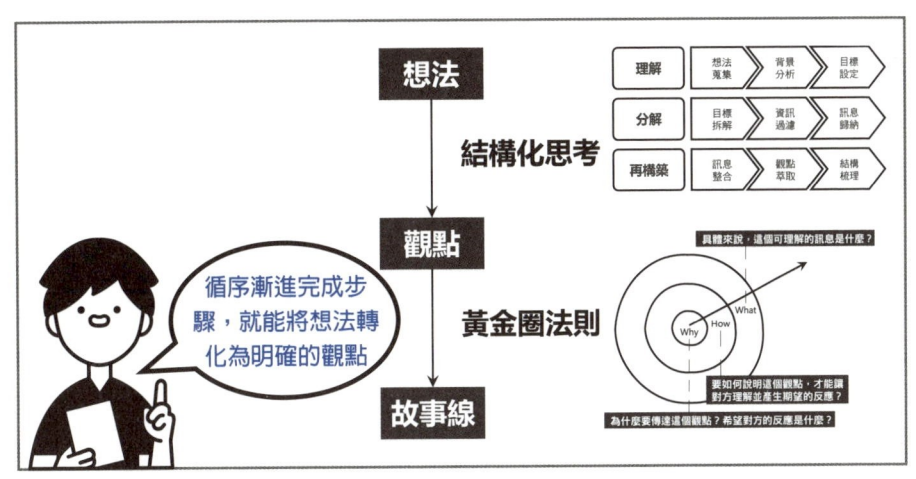

圖 2-61　清楚該做什麼？不該做什麼？就是零秒思考的本質

事情往往能那麼順利嗎？對於新手來說，最常發生的狀況就是沒有想法，時常在第一個階段的「理解」就卡關，更別說再往下一個階段思考。

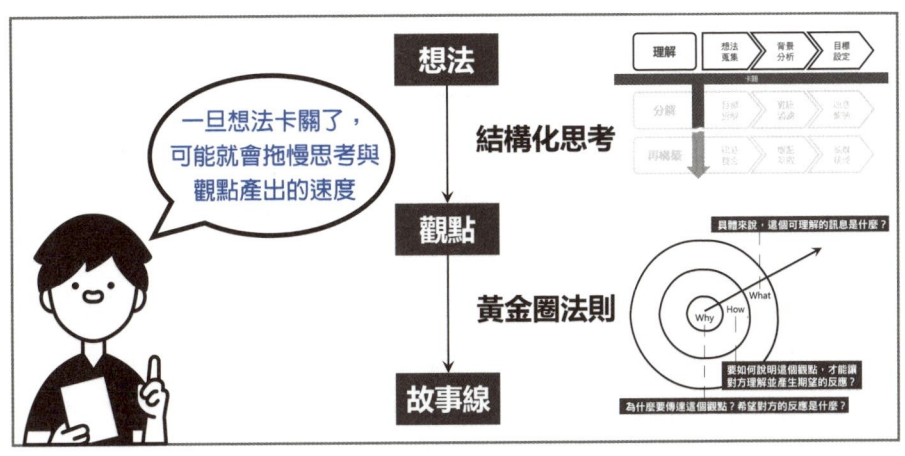

圖 2-62　在一開始就卡關了，怎麼做到零秒思考？

第 2 章　打開黑盒子的第一把鑰匙：結構化思考　141

如果你還有印象，我在前面的章節中有提出三個建議：

1. 要有自己的想法
2. 尋求他人的建議
3. 先找到自己的為什麼

你發現什麼了嗎？沒錯！在「先找到自己的為什麼」這個建議中所提到的三個問題，正是我們在將觀點轉化為故事線的過程中，所使用到的黃金圈法則。

+ 為什麼我要傳達想法（或觀點）給對方？希望對方的反應是什麼？
+ 我該如何做才能讓對方產生自己期望的反應？
+ 具體來說，要呈現什麼訊息？

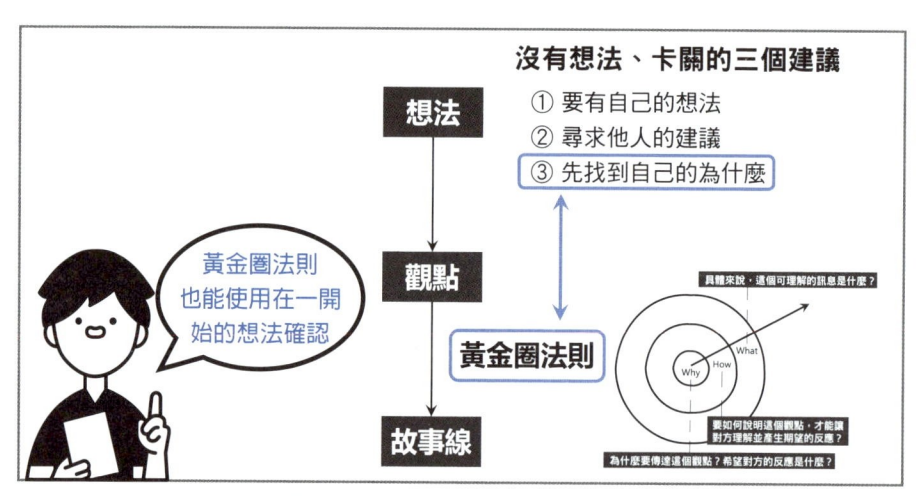

圖 2-63　黃金圈法則也能使用在一開始的想法確認

其實，黃金圈法則也可以運用在一開始的想法確認。而且無論你是否已經有想法，藉由黃金圈法則的三個問題來檢視一番，都可以使你的想法更為清晰，也有助於創造柴嘉尼效應，讓你在進行結構化思考時更專注於相關、有價值的資訊上面，而不是漫無目的的蒐集想法、背景分

析,然後才找到目標。

當然,有時候我們也需要這麼做,不帶目的的自由發想,盡可能蒐集到更多想法後再來過濾與歸納出獨有的觀點。但在多數商業或日常工作場景中,其實我們很清楚目的和對象,這時候就可以運用黃金圈法則來聚焦在更重要的事情上。

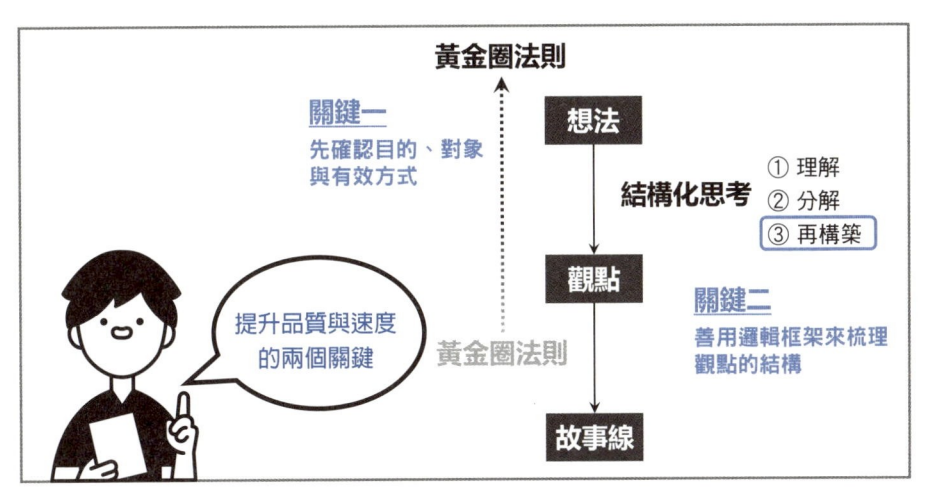

圖 2-64　實踐零秒思考的兩個關鍵

這就是我要告訴你實踐零秒思考的**第一個關鍵**:在進行結構化思考之前,先用黃金圈法則來確認目的、對象與有效傳達觀點的方式。

第二個關鍵,則是在結構化思考的第三個階段,我們可以運用邏輯框架來組織觀點與相關資訊的結構。

舉例來說,如果你已經先使用黃金圈法則思考過目的、對象和有效方式,確認傳遞觀點的目的,就是為了讓主管認同提出的問題對策是有效的,那麼你可以運用邏輯框架中的「問題框架」來組織你的觀點。

也許你的觀點是問題帶來的衝擊與影響,也許你的觀點是問題對策的獨特性;也可能你的觀點,是這個問題對策對於解決問題帶來的效益

十分顯著。無論你的觀點是什麼都沒有關係，都可以運用問題框架來組織觀點的結構。

這兩個關鍵，就是高效工作者之所以能做到零秒思考、快速表達出觀點的訣竅。

先問為什麼，可確認目的和對象，就能大幅縮小思考範圍

零秒思考的第一個關鍵，就是先使用黃金圈法則來釐清三個問題：
+ 目的：為什麼要傳達這個觀點？希望對方的反應是什麼？
+ 做法：要如何說明這個觀點，才能讓對方理解並產生期望的反應？
+ 結果：具體來說，這個可理解的訊息是什麼？

這是為了先確認目的、對象與有效的訊息傳達方式。

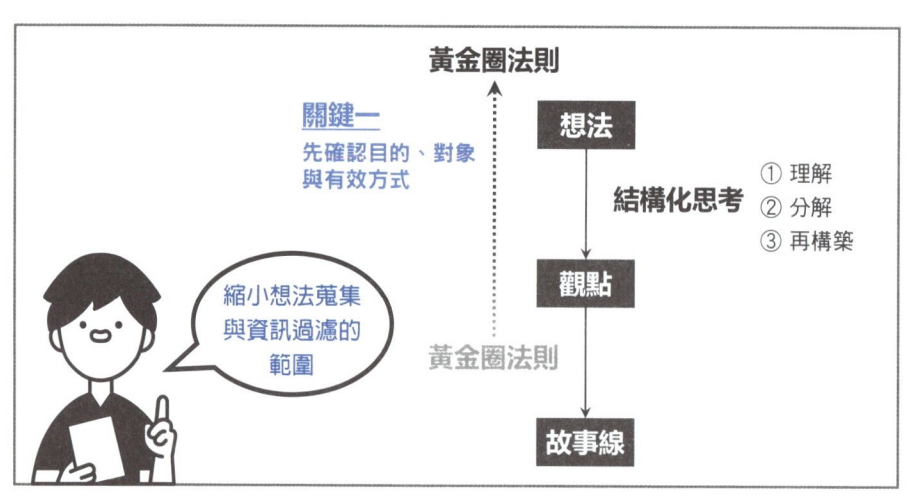

圖 2-65　藉由黃金圈法則大幅縮小思考範圍

舉例來說，閱讀一本書並產出觀點的想法。

如果藉由結構化思考，從想法蒐集、背景分析，到後來的觀點萃取和結構梳理，我們有可能整理出相當豐富的內容；想想你每次閱讀完一本書所做的筆記就能明白。

如果遇到的是一本內容非常扎實的書，像是丹尼爾．康納曼的《快思慢想》與《雜訊》，或是哈拉瑞的人類三部曲《人類大歷史》、《人類大命運》和《21世紀的21堂課》（以上書籍皆為天下文化出版），我想很難用簡單幾句話就向他人闡述自己的觀點。

這是因為在沒有特定目的與對象下，我們所做的往往只是作者觀點的濃縮。

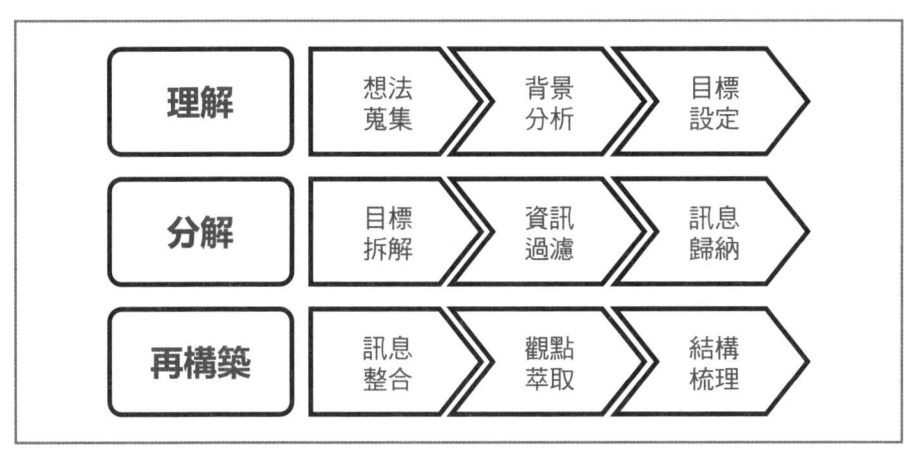

理解	想法蒐集	背景分析	目標設定
分解	目標拆解	資訊過濾	訊息歸納
再構築	訊息整合	觀點萃取	結構梳理

圖 2-66　藉由結構化思考的 3×3 模型所得出的觀點內容可能相當可觀

但如果使用黃金圈法則先確認過目的、對象和有效傳達觀點的方式之後，情況可能就會大為改變。比方說，我們的目的是為了讓自己懂就好，那麼有效傳達觀點的方式就很簡單，書中內容畫線的部分、筆記整理出來的重點，可能已經足夠。

但如果我們的目的是寫成一篇心得文，提供給有興趣閱讀這本書的讀者，那麼可能是擷取書中有趣的一個篇章來闡述自己的心得，或許會

是更為有效的方式。這時候我們需要進行結構化思考的範圍，就會限縮到某一個篇章，而不是整本書。

當然，假如你的目的是藉由傳達自己獨特的觀點，吸引到出版社編輯的注意或是潛在客戶的邀約機會（比方說，說書對談、讀書會主講、企業導讀等），那麼傳達觀點的有效方式可能又有不同的方式，但我可以肯定的告訴你絕不是將整本書的內容進行濃縮與萃取就好。

你可能需要結合自己的專業、經驗或教訓，也可能提出獨特的見解，或是將多本書結合在一起歸納出主題性的觀點。

無論如何，藉由黃金圈法則的思考與確認，你能更聚焦在必要的資訊上。

善用邏輯框架，人人都可以成為結構化達人

當你確認目的、對象和有效傳達觀點的方式之後，也就為實踐零秒思考的第二個關鍵做好準備。

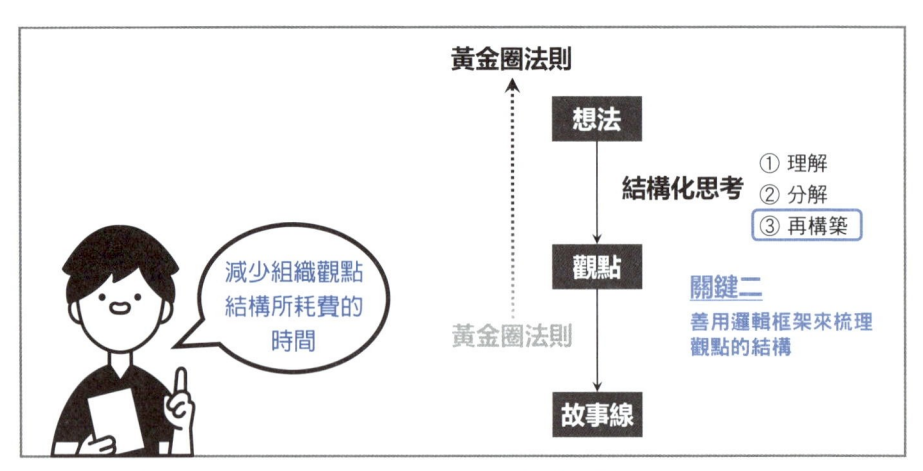

圖 2-67　善用邏輯框架來減少組織觀點結構所耗用的時間

為什麼這麼說？因為第二個關鍵是善用邏輯框架來梳理觀點的結構，而該使用哪一種邏輯框架則是取決於你的目的和焦點。

比方說，傳遞觀點的目的是為了讓讀者掌握一本書的全貌，讓他們知道這本書能帶來哪些知識、或是解決什麼問題。那麼我們就可以基於這個目的，選擇「主題框架」來組織觀點的結構，包括「目的、關聯與效益」這三個元素。

+ 目的：為什麼要閱讀這本書？
+ 關聯：這本書可以解決你的什麼問題？帶來哪些你需要的知識？
+ 效益：讀完這本書可以讓你得到什麼？獲得什麼效益？

當我們運用這個框架來組織觀點與對應訊息的結構，就能有更高的機會達到預期的目的；因為這可以確保目的、觀點與故事線的一致性，也就是傳達有效的可理解訊息。

同樣的，如果傳遞觀點的目的，只是為了聚焦書中的重點來吸引讀者的目光，那麼基於這個目的，選擇「重點框架」會是更為簡單、有效的做法。

我們只需要消化書中的內容，歸納出三個觀點即可，然後圍繞著這些觀點組織對應的核心內容、輔助資訊或故事來幫助讀者理解。

我整理四種類型、對應十一個邏輯框架供你參考（如圖 2-68）。

輸出回饋輸入，
讓結構化思考的品質和速度都翻倍提升

看到這裡，聰明的讀者可能已經發現了。

「既然目的確認了，就可以挑選合適的邏輯框架。那就不需要等到結構化思考再來挑選邏輯框架來組織觀點了呀！」

是的，在進行結構化思考之前，你就可以完成黃金圈法則的思考以

類型	框架	框架元素	使用時機	凸顯焦點
條列	清單	項目 項目 … 項目	羅列項目	清單
條列	重點	重點 重點 重點	聚焦重點、吸引目光	重點
時間	期間	過去 現在 未來	趨勢變化、分段說明	變化
時間	階段	短期 中期 長期	策略規劃、時程布局	布局
時間	步驟	步驟一 步驟二 步驟三	流程計畫、步驟說明	順序
空間	規模	大 → 小	產業研究、市場分析	—
空間	距離	遠 → 近	地域比較	—
情境	主題	目的 關聯 效益	掌握全貌、建立關聯	關聯、效益
情境	議題	論點 理由 實例 重申	價值主張、提出訴求	論點、實例
情境	問題	情境 衝擊 課題 對策	強調影響、問題解決	影響、課題
情境	課題	背景 任務 活動 成果	達標難度、成果價值	目標、成果

圖 2-68　常用的邏輯框架與對應的使用時機

及邏輯框架的確認。而這也是國際型的專業顧問公司經常運用的方法：

1. 藉由黃金圈法則確認目的、對象與有效傳達觀點的方式。
2. 基於目的，挑選合適的邏輯框架來規劃觀點與故事線的安排。
3. 因應內容的需求，分配任務給顧問進行資料分析與資訊歸納，最後統整為目的、觀點與故事線一致的報告。

這麼做可以大幅確保觀點產出的速度與品質。

在結構化思考的「理解、分解、再構築」三個階段，其實就對應著「輸入、處理、輸出」三個階段的運作邏輯。當我們在輸入資訊時，就是在「理解」所接收到的資訊；當我在處理資訊時，就是在「分解」所接收到的資訊並進行過濾、歸納的過程；而當我在輸出資訊時，就是在「再構築」我的觀點、個人見解與支持觀點的理由與相關資訊，用一個合乎邏輯、簡明扼要的架構來展現我的觀點。

而「想著輸出，來進行輸入」，可以得到更好的成效。比方說，我選擇一張大象的說明書來組裝積木，就可以更快的理解、分解並找出對

應的積木零組件，然後快速再構築為符合說明書中大象的成品。邏輯框架，就好像這一張大象的組裝說明書，讓我只需要理解和挑選對應的零組件，而不是全部的零組件；也不需要花時間構思大象的結構，只需要按照說明書上的結構來組裝即可。

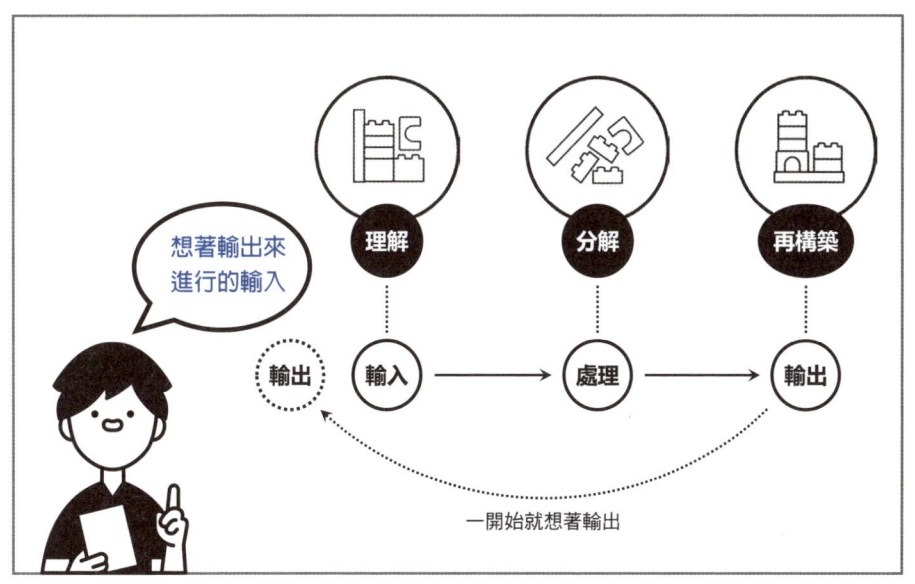

圖 2-69　結構化思考可以視為輸入到輸出的過程，也能用輸出回饋更好的輸入

再來看一個例子，凱文要製作一份數據分析報告，向老闆與相關部門的同仁進行營運報告。

如果你是凱文會怎麼做呢？一般人的做法可能是：

+ 蒐集營運相關的數據並進行分析。
+ 根據分析結果中所找出的線索或訊息，進行更深入的數據蒐集與分析。
+ 整合分析結果中的關鍵訊息並歸納出結論與觀點。

- 組織報告內容的結構，包括結論、觀點、對應的分析結果等。
- 向老闆與相關部門進行營運報告。

也許你想的比這個更好、或更為複雜，不過都沒關係，我不是要和你爭辯正確的做法是什麼樣的步驟。我想告訴你的是懂得用黃金圈法則、邏輯框架，以及結構化思考的人是怎麼準備這份報告的？
- 思考報告的目的、對象與有效傳達觀點的方式（黃金圈法則）。
- 根據目的設定報告內容的結構（邏輯框架）。
- 依據目的和報告結構，完成相關資料的蒐集與分析、資訊過濾與歸納，以及觀點的整合與確認，然後將相關訊息套入結構中（結構化思考）。
- 再次確認是否能達到目的、滿足對象的期望、符合想傳達的觀點，以及讓對象產生我們期望的反應（黃金圈法則）。
- 向老闆與相關部門進行營運報告。

你看出兩者之間的差異嗎？
- 確認目的、對象與有效方式，可以避免方向錯誤而做白工。
- 設定明確的報告內容結構，能減少不必要的資料準備；同時也有機會交派給團隊成員分工完成，大幅壓縮完成報告所需的時間。
- 再次確保觀點傳達的有效性，提高對方理解與認同報告的勝率。
- 在方向正確的前提下，能提升報告完成的速度和品質。

而這也是國際專業顧問公司在進行報告準備的方式，可確保每一位受過訓練的成員都能做出符合速度和品質的專業報告與產出觀點。

既然這個方式這麼厲害，為什麼不一開始就告訴你？

這是因為提升速度可以靠技巧，但提高品質必須靠經驗。在一開始就利用黃金圈法則來確認目的、對象和有效傳達觀點的方式，對於缺乏

經驗的人來說，未必能做得到、也不一定有能力可以驗證正確性。此外，如果對於邏輯框架的運用也不夠熟悉，即使知道按照框架中的元素來整理資訊，也未必能產出自己的觀點和見解。

因此，我希望你能循序漸進的學習與熟練結構化思考，來將想法轉化為觀點，再透過黃金圈法則來將觀點轉化為故事線，藉此傳達可理解的訊息。而在這樣的過程中，你隨時可以向他人請教與確認現階段所完成的成果，然後再逐步往下走。

當你熟悉結構化思考與黃金圈法則的運用之後，也累積了一定程度的經驗，再代入邏輯框架的運用；並試著在一開始就運用黃金圈法則來確認目的、對象與有效方式，相信更能感受到品質與速度的大幅提升。

這是我在這些章節鋪陳的用意，希望你能理解。

下一步要做什麼？

當我們從想法轉化為觀點，並將觀點轉化為故事線之後，其實已經足夠運用在口說表達或是發展為文字報告的內容了。

不過，有時這樣還不夠，我們可能還需要一張圖解來讓對方更好理解和認同。因此，下一步就是如何將故事線轉化為畫面展現的過程，也就是如何將「可理解訊息」轉化為「可視化訊息」？

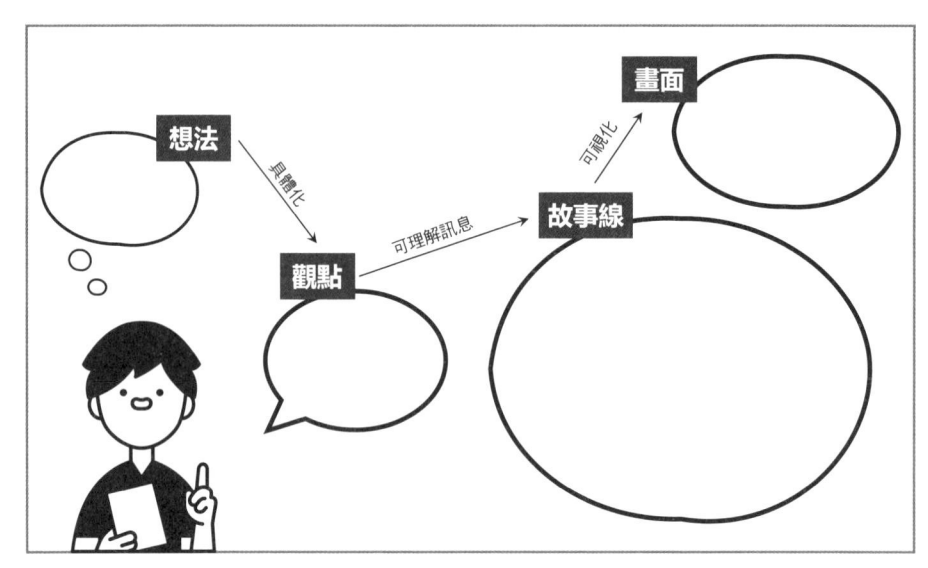

圖 2-70　從想法、觀點到故事線的轉化，再到畫面的展現

　　這就是下一步我們要做的，也是下一個篇章的主題：如何透過「視覺化表達」解開黑盒子的第二道鎖？

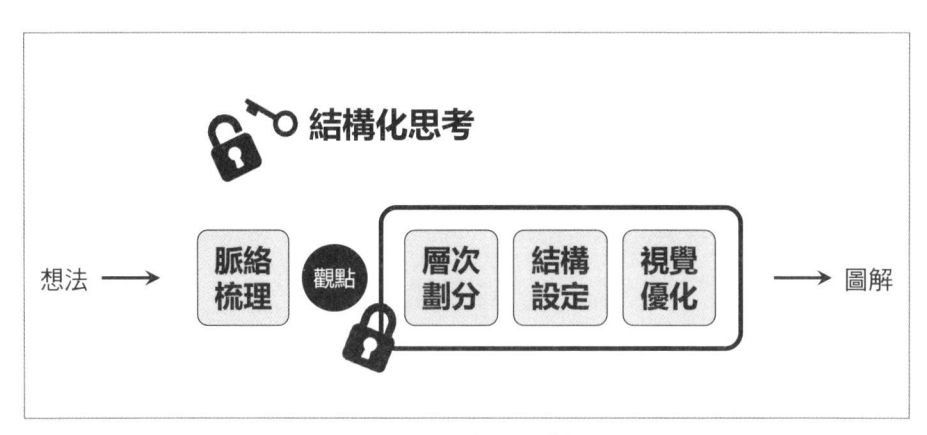

圖 2-71　打開黑盒子的第二道鎖，將觀點轉化為圖解展現

152　看得見的高效思考

> **章節重點**

- ✓ 零秒思考，**花在猶疑困惑、煩惱憂慮、搞不清狀況的時間為零**。
- ✓ 實踐零秒思考的第一個關鍵，是在進行結構化思考之前，使用**黃金圈法則**來釐清三個問題，確認目的、對象和有效傳達觀點的方式，藉此能大幅縮小思考範圍：
    - 目的：為什麼要傳達這個觀點？希望對方的反應是什麼？
    - 做法：要如何說明這個觀點，才能讓對方理解並產生期望的反應？
    - 結果：具體來說，這個可理解的訊息是什麼？
- ✓ 實踐零秒思考的第二個關鍵，是在結構化思考的第三個階段「再構築」**運用邏輯框架來組織觀點與相關資訊的結構**。
- ✓ 結構化思考的「理解、分解、再構築」三個階段，對應著「輸入、處理、輸出」的運作邏輯；因此，也可以利用「**想著輸出，來進行輸入**」的做法獲得更好的成效。
- ✓ 從想法轉化為觀點，將觀點轉化為故事線之後，已經足夠運用在口說表達或是發展為文字報告的內容了。不過，有時我們可能還需要一張圖解來讓對方更好理解和認同，**將故事線中的「可理解訊息」轉化為畫面展現出「可視化訊息」**。

第 3 章

打開黑盒子的第二把鑰匙：
視覺化表達

3-1
圖文、圖表還是圖解？
別想得太複雜

在傳達訊息時，選擇合適的表達方式至關重要。

究竟應該用統計圖表、還是數據表格？抑或是一句話說出結論就好？許多時候，我們會把視覺化想得太過複雜，這通常是因為我們希望傳達的訊息能夠清晰、準確且有吸引力。在這樣的想法下，可能就會不自覺陷入一些瓶頸，像是：

+ **過度設計**：我們可能會花太多時間在細節上，試圖讓每個元素都呈現完美，反而忽略了整體的簡潔性和易讀性，才是訊息傳達的重點。

+ **工具選擇**：有時候我們會被各種新穎視覺化工具的功能所迷惑，不知道該選擇哪一個最適合自己的需求。但別忘了無論是哪一種工具，都是為了幫助我們節省時間、提升成效，不要本末倒置、錯把手段當作目的。

+ **數據挑戰**：在處理大量且複雜的數據，如何有效的簡化和呈現這些數據中的訊息是一個困難的挑戰。包括如何找出隱藏在數據之中的訊息、多個訊息的取捨，以及合適的呈現方式；一個直接、簡單的建議是，每一種方式都試試看，然後選擇最合適的那一個。

+ **目標不明**：如果沒有明確的目標和受眾，視覺化的過程可能會變得混亂，最終無法達到預期效果。這也是為什麼在前一個篇章中提到「黃金圈法則」的重要性，因為這是幫助我們確認目標與受眾的一種有效方式；可以的話，在視覺化的過程中請多次提醒自己檢視是否偏離了這些。

當我們在準備一份報告中需要的數據圖表時，最容易發生過度設計的問題。假設我們要設計一個簡單的銷售業績圖表，目的是展示每個月的銷售金額變化。

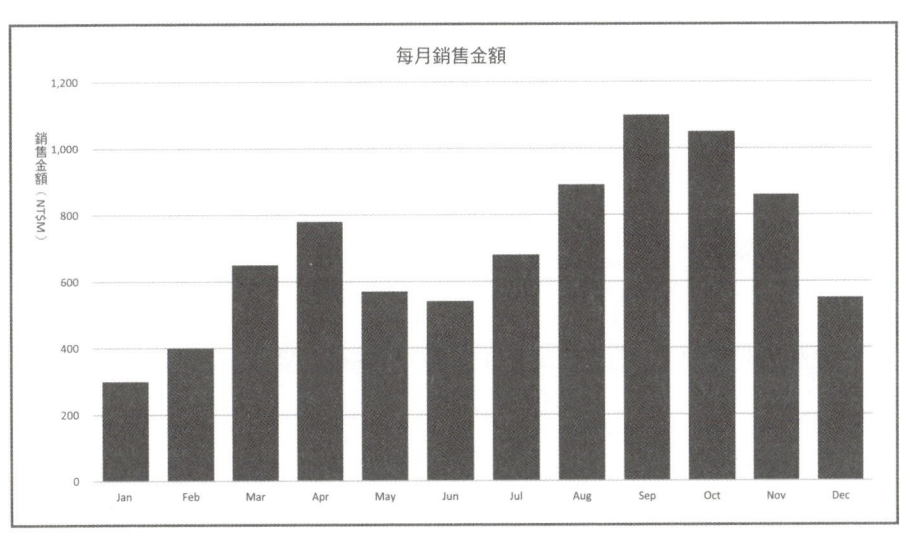

圖 3-1　簡潔呈現每月銷售金額的數據圖表

像這樣的一張圖表，只需保留必要的元素，讓觀看者聚焦在每月銷售金額的變化即可。然而，過度設計的圖表可能會是這樣的：

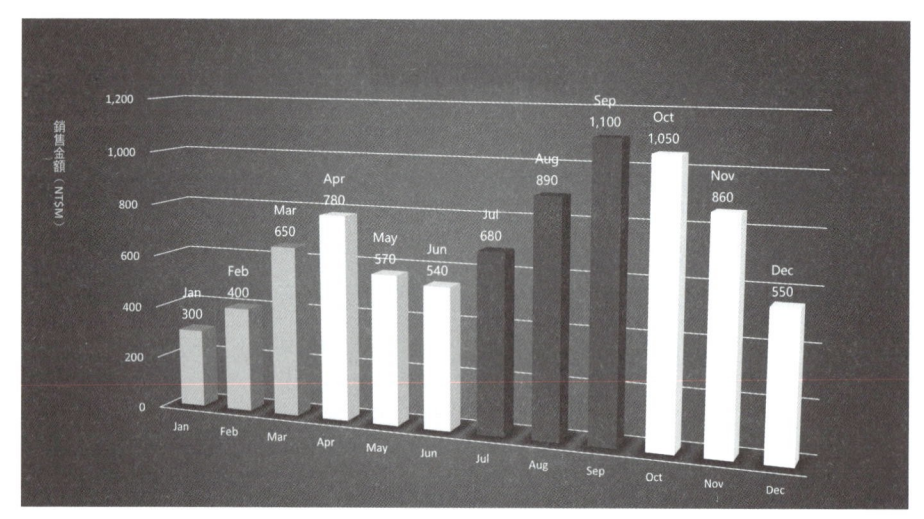

圖 3-2　過度設計的數據圖表

+ **過多的顏色**：刻意用顏色來凸顯不同季別，讓人眼花繚亂也無意義。
+ **複雜的圖表**：使用立體圖增加視覺上的複雜，卻並未讓訊息更加清晰。
+ **擁擠的標籤**：每個數據點都有詳細的標籤和數值，讓圖表看起來很擁擠。
+ **冗餘的裝飾**：添加了背景色彩、陰影效果，反而分散注意力。

這樣的圖表「可能」看起來華麗，卻反而阻礙關鍵資訊的理解。相反的，一個簡單樸素的長條圖，使用一致顏色和簡潔標籤，卻更能讓觀看對象聚焦在核心訊息上。

以下建議能幫你避免或改善「無效視覺化」的問題，讓訊息更好被理解：

+ **保持簡單**：專注於核心訊息，避免過多的裝飾和不必要的細節。
+ **工具只是輔助**：根據需求選擇合適的視覺化工具，目的是節省時間，而不是追求功能最多、或是視覺效果最好的。

+ **明確你的目標**：在進行訊息的視覺化之前，先確認你的目的和觀看對象容易接受的方式；在完成視覺化結果之後，再次檢視是否符合設定的目標。
+ **先求有、再求好**：追求一次到位的完美反而會讓你停滯不前，先做出一個基礎的圖表，再透過檢視和改善來提升視覺化的效果。
+ **設計只是手段、不是目的**：圖表的目的是更好的訊息溝通，設計只是達成目的的手段之一，千萬不要本末倒置。

無論是圖文、圖表還是圖解，每種方式都有其獨特的優勢和適用場景。不需要想得太複雜，但了解這些方式的定義與使用時機，能讓你做出更好的選擇。

圖文、圖表與圖解有什麼不同？

說到視覺化表達，我們常聽到圖文、圖表和圖解這幾種說法。但你清楚這些說法的定義和區別嗎？為什麼一張流程圖，有的人稱為圖表或視覺化圖表，有的人則稱為圖解或資料視覺化呢？更別說還有圖像思考、可視化訊息等說法了。

「搞得我好亂呀！難道沒有統一的標準說法嗎？」

不好意思，還真沒有。之所以會有不同的說法，一方面是因為語譯的習慣，另一方面是基於符合前後文脈絡的需要。

圖文、圖表與圖解，是基於視覺習慣較直觀的叫法。不過更精準的說，應該稱為文本圖解、定量圖解和概念圖解，都是屬於圖解（Diagram，這個字也有人譯作『圖表』）的一種分支；這是從它們表現型態所做出的區隔。

+ **文本圖解**：各種文字語言的段落章節、符號與幾何圖案、圖片與圖

像在一個畫面上的展現,都屬於這一種類型,習慣上稱為「圖文」視覺化。

+ **定量圖解**:一般所認知的數據視覺化,包括折線圖、長條圖等展現二維或三維變量之間的關係,都屬於這一種類型,習慣上稱為「圖表」視覺化。

+ **概念圖解**:將物件或元素放在一個畫面上的不同位置,藉由彼此的連結、重疊或空間距離來表示結構關係,包括樹狀圖、流程圖、矩陣圖與文氏圖等基本原型以及衍生應用,習慣上稱為「圖解」視覺化。

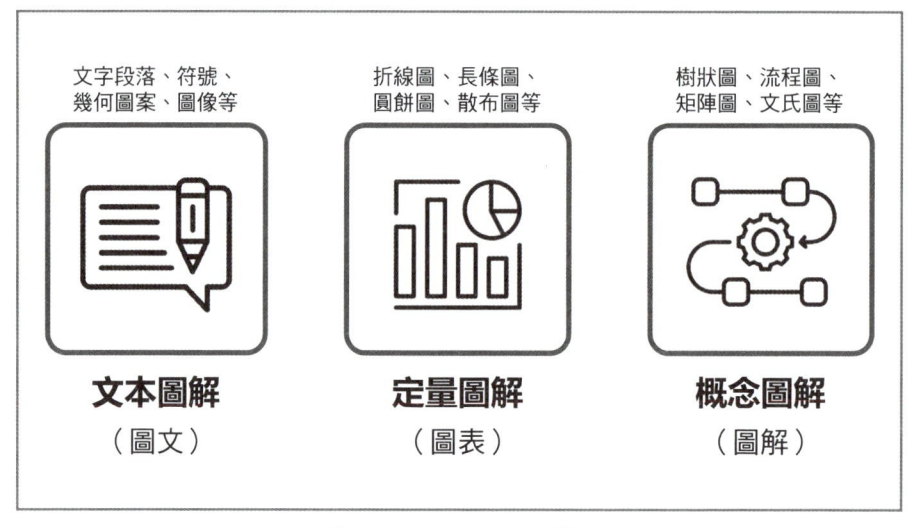

圖 3-3　圖解的三種型態

我無意創造新名詞,或是更正你對於這些名詞的定義,這完全沒有意義。我們的目的是為了更好的使用這些視覺化方式來傳遞訊息,達成溝通的成效;而不是為了探究圖文、圖表或圖解的歷史沿革與發展。因此,在本書的後續內容中,我還是會使用圖文、圖表與圖解這些易於理解的說法。

我想探討與表達的，是**如何掌握這些視覺化方式有效的使用技巧**？

事實上，不論是簡報提案、社群行銷，還是分析報告中的視覺化方式，愈來愈多圖文、圖表與圖解的混合運用，很少是單一形式的。

關於視覺化方式的分類，我十分推崇強納森・史瓦比斯在《資料視覺化圖表全書：全方位掌握數據探索、統計分析及資料敘事》（三采文化出版）中提到的觀點：

「所有的視覺化資料，都會落在解釋型或探索型光譜上的某處。」

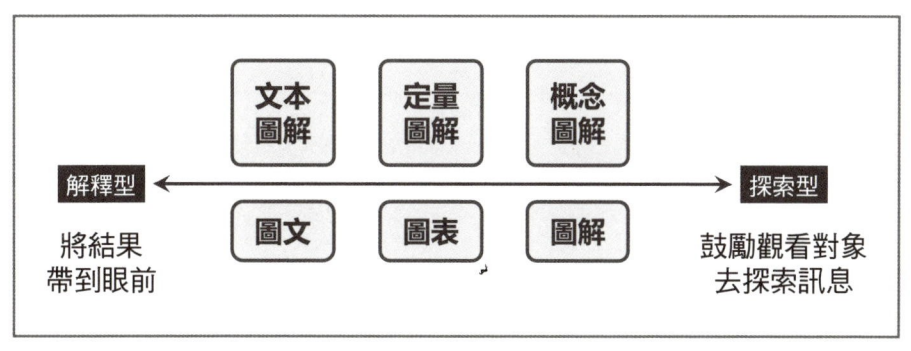

圖 3-4　不同視覺化方式在功能光譜上的定位

比起圖解與圖表，圖文的視覺化更偏向將結果帶到觀看對象的眼前，希望傳遞的是一致性的訊息，讓對方更好理解與取得共識。而圖解的視覺化則是更偏向鼓勵觀看對象去探索畫面中存在的多角度訊息，即便我們有預設希望對方看到的關鍵訊息。

而相對於圖文與圖解，圖表可能兼具解釋型與探索型功能，取決於我們的需求而在某方面的比重更多一些。例如，我在畫面中放了一張折線圖，用來強化內文或提出的觀點，那麼在圖表設計上會更偏向解釋型功能，不希望觀看對象看到其他不必要的訊息。

這些是我們對於不同視覺化方式在功能光譜上的習慣定位。

那麼圖解能不能發揮解釋型功能？當然可以，只要在設計上多注意到這一點，確保觀看對象能接收到一致性的訊息即可。比方說，結構化思考的步驟，藉由設計可以凸顯其中某個步驟對應的訊息，更偏向於展現解釋性功能；也可以呈現完整的訊息，保留更多探索型功能的作用。

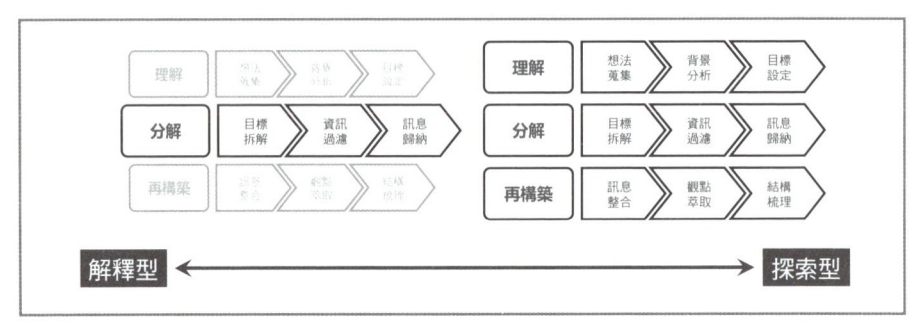

圖 3-5　透過視覺上的設計來改變功能上的比重

「我該選哪一種視覺化方式？」
你可能問錯問題了

當我們將資訊內容轉化為視覺化呈現時，往往會直覺的認為文字內容就該用圖文、數據資料就該用圖表，而想法、概念或複雜的流程則該使用圖解。

這樣想並沒有錯，但也不完全正確。

文字內容用圖文來表現很直覺，但不表示不能用圖表或圖解來展現；同理，數據資料、想法或概念也能用圖文、圖表或圖解來進行視覺化的展現。該採用哪一種視覺化方式，取決於你的目的：為什麼要展現訊息？展現給誰看？希望對方做出什麼樣的回應？

確認目的後，再選擇合適的視覺化方式，展現容易理解、符合對方期待的可視化訊息。

資料或資訊來源不該是選擇視覺化方式的限制。

相反的，應該是根據視覺化方式的需求，設法取得對應的資料或資訊來源。比方說，行銷人員希望說服老闆自己提出的提案是值得投資的，也知道需要一張數據圖表清楚的展現投資效益與附加價值，那麼就該設法找出或創造相應的數據資料來繪製需要的圖表，傳達一目了然的可視化訊息。而不是雙手一攤，告訴自己：沒有數據也沒辦法，只能用口頭說明試試看。

當你根據所能取得的資料或資訊，來思考能展現哪些視覺化表達的結果時，也就意味著將對象的需求和期望達成的目的，放到次要考量。那麼，出現說服不如預期的結果，也不需要太意外了。

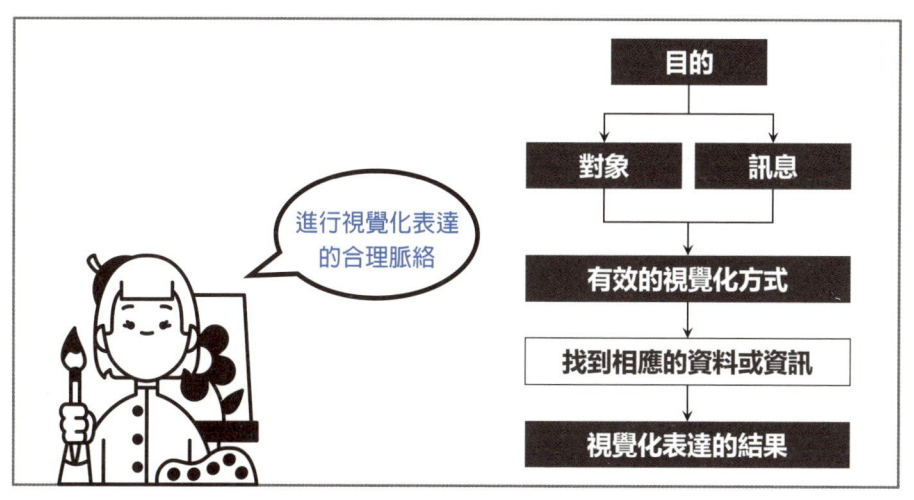

圖 3-6　產出視覺化表達的思考脈絡

「我該選哪一種視覺化方式？」

這個問題或許會讓你感到困惑，直觀上不就是選擇對應的方式嗎？但是萬一無法展現出預期的成果，就不知道該怎麼辦了，對嗎？因為你壓根就沒想過還有其他的可能性。因此，你該問的問題應該是：

第 3 章　打開黑盒子的第二把鑰匙：視覺化表達

「我想讓對方看到什麼樣的訊息？」

然後，選擇合適的視覺化方式來展現你想傳達的訊息。

每一種視覺化方式都有各自的「適用情境」和「優勢」，當你在挑選視覺化方式時，可以先想想那個「畫面」大概的樣貌，再想想哪種「情境」或「優勢」比較符合你的想法？

或許你就有答案了。

如果還是不知道如何選擇怎麼辦？我的建議是先畫畫看。

還記得上一個篇章中，我提到的觀點嗎？寫下來、畫出來，就能讓想法落地。只需實際運用不同類型的視覺化方式呈現，無論是圖文、圖表、圖解，或是混合類型，結果會告訴你合不合適的。

隨著經驗累積，你就能提升選擇的敏銳度，更好的描繪心中的那個畫面。

方式	圖文	圖表	圖解	混合
適用情境	解釋複雜概念或吸引讀者注意力	展示數據的比較、趨勢或分布	展示流程、層級結構或多維數據關係	提供全面資訊概覽，或結合多種視覺化元素
優勢	圖片輔助文字，增強理解和記憶	直觀展示數據，便於比較和分析	簡潔展示複雜的訊息，便於理解	綜合展示多種訊息，提供更全面的視角
範例	教學素材、宣傳海報、社群文章	財務報告、數據分析、調查結果	公司組織圖、流程圖、矩陣圖、文氏圖	儀表板、資訊圖表、報告摘要、全息圖

圖 3-7　視覺化方式的適用情境、優勢與範例

比方說，上述的這張圖表，為什麼不是採用圖文或條列的方式呈現，而是以表格來展現呢？因為我想要讓你更清晰的「比較」這些類型

之間的不同。

那麼採用圖文或條列的方式，你從畫面接收到的訊息又會是什麼樣的呢？

圖文	・適用情境：解釋複雜概念或吸引讀者注意力 ・優勢：圖片輔助文字，增強理解和記憶 ・範例：教學素材、宣傳海報、社群文章
圖表	・適用情境：展示數據的比較、趨勢或分布 ・優勢：直觀展示數據，便於比較和分析 ・範例：財務報告、數據分析、調查結果
圖解	・適用情境：展示流程、層級結構或多維數據關係 ・優勢：簡潔展示複雜的訊息，便於理解 ・範例：組織結構圖、流程圖、矩陣圖、文氏圖
混合	・適用情境：提供全面資訊概覽，或結合多種視覺化元素 ・優勢：綜合展示多種訊息，提供更全面的視角 ・範例：儀表板、資訊圖表、報告摘要、全息圖

圖 3-8　採用圖文形式展現的結果

也許你會覺得這樣不容易看出不同方式之間的優勢差異；也可能你會覺得這太棒了！這正是你期望看到的，能夠更清楚理解。

即使我做出了自認為合理的判斷，甚至詢問過不少人的意見，但最終呈現的成果，仍有可能不是我所要傳達訊息的對象所期望看到的。怎麼辦呢？如果還有下一次機會，就換成對方期望的吧！

不過，在多數情況之下，請相信你的判斷與他人建議的結果。

如何產出觀點，並轉換為故事線傳達可理解的訊息，我們已經在上一個篇章介紹過。因此，現在我們可以聚焦在如何找出合適的視覺化方式來展現訊息。

要如何找出合適的視覺化方法來展現訊息呢？我們再次複習，依據

以下的提問來選擇：

1. **確認目的**：你希望透過視覺化達到什麼目的？
2. **理解對象**：傳達訊息的對象是誰，他們的需求和偏好是什麼？
3. **分析內容**：根據資料或資訊內容的特性，選擇有效展示訊息的視覺化方式。
4. **試做調整**：嘗試不同的視覺化方式，檢視成效並進行調整。

在後續的章節中，我會逐一介紹圖文、圖表與圖解視覺化的技巧。

章節重點

- ✓ 訊息傳達**清晰**、**準確**、**吸引人**，是視覺化的重點。
- ✓ 視覺化的過程，應避免過度設計、依賴工具、數據挑戰、目標不明瓶頸而導致成效不彰的問題。
- ✓ 圖文、圖表和圖解，是視覺化表達的三種主要形式，也稱為文本圖解、定量圖解和概念圖解，各有其優勢和適用場景。我們應該根據傳達目的、目標受眾和期望的回應來選擇合適的形式，而非基於資料或資訊來源的類型。
- ✓ 找出合適的視覺化方式來展現訊息的建議，如下：
  - **確認目的**：你希望透過視覺化達到什麼目的？
  - **理解對象**：傳達訊息的對象是誰，他們的需求和偏好是什麼？
  - **分析內容**：根據資料或資訊內容的特性，選擇有效展示訊息的視覺化方式。
  - **試做調整**：嘗試不同的視覺化方式，檢視成效並進行調整。

3-2
視覺化表達，
三步驟讓訊息更好看

透過結構化思考，我們已經成功打開黑盒子的第一把鎖，將想法轉化為觀點。

接下來的挑戰是：該如何將觀點展現為圖解呢？我們要利用「視覺化表達」來打開黑盒子的第二把鎖，包括「層次劃分、結構設定、視覺優化」三個步驟。

「視覺化表達，不就是把訊息圖像化就好了？」

「為什麼除了視覺優化，還要什麼層次劃分、結構設定的步驟？」

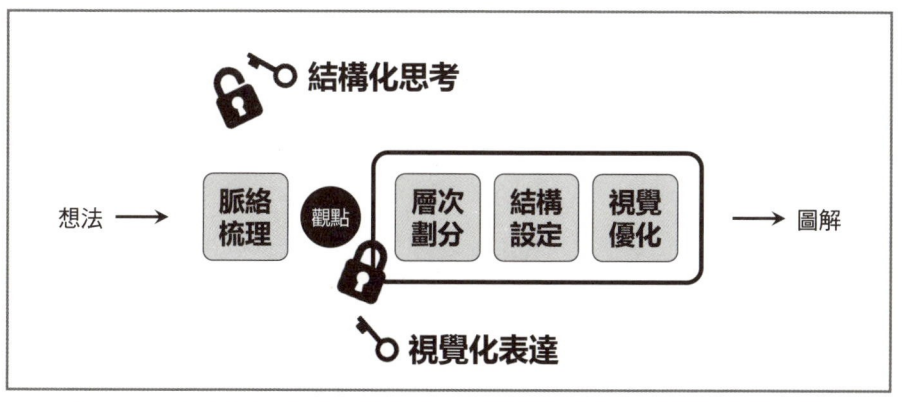

圖 3-9　利用視覺化表達的三個步驟打開第二把鎖，將觀點展現為圖解

視覺化做不好，
又不是我的錯？！

不少人誤以為只要將數據畫成圖表、在畫面上放入圖片與圖示，就是視覺化。

這個誤解導致他們的溝通非但沒能達成預期的效果，反而還增添彼此的困擾：對方無法理解你想表達什麼，而你覺得對方很難搞，不知道該怎麼做才能解決問題？

「我沒有美感、不懂設計，做不好也不能怪我。」

「要是有工具可以幫我一次搞定視覺化，那真是太好了！」

你是不是也有這樣的想法？認為視覺化是有美感、懂設計的人才應該做好的，如果有工具能做出漂亮吸睛的圖表或圖像，那麼問題都解決了。

其實，這是將手段與目的搞混了，誤把視覺化當作目的。於是你希望找到「手段」來更好的達成目的，比方說外包給專業人員、結合人工智慧的視覺化工具。但是結果總是不如預期，對吧？

你可能發現對方給出的結果並不是自己想要表達的，往返多次的討論與修改還是沒能得到滿意的結果；你覺得對方不夠專業，而對方也認為你沒能將想法具體說清楚。你可能四處尋找他人推薦的視覺化工具，甚至詢問高手是如何下「提示」指令才能獲得精美的圖表，依樣畫葫蘆還是沒能得到自己想要的結果；於是覺得工具不好用、人工智慧還不夠聰明。

「問題出在你不清楚自己想傳達的訊息是什麼，沒有將想法轉化為觀點。」

如果你能說出這樣的話來反駁，那真是太好了！這表示前面篇章的內容，確實讓你理解並接收到我想傳達的訊息。是的，關鍵在於我們有

沒有自己的觀點？視覺化是一種手段，目的是為了實踐更好的溝通，無論是為了吸引目光、增進理解，還是有效說服。

如何才能實踐更好的溝通呢？答案是有觀點、會表達。

藉由結構化思考，我們已經打開第一道鎖，將想法轉化為觀點。有了觀點，無論你是要外包給專業人員，或是透過人工智慧與視覺化工具，都可以獲得更好的效果。

當然，你也可以自己完成這個過程，透過「視覺化表達」來打開黑盒子的第二道鎖，將觀點展現為視覺化的圖解。而且這沒有你想像得難、也無關乎有沒有美感、懂不懂設計。

「我們主要是為了讓訊息更好被理解，其次才是提升視覺上的體驗感。」

這句話就是視覺化表達的本質，希望你能牢記在心。當你在進行視覺化的過程，不時的問自己：現在我在做的事情，是為了讓對方更好理解、還是讓畫面更好看？

如果是後者，那麼你可以提醒自己是否忽略了更重要的事情。

三個步驟，
讓視覺化表達更好的傳達訊息

如何讓視覺化表達更好的傳達你的想法？

我想用一個案例讓你理解。

圖 3-10 是我到南科一家半導體設備廠商授課時，上課同仁所提供報告中的一張投影片。在沒有說明的情況下，你能看懂這張投影片所要傳達的訊息是什麼嗎？

當然，是否具備產業相關的背景知識，肯定會影響你對訊息的理解。我很高興你能發現這一點，在後續我也會提到「對象」在視覺化表

達中的重要性。姑且先假設你是這家廠商的客戶,對於產業相關的背景知識有足夠的認識,那麼你覺得這張投影片的訊息傳達是有效的嗎?如果不是,你認為問題出在哪裡?

延遲原因

長交期料件未於訂單未下前篩選出來;料件訂單未有效監控且問題未及時解決導致料件無法即時到廠。

客戶下單 → 內部請購 → 請購轉料件訂單 → 供應商確認訂單 → 供應商交貨 → 機台組裝 → 機台出貨

圖 3-10　同仁報告中的一張投影片

「不知道畫面中的流程圖要說明什麼?」
「感覺刻意不想讓客戶看懂問題和原因是什麼。」
「文字斷句的方式好奇怪,看不太懂。」
「字型使用新細明體,很不專業。」
「排版可以更漂亮一點。」

現場上課的同仁們紛紛表達自己的看法。我告訴他們,這些聽起來都有道理,但面對這些問題又該如何解決呢?學習診斷與改善他人的視覺化作品,其實是一種很好的訓練;學會如何看出問題與給出對策後,當自己在進行視覺化表達時也會更清楚該怎麼做。

不過,看到一個地方就改一處,是很沒有效率的做法。

因為你不知道改善的目標是什麼,往往就會流於視覺上的美化,但對於溝通成效沒有任何助益,甚至是造成反效果。比方說,圖 3-11 是同仁們討論後改善的結果,你覺得如何?

延遲原因

1. <u>長交期料件</u>未於<u>訂單未下前</u>篩選出來。
2. 料件訂單<u>未有效監控</u>且<u>問題未及時解決</u>導致料件<u>無法即時到廠</u>。

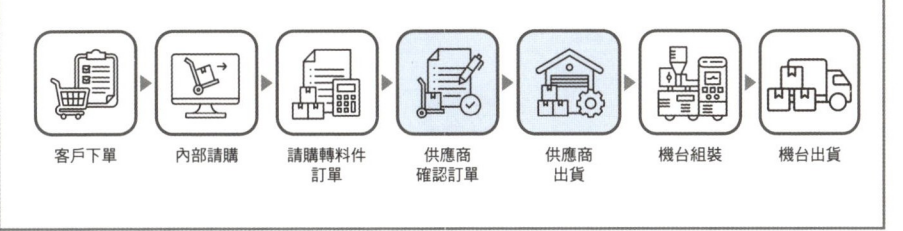

客戶下單 ▸ 內部請購 ▸ 請購轉料件訂單 ▸ **供應商確認訂單** ▸ 供應商出貨 ▸ 機台組裝 ▸ 機台出貨

圖 3-11　同仁們討論與改善後的視覺化結果

看起來好像更「視覺化」一些了，有重點凸顯、還多了有趣的圖示。

但這樣真的有比較好嗎？我的意思是，改善後的結果能更好的達成溝通目的嗎？

「大家想傳達的觀點是什麼？」

「改善後的視覺化結果能更清楚的傳達這個觀點嗎？」

大家搖搖頭。顯然大家是在錯誤的方向上做了很多努力，卻未能產生預期的成效。因為調整時沒有思考過預期的成效是什麼，只是在既有的結果上進行視覺化的加強，加粗字體、畫底線、改顏色、用圖示取代文字，這些都是常見的做法，未必有效。

那麼，該怎麼辦呢？

讓我們重頭來過。首先，透過結構化思考釐清想法並轉化為觀點。觀點是什麼呢？藉由理解、分解、再構築三個階段，我和同仁們整理出觀點是：訂單確認與監控出現疏失。

有了觀點，進一步運用黃金圈法則找出故事線的鋪陳，將觀點轉化為可理解的訊息。

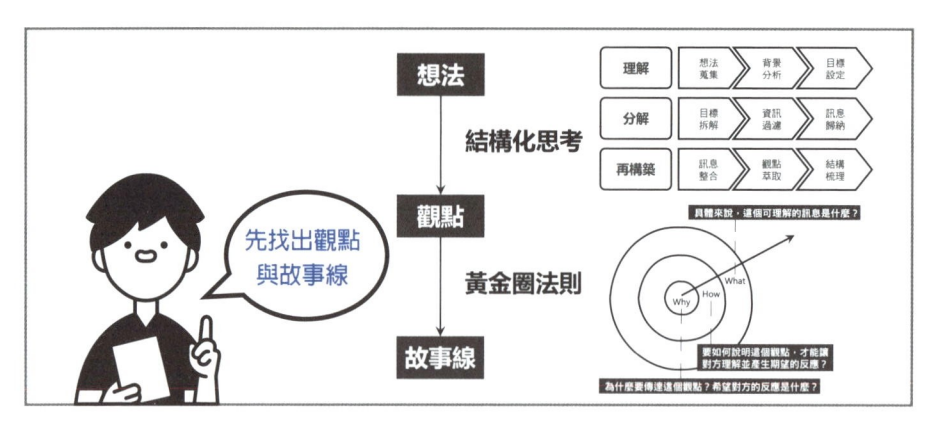

圖 3-12　重新釐清想法，並轉化為觀點與故事線

在鋪陳故事線的安排時，同時也要確認目的與對象，找出有效的訊息傳達方式。包括黃金圈法則的三個提問，我們都重新檢視並找出答案。

觀點	訂單確認與監控出現疏失
Why 為什麼要傳達這個觀點？希望對方的反應是什麼？	讓客戶清楚問題與原因是什麼。希望對方能理解，避免產生不信任感而影響後續的合作。
How 要如何說明這個觀點，才能讓對方理解並產生期望的反應？	先說結論，也就是觀點；然後點出問題出現的環節，以及說明造成問題的原因及避免再次發生的對策。
What 具體來說，這個可理解的訊息是什麼？	• 訂單確認與監控出現疏失 • 疏失主要在供應商確認訂單、供應商交貨這兩個環節 • 對應兩個環節出現疏失的原因分別是…… • 避免再次發生的對策是……

圖 3-13　運用黃金圈法則的三個提問找出故事線的安排

現在我們清楚觀點與故事線，接下來就是將故事線中的可理解訊息，轉化為可視化訊息來呈現。我們畫面上所有的訊息，都應該是圍繞著這個故事線展開，讓對方更好理解。

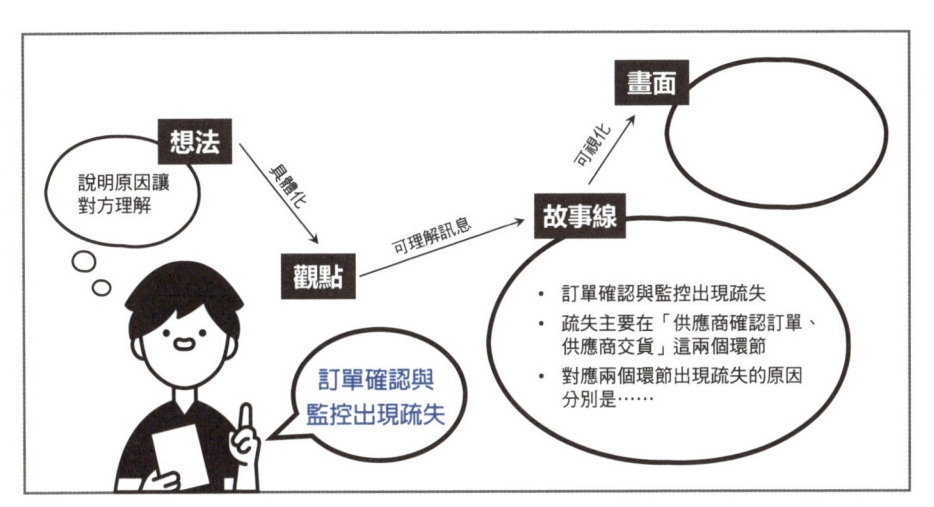

圖 3-14　從想法、觀點、故事線，再到畫面的展現

最後，展現出來的結果就能更符合我們的期望。

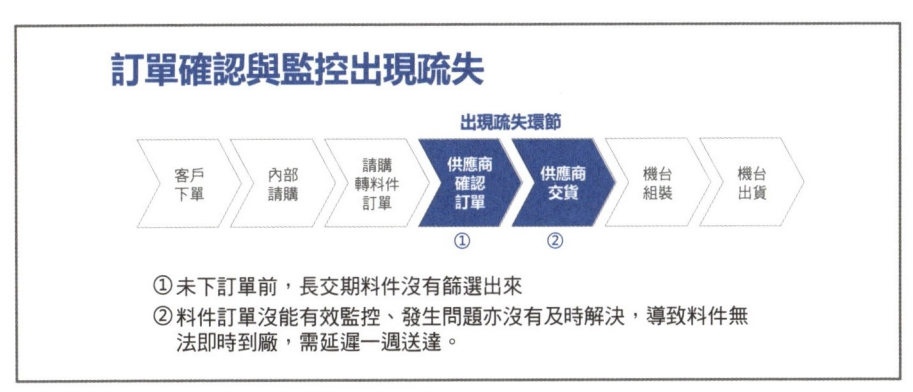

圖 3-15　根據故事線所展現的視覺化表達

沒有過多的圖示或圖像，也沒有充斥著顏色、底線、字體加粗等凸顯效果，但卻能把觀點清楚的傳達出來，包括：

1. 在標題定調問題。
2. 在流程圖上標示出現疏失的對應環節。
3. 對應環節出現疏失的原因。

第 3 章　打開黑盒子的第二把鑰匙：視覺化表達　173

當然，既然說明了原因，也該有避免再次發生的對策。不過，大家一致同意這個畫面僅聚焦在問題與原因說明，而對策則放置到另外的投影片做為備用。這麼做的好處是：

+ 確保簡潔清晰的核心訊息。
+ 保留應對的彈性，如果客戶聽完就能接受，就不必多說以免節外生枝；如果客戶仍有顧慮，那麼就進一步說明對策來打消疑慮。

在這個視覺化表達的結果中，進行了三個步驟：層次劃分、結構設定、視覺優化。

步驟❶層次劃分：
讓重點一眼就看到

將畫面中的訊息劃分為不同的重要性層次，就能讓人們一眼就看出哪些訊息最重要、哪些訊息是次要的。

該如何做呢？透過「降噪」來凸顯真正重要的訊息，包括線條粗細、形狀大小、明暗深淺的對比，都是常用的方式。

圖 3-16　運用「降噪」創造層次感，讓重要訊息一眼就被看到

比方說，在下面這張圖中你能很快的找到有幾個數字 7 嗎？

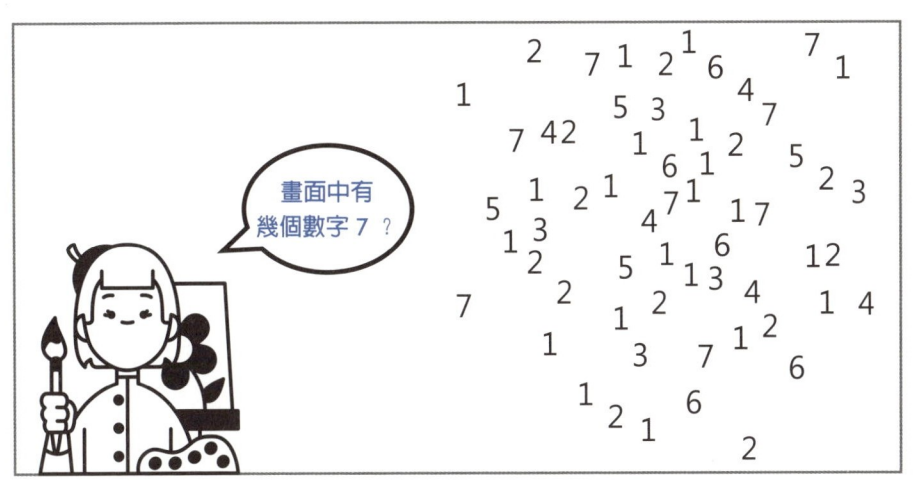

圖 3-17　缺乏層次感，就不容易辨識出特定訊息

藉由放大、加粗數字 7 的字體，降低其他數字的明暗度，就可以提高數字 7 的層級重要性，任何人都可以一眼看到有多少個數字 7。

這就是藉由降噪來創造層次感的技巧。

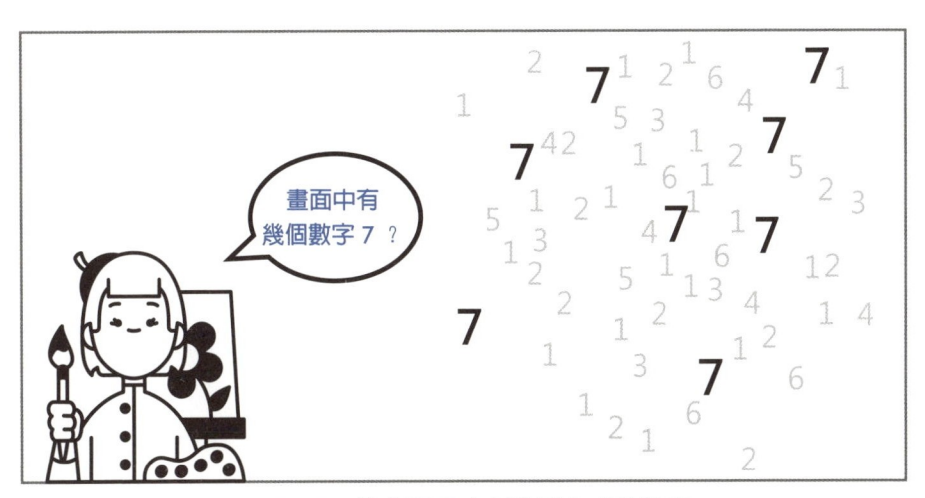

圖 3-18　藉由降噪來創造層次感的技巧

第 3 章　打開黑盒子的第二把鑰匙：視覺化表達

除此之外，也可以利用「聚光燈」的效果來提高「部分區域」的層次重要性。

不過要注意的是，聚光燈效果屬於「完全捨棄雜訊」的做法，除了聚焦重要訊息之外，其他訊息全部都弱化到最低層次。

圖 3-19　運用聚光燈效果創造出「特定區域」的層次感

圖 3-20　另一種創造「特定區域」層次感的聚光燈效果

要做出聚光燈效果一點也不難，只要運用 PowerPoint 中的「合併圖案」功能，就可以根據你的需求做出不同的聚光燈效果。

合併圖案的功能，顧名思義就是使用於圖案、圖片與文字之間的合併，成為新的圖案。

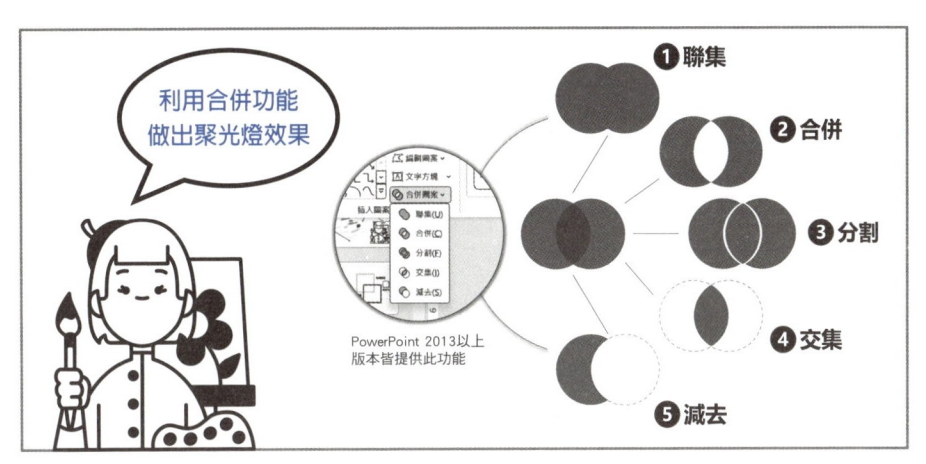

圖 3-21　運用「合併圖案」功能做出聚光燈效果

　　只要你使用的是 PowerPoint 2013 以上的版本，都可以找到這個功能，只需點選兩個圖案，選擇工具列中「圖形格式」的「合併圖案」就會出現五種選項，包括聯集、合併、分割、交集與減去。

　　像是這裡的兩種聚光燈效果，就是利用「合併圖案」中的「合併」將兩個圖案結合成我需要的效果。只要發揮你的創意，就能創造出各種不同的效果。

圖 3-22　兩種聚光燈方式的製作技巧

第 3 章　打開黑盒子的第二把鑰匙：視覺化表達　　177

那麼，回到這個章節一開始的案例，是如何進行「層次劃分」的呢？很簡單，從「故事線」的內容來著手就可以。這裡我將「具體可理解的訊息」劃分為四個層次，包括：

+ 層次一：訂單確認與監控出現疏失。
+ 層次二：疏失主要在供應商確認訂單、供應商交貨這兩個環節。
+ 層次三：對應兩個環節出現疏失的原因分別是⋯⋯。
+ 層次四：避免再次發生的對策是⋯⋯。

所以在畫面上，最容易被看見的應該是層次一的訊息，其次是層次二、層次三的訊息，而層次四的訊息不在這個畫面上揭露。

觀點	訂單確認與監控出現疏失
Why 為什麼要傳達這個觀點？希望對方的反應是什麼？	讓客戶清楚問題與原因是什麼。希望對方能理解，避免產生不信任感而影響後續的合作。
How 要如何說明這個觀點，才能讓對方理解並產生期望的反應？	先說結論，也就是觀點；然後點出問題出現的環節；以及說明造成問題的原因及避免再次發生的對策。
What 具體來說，這個可理解的訊息是什麼？	• 訂單確認與監控出現疏失　層次一 • 疏失主要在供應商確認訂單、供應商交貨這兩個環節　層次二 • 對應兩個環節出現疏失的原因分別是⋯⋯　層次三 • 避免再次發生的對策是⋯⋯　層次四

將故事線中的內容進行層次劃分

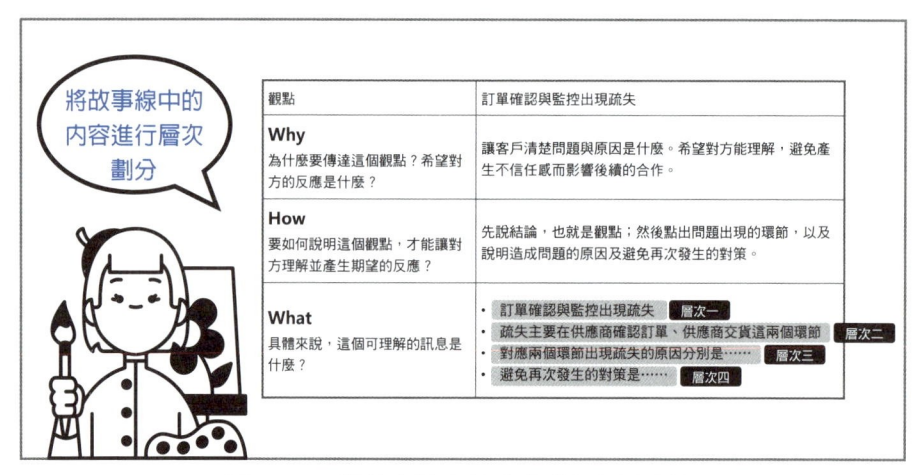

圖 3-23　將故事線中的內容進行層次劃分

因此在畫面上，我可以做出以下的調整來創造出層次感：

+ 利用字型放大、加粗，來凸顯層次一的訊息。
+ 透過顏色對比，來強調層次二中「出現疏失環節」的訊息。
+ 藉由字型縮小、調細，來弱化層次三的訊息。

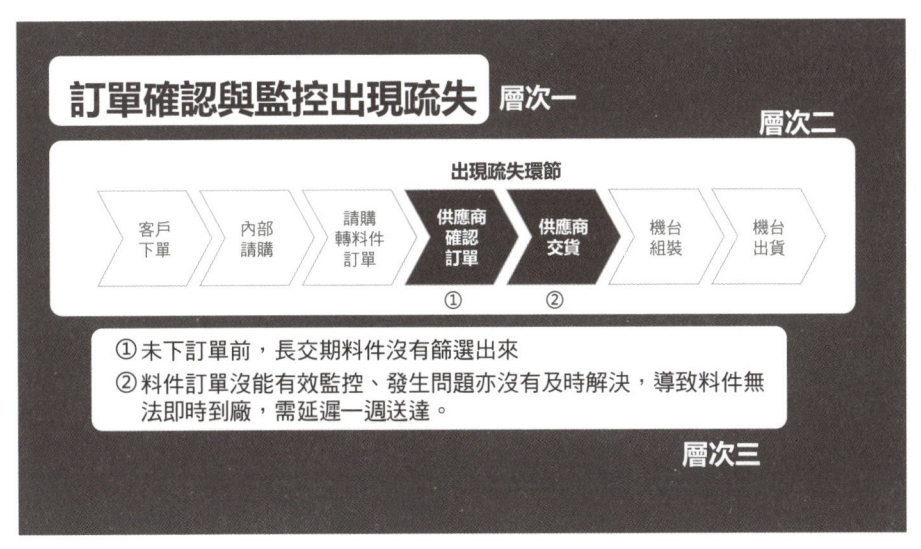

圖 3-24　透過降噪的方式來凸顯不同層次的訊息

步驟❷結構設定：
讓內容一眼就看懂

當我們區隔出畫面中資訊的層次感，接下來是如何在畫面中安排這些資訊的擺放位置，引導對方的視線閱讀這些訊息。

這就好像一間房子的室內設計，要如何讓人住得舒適、看得舒服呢？

答案就是：格局方正、動線合理，以及機能明確。格局方正，能夠提供一個整齊、有序的空間，可以減少視覺上的混亂讓人感到放鬆和舒適；動線合理，能夠優化空間的使用、減少不必要的移動，提升生活的便利性和舒適度；機能明確，可以確保每一個空間都有其特定的用途，對於提升生活品質有很大的幫助。

這些原則不僅應用在室內設計，也適用於視覺化表達中的結構設定。

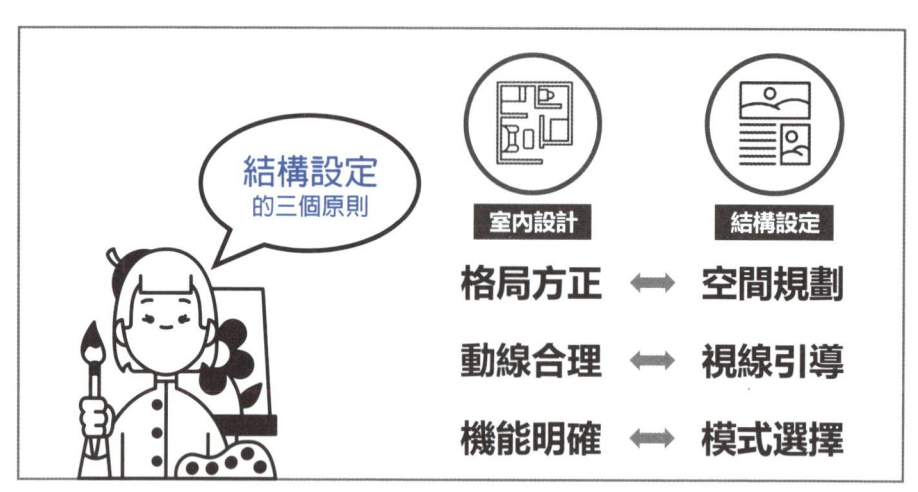

圖 3-25　視覺化表達中結構設定的三個原則

首先，是畫面中的空間規劃。

就如同好的室內設計會追求格局方正，當我們在進行視覺化表達時，也會希望畫面中的資訊呈現也能井然有序、方便閱讀。我們可以將畫面想像為一張方格紙，如何規劃出不同空間提供給對應的資訊區塊使用？

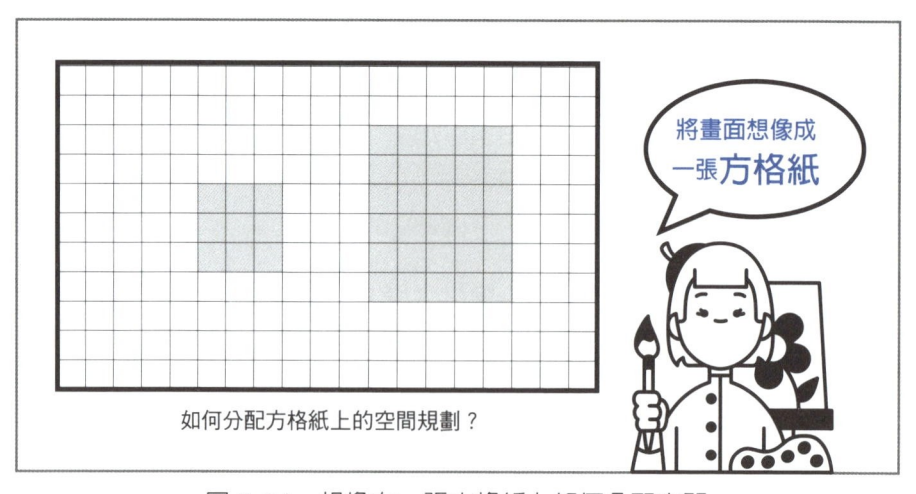

圖 3-26　想像在一張方格紙上如何分配空間

比方說，我想在畫面中展現「結構設定的三個原則」對應的資訊，可以將空間規劃為以下幾種方式，都能符合格局方正的原則。

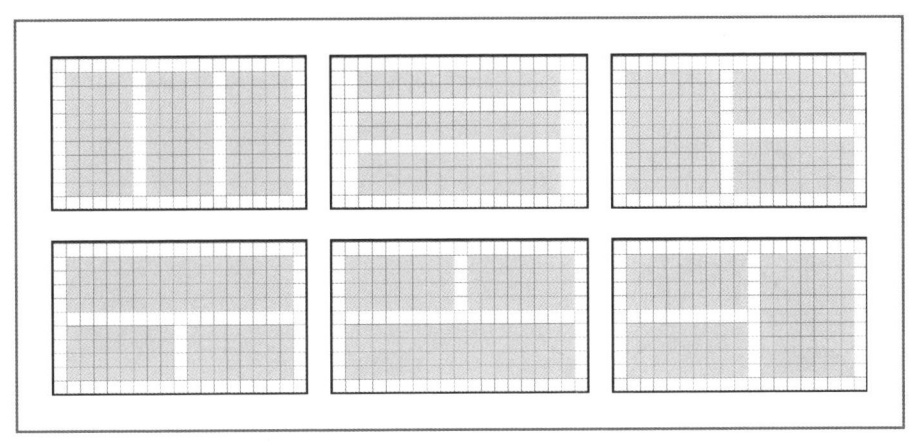

圖 3-27　三個資訊區塊的空間規劃

這裡不需要切分出完美精確的空間大小，只要劃分出大致的空間配置，等到具體的訊息內容擺放上來時，再進行空間大小的微調即可。

同樣的概念，運用在四個、五個以上的空間規劃時，可以展現出更多的可能性。甚至在每一個空間中，還可以進一步規劃出更多的空間，應用在資訊儀表板的設計上；就像衣櫥設計一樣，先劃分出主要的空間，再進行細部的空間規劃。

總之，把握一個原則：格局方正。

圖 3-28　多個資訊區塊的空間規劃

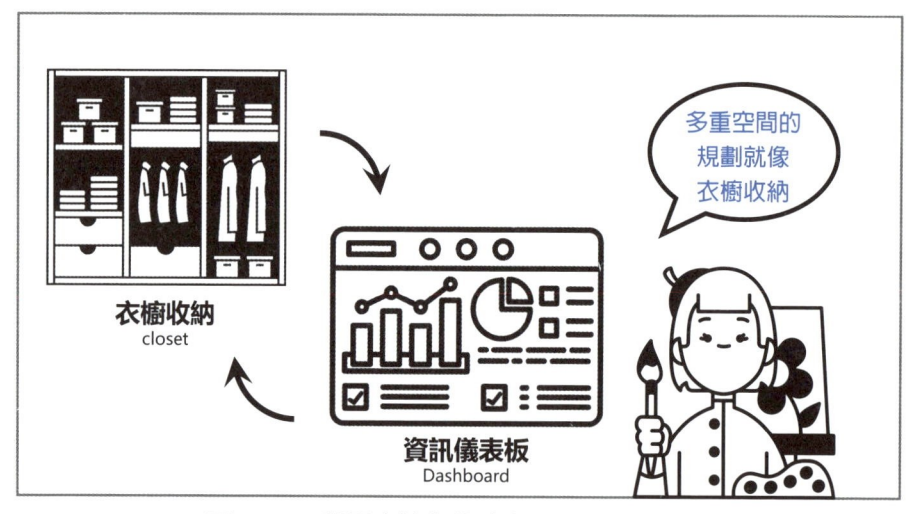

圖 3-29　學習衣櫥收納達人的空間規劃技巧

其次，是畫面中的視線引導。

視線引導，是為了讓觀看畫面的對象能更直觀的閱讀與理解內容。因此，在設計畫面上的訊息閱讀順序最好是符合人們的視覺習慣，包括

由左至右、從上到下、左上到右下的對角線、順時針方向,以及 Z 字型等方式。

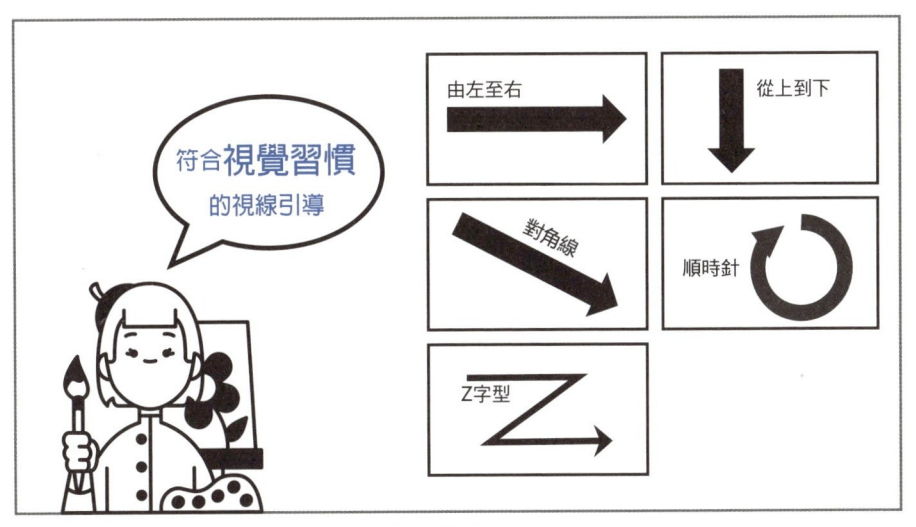

圖 3-30　視線引導要符合人們的視覺習慣

不過你可能會感到疑惑,萬一畫面中是一張數據報表,而你需要針對不同影響程度的部位分別進行說明,但這麼一來就無法符合視覺習慣,怎麼辦?

別擔心。雖然說人們在閱讀資訊時會依循著視覺習慣,但也很容易分心被抓走注意力,比方說會跟著動畫出現的順序移動目光、比起文字會先被圖像吸引,以及數字符號本身帶有的順序意義等。

我們可以利用這些干擾因素,來打破人們的視覺習慣。

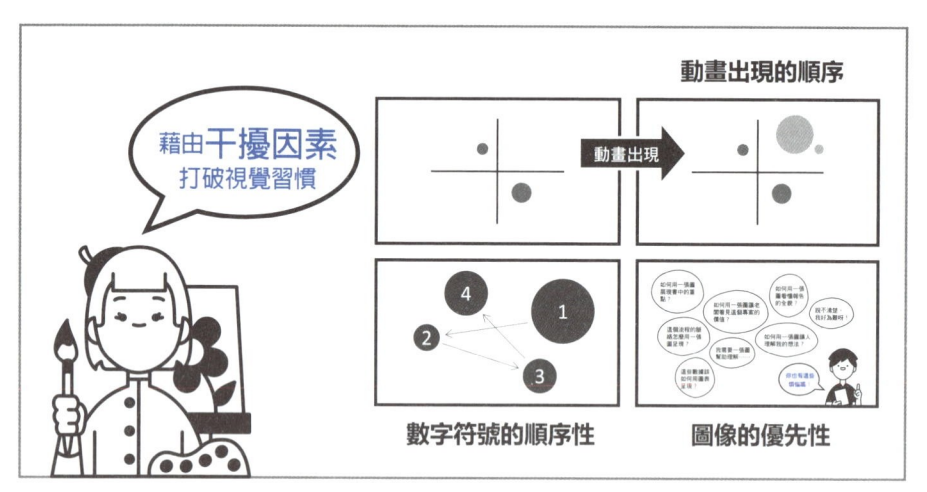

圖 3-31　打破視覺習慣的三種干擾因素

最後，是畫面中的模式選擇。

當我們希望透過結構展現出資訊之間的關係時，可以選擇特定模式的圖表或圖解。

比方說，我想要呈現兩組數據之間存在的某種「關聯」性，可以選擇「散布圖」做為結構設定的模式，讓人一眼看就能看出我想表達的是數據之間的關聯性；另一方面，如果我想呈現的是每月銷售金額的「變化」或「趨勢」性，那麼「長條圖」或「折線圖」都是不錯的選擇，因為這兩種圖表模式都是用來展示變化與趨勢的。

那麼，如果我想展現的是機台設備的「操作步驟」呢？對了！你可能會直覺想到使用「流程圖」的模式。這就是善用經驗法則，在學習圖表與圖解的使用過程中，我們已經牢牢記住它們所代表的功用與象徵的意義。因此，當我們使用這些廣為人知的圖表或圖解時，多數人就會很直覺的理解它們所要傳達的訊息是什麼。

不過，這也意謂著當我們運用一些創新的圖表或圖解模式，或是對方沒有受過相關訓練、不熟悉圖表或圖解的運用時，就有可能造成訊息

理解上的困難,不可不注意。

這裡我歸納了一些常用的圖表與圖解模式,供你參考。

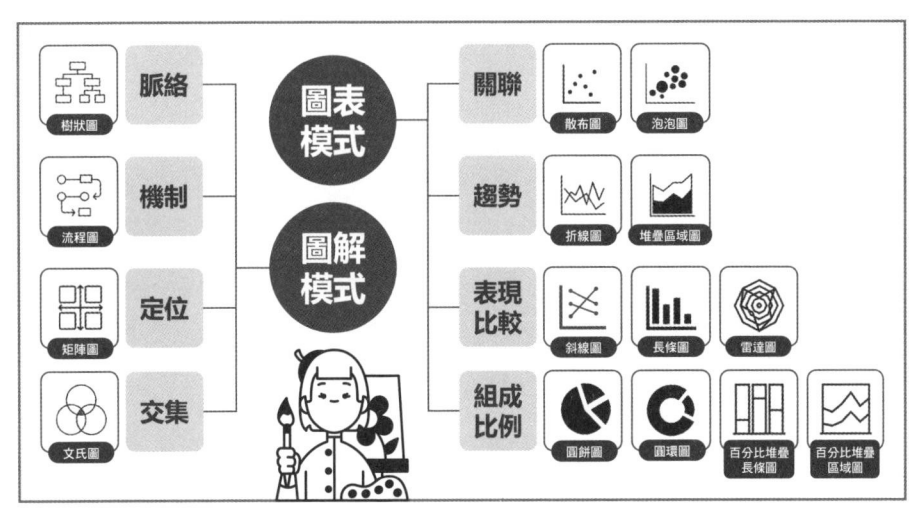

圖 3-32　善用「圖表模式」與「圖解模式」來傳達結構關係

+ 圖表模式對應的結構關係

　　① 展現數據的「關聯」程度用散布圖、泡泡圖。

　　② 展現數據的「趨勢」變化用折線圖、堆疊區域圖。

　　③ 展現數據的「表現比較」用斜線圖、長條圖或雷達圖。

　　④ 展現數據的「組成比例」用圓餅圖、圓環圖、百分比堆疊長條圖或百分比堆疊區域圖。

+ 圖解模式對應的結構關係

　　① 用樹狀圖歸納內容的「脈絡」關係。

　　② 用流程圖梳理內容的「機制」運作。

　　③ 用矩陣圖展示內容的「定位」比較。

　　④ 用文氏圖強調內容的「交集」情況。

關於這些圖表與圖解模式的具體應用,我會在後續章節中提及。那

麼，回到這個章節一開始的案例，是如何進行「結構設定」的呢？

+ 三個資訊區塊「垂直並列」的空間規劃。
+ 整體「由上而下」的視線引導。
+ 以及「流程圖」的模式選擇。

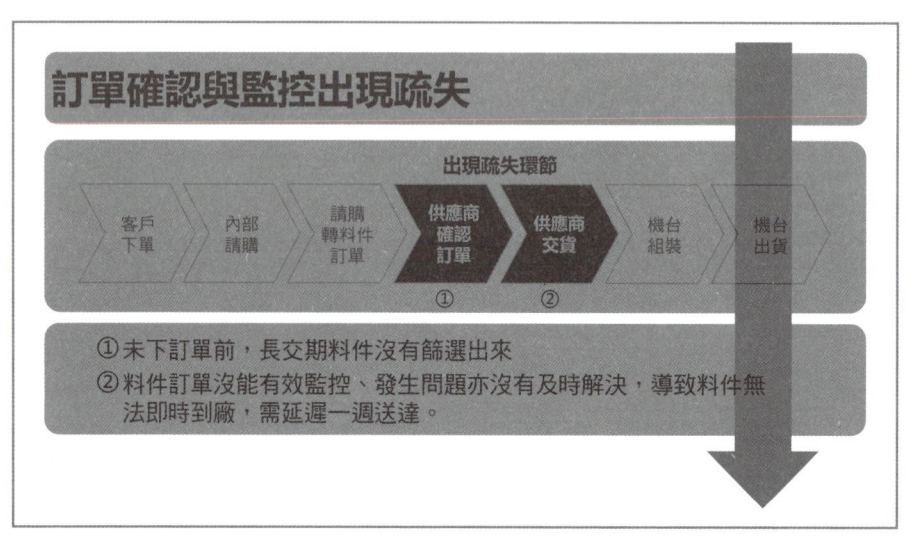

圖 3-33　藉由空間規劃、視線引導與模式選擇來完成結構設定

步驟❸視覺優化：
讓質感一眼就看見

透過層次劃分、結構設定的步驟，能讓畫面上的訊息更容易被閱讀和理解，一眼就看到重點、一眼就看懂訊息。如果只是非正式的討論或內部溝通，這樣的視覺化表達已經足夠達成預期目的，傳達我們的想法與觀點，讓對方理解或認同。

但如果是大型會議、正式交流或是社群行銷的場景，我想光是這樣還不夠。

我們會希望顯示出自己的專業價值、提升視覺體驗的質感，同時展現出個人或品牌風格，讓觀看對象留下好的印象，不僅有益於訊息的擴散、也對提升說服力帶來幫助。這就是視覺化表達的第三個步驟：視覺優化，所要達成的目標。

「我沒有美感、不懂設計，還是算了吧？」

「還需要自己做？交給人工智慧就搞定了！」

的確，如果是要做出富有設計感的海報或藝術創作，我們比不上那些擁有高度美感、又懂設計的專業人士；但若只是為了做好溝通、說服或傳遞訊息，又想要展現個人的專業性和質感，那麼只要掌握一些簡單的技巧，人人都可以做得到。

即便是人工智慧可以繪製更好的視覺化成果，你也得精準的說出自己的想法，否則產生出來的結果可能會不如預期。而當你能掌握這裡提到的視覺化技巧，相信也能使你更好的駕馭人工智慧與相關的工具，更快、更好的產出符合期望的視覺化作品。

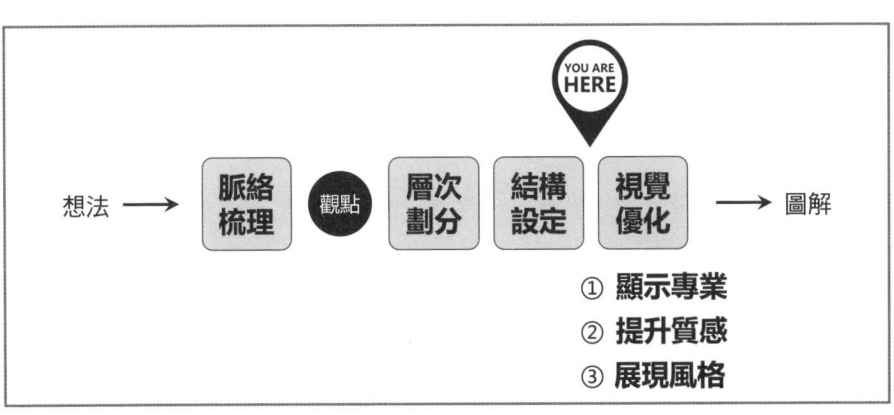

圖 3-34　打開黑盒子的最後一哩路，視覺優化所能帶來的好處

談到資訊視覺化，相信有不少人聽過「少即是多」與「精簡」的建議。

主要是在資訊的視覺設計中應該避免過度裝飾和冗餘元素，專注於簡化設計以凸顯核心或關鍵訊息。這樣做有幾個主要原因：

+ **提高訊息的可讀性**：過多的圖形和資訊會干擾觀看對象的視線，降低理解效率。簡潔的設計能讓人快速抓住重點，提高訊息傳達的有效性。
+ **減少大腦認知負荷**：當資訊過於複雜時，觀看對象需要花費更多的時間和精力來理解，甚至需要更多的背景知識。簡化設計可以減少對方的認知負擔，使他們更容易理解和記住訊息。
+ **凸顯與強調關鍵點**：藉由去除不必要的元素，我們可以更清晰的強調重要的內容，確保觀看對象能夠迅速識別和理解關鍵訊息。
+ **提升視覺體驗成效**：簡潔的設計通常更具美感，能夠吸引觀看對象的注意力並保持他們的興趣，也有助於提升認同感與協助擴散。

問題來了，怎麼樣才能做到「少即是多」和「精簡」？

懂設計的人會告訴你：運用格式塔理論（Gestalt Theory）。格式塔理論又稱為完形心理學，是心理學家對於知覺組織的一種看法。格式塔理論的核心觀點主要有三個：

+ **整體性**：格式塔理論強調「整體大於部分的總和」。
  這意味著我們的知覺和認知是基於整體的結構，而不是單獨的部分。比方說，我們看到一朵花，不僅僅是看到花瓣、莖和葉，而是將這些部分整合成一個完整的花的形象。
+ **知覺組織原則**：格式塔理論提出了多種知覺組織原則，如相似性、接近性、連續性和閉合性等，這些原則解釋了我們如何將視覺訊息組織成有意義的整體。
  ①相似性原則：我們傾向於將形狀、顏色、大小等屬性相似的物體視為一個整體。比方說，一組不同顏色的圓點，我們會將相同顏

色的圓點視為一組。

②接近性原則：空間或時間上彼此接近的物體容易被組合成一個整體。比方說，當我們看到一組彼此靠近的點時，會將它們視為一個群體。

③連續性原則：我們傾向於將視覺上連續的線條或圖形視為一個整體，而不是分散的部分。例如，我們會將一條曲線視為一個連續的形狀。

④閉合法則：我們的大腦會自動填補不完整的圖形，使其成為一個完整的形狀。比方說，我們會將一個缺口的圓形視為一個完整的圓。

⑤簡單性原則：我們傾向於以最簡單的方式解釋視覺訊息，將其組織成簡單而有規律的形狀。

這些原則幫助我們在日常生活中快速、有效的理解和組織視覺訊息。它們在設計、藝術和心理學等領域都有廣泛的應用。

+ **動態整體**：格式塔理論認為知覺是動態的，而且我們的大腦會自動組織和解釋感官訊息，使其成為有意義的整體。

當我們將格式塔理論（或完形心理學）運用在畫面中，就能有效引導視覺動線，達到精簡的目標。以上是關於格式塔理論的一些簡單科普，能幫助你更進一步理解接下來我所要告訴你的視覺化原則。

這些視覺化原則，都是基於格式塔理論所簡化的平民化技巧。即使不懂設計、沒有美感，只要掌握這些視覺化原則，也能輕鬆做出專業、有質感的資訊視覺化。

+ **留白**：增加畫面的空間感；質感自然就提升、減少訊息閱讀的壓迫感。
+ **對齊**：產生畫面的協調感；整齊劃一、規律的元素擺放，能產生一種美感。

+ 對比：創造畫面的層次感；透過大小、深淺與明暗來創造視覺上的焦點。
+ 親密：形成畫面的呼吸感；讓畫面中的元素之間保持適當的距離。
+ 一致：建立畫面的整體感；透過一致性的色彩方案、字型組合與設計風格，可以帶給人一種專業感，感受到畫面是經過整體規劃的。

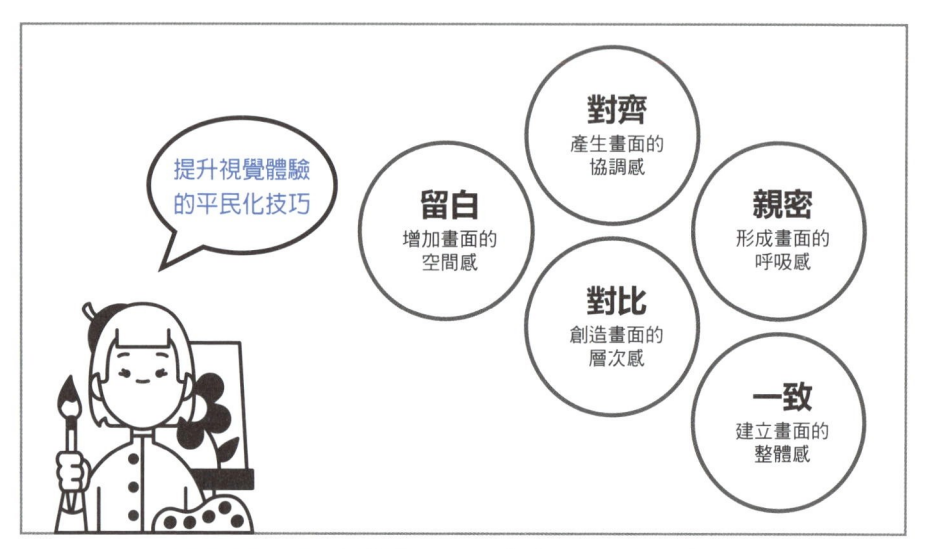

圖 3-35　運用視覺化原則提升「視覺優化」的成效

原則一：留白

留白，是在畫面設計中刻意保留空白區域，以提升資訊的可讀性和視覺上的舒適感。

舉例來說，藉由留白來分隔不同的資訊區塊，使觀看對象更容易分辨與理解內容；適當的留白也可以引導讀者的視線，注意到重要的訊息或數據。此外，畫面中過於密集的資訊會讓觀看對象感到視覺疲勞，留白可以提供視覺上的休息，讓整體設計更具吸引力。

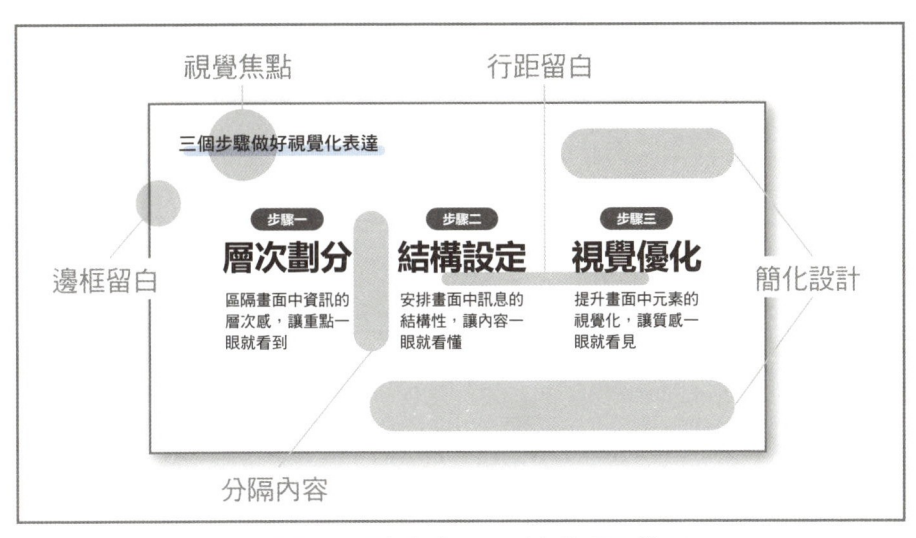

圖 3-36　留白在畫面設計上的運用技巧

總結來說，可以運用以下技巧來發揮留白的效果。

+ 技巧❶ 邊框留白：畫面邊緣保持一定空間的空白，降低壓迫感。
+ 技巧❷ 分隔內容：在不同的資訊區塊之間留出足夠空間，易於辨識。
+ 技巧❸ 行距留白：適當調整行距，確保文字和圖表之間不過於擁擠。
+ 技巧❹ 視覺焦點：利用留白來引導視線，強調關鍵訊息或數據。
+ 技巧❺ 簡化設計：避免過多的裝飾元素，保持設計的簡潔和清晰。

原則二：對齊

對齊，是將畫面上的元素排列在一條共同的軸線上，就能創造出整齊和有序的感受，減少視覺上的混亂感。同時可以引導觀看對象的視線，創造一個自然的視覺流動，幫助他們更容易跟隨設計中的資訊進行閱讀和理解，提升整體的可讀性和美觀度。

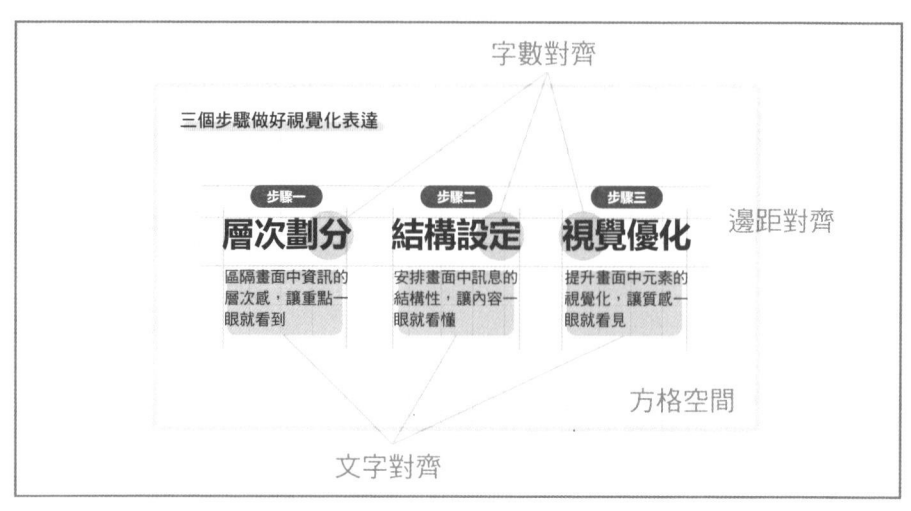

圖 3-37　對齊在畫面設計上的運用技巧

總結來說，可以運用以下技巧來發揮對齊的效果。

+ 技巧❶ 方格空間：將整個畫面想像為一張方格紙，確保所有元素都對齊在同一條軸線上，可以創造一致和有序的布局。
+ 技巧❷ 邊距對齊：確保元素之間的邊距和間距一致，避免不規則的排列。
+ 技巧❸ 文字對齊：在文字內容的排版中，確保標題、段落和列表項目對齊在同一條軸線上。
+ 技巧❹ 字數對齊：調整文字字數使其一致，提升視覺上的一致性。
+ 技巧❺ 圖表對齊：在圖表內容中，確保標籤、數據點和軸線對齊，讓數據更易於比較和理解。

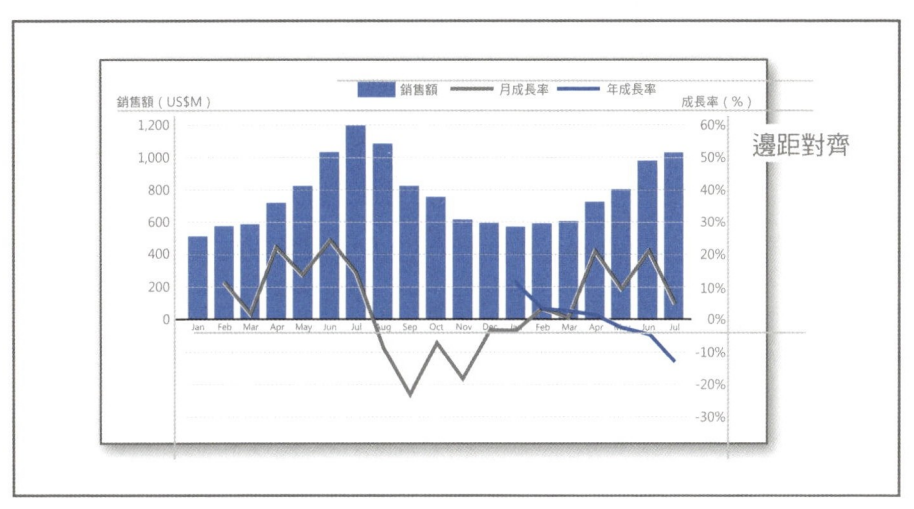

圖 3-38　對齊在圖表設計上的運用技巧，以邊距對齊為主

原則三：對比

對比，是藉由不同元素之間的差異來強調重要資訊，提升視覺效果和可讀性。

圖 3-39　在文字內容的視覺設計中，最常使用大小、顏色對比來凸顯重要性

總結來說，可以運用以下技巧來發揮對比的效果：

+ 技巧❶ 顏色對比：使用明暗、冷暖或互補色來區分不同的數據或資訊，或是凸顯關鍵數據或指標。比方說，在流程圖中以深色來標示當下的進展階段。

+ 技巧❷ 大小對比：透過不同元素的大小來強調重要資訊，較大的元素通常會吸引更多注意力；藉此來創造視覺層次，幫助觀看對象理解資訊的優先等級。比方說，使用較大的字體來標示標題或重要訊息。

+ 技巧❸ 形狀對比：使用不同的形狀來區分數據。比方說，在散布圖中分別以圓形和方形代表兩組數據，藉此快速區分不同類型的數據所展現的關聯性。

+ 技巧❹ 位置對比：透過元素的位置來創造對比，引導觀看對象的視線。比方說，將重要資訊放在正中央或上方等視覺焦點的位置。

+ 技巧❺ 材質對比：使用不同的材質或紋理來創造視覺上的差異，增加設計深度和層次感。

對比在圖表設計中，也常使用來展現更多數據看不出來的訊息。

比方說，散布圖可以用來呈現「銷售成長率」和「銷售毛利率」之間的關聯性，我們可以運用大小對比的方式，呈現「銷售金額」與這些數據之間的關聯性，成為泡泡圖的模式。

或是運用顏色對比、形狀對比，來區隔出不同產品的差異。

比方說，在圖 3-40 中尚且看不出「銷售成長率」與「銷售毛利率」之間存在什麼樣的關聯性。不過當我們將新舊產品以不同顏色或形狀來區隔進行對比（圖 3-41），就可以看出更多訊息。

+ 新產品呈現出銷售成長率愈高、銷售毛利率愈高的關聯性。

+ 舊產品呈現出銷售成長率愈高、銷售毛利率愈低的關聯性。

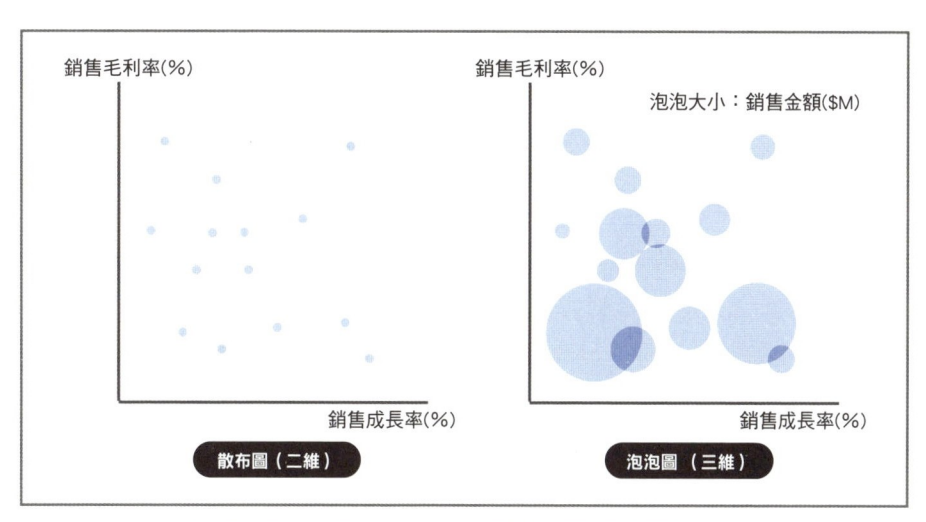

圖 3-40　利用大小對比創造出圖表的第三個維度

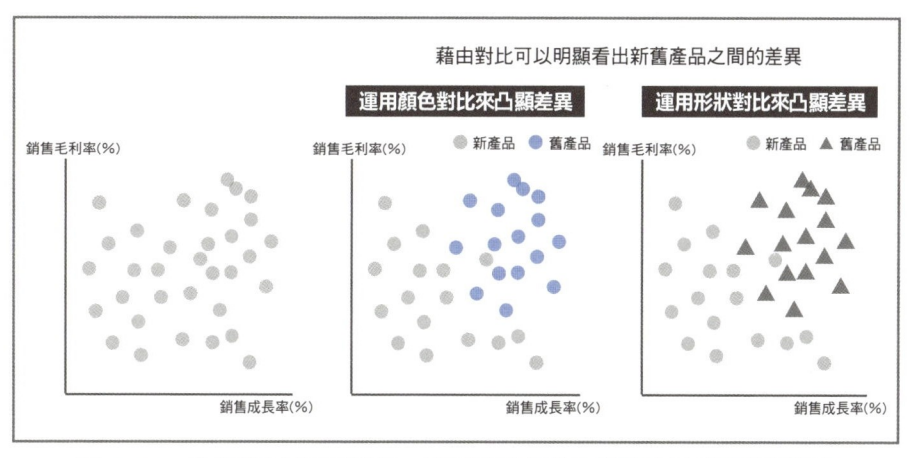

圖 3-41　在圖表中運用顏色、形狀對比可以展現原本看不到的訊息

原則四：親密

親密，是指將相關的元素靠近排列，使它們在視覺上形成一個群組。

這個概念源自於完形心理學中的「接近性」原則，意指人們會自然將彼此靠近的元素視為一組。畫面中的資訊如果多了群組的概念，就能幫助觀看對象先辨識出群組、再意識到個別資訊；就好像我們在閱讀文章時，如果有分段加上小標，就有助於快速識別和理解文章有哪些內容，減少閱讀時的認知負荷，讓內容更易於消化。

比方說，你認為左、右兩段文字內容，哪一個比較容易閱讀和理解？

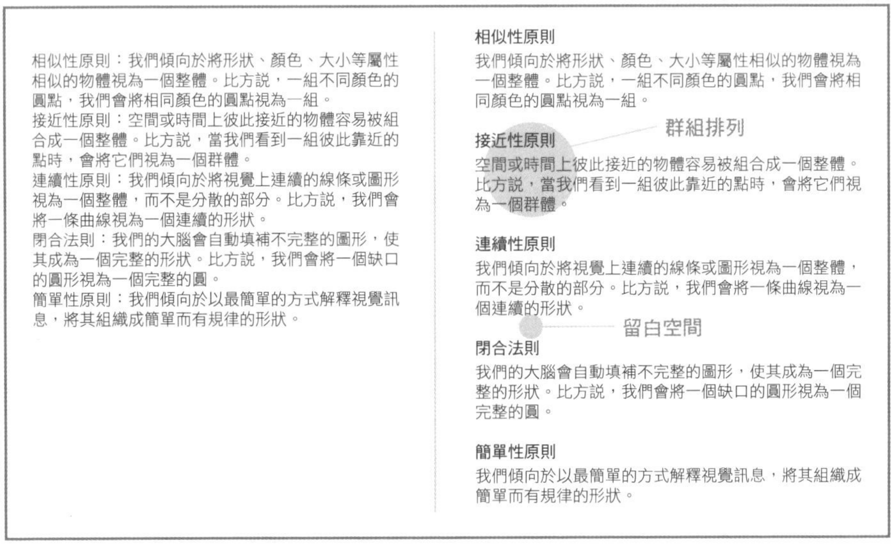

```
相似性原則：我們傾向於將形狀、顏色、大小等屬性        相似性原則
相似的物體視為一個整體。比方說，一組不同顏色的        我們傾向於將形狀、顏色、大小等屬性相似的物體視為
圓點，我們會將相同顏色的圓點視為一組。              一個整體。比方說，一組不同顏色的圓點，我們會將相
接近性原則：空間或時間上彼此接近的物體容易被組        同顏色的圓點視為一組。
合成一個整體。比方說，當我們看到一組彼此靠近的
點時，會將它們視為一個群體。                  接近性原則              ———— 群組排列
連續性原則：我們傾向於將視覺上連續的線條或圖形        空間或時間上彼此接近的物體容易被組合成一個整體。
視為一個整體，而不是分散的部分。比方說，我們會        比方說，當我們看到一組彼此靠近的點時，會將它們視
將一條曲線視為一個連續的形狀。                 為一個群體。
閉合法則：我們的大腦會自動填補不完整的圖形，使
其成為一個完整的形狀。比方說，我們會將一個缺口        連續性原則
的圓形視為一個完整的圓。                    我們傾向於將視覺上連續的線條或圖形視為一個整體，
簡單性原則：我們傾向於以最簡單的方式解釋視覺訊        而不是分散的部分。比方說，我們會將一條曲線視為一
息，將其組織成簡單而有規律的形狀。               個連續的形狀。
                                                  ———— 留白空間
                                  閉合法則
                                  我們的大腦會自動填補不完整的圖形，使其成為一個完
                                  整的形狀。比方說，我們會將一個缺口的圓形視為一個
                                  完整的圓。

                                  簡單性原則
                                  我們傾向於以最簡單的方式解釋視覺訊息，將其組織成
                                  簡單而有規律的形狀。
```

圖 3-42　藉由親密原則提高資訊的可讀性、增進理解

在右邊的文字內容中，可以清楚的看出有五個段落，而緊靠著文字的小標也暗示了彼此的關聯性、同時強調了五個段落的區別。透過親密原則的運用，我們可以更好閱讀與理解這段文字內容所要傳達的訊息。

透過親密也能強調不同元素之間的關聯性，幫助觀看對象理解它們之間的關係。

比方說，在下面這張圖中可以清楚看出有三個部分，每個部分都有對應的步驟、做法與說明文字，我們也可以理解它們屬於同一個群組。

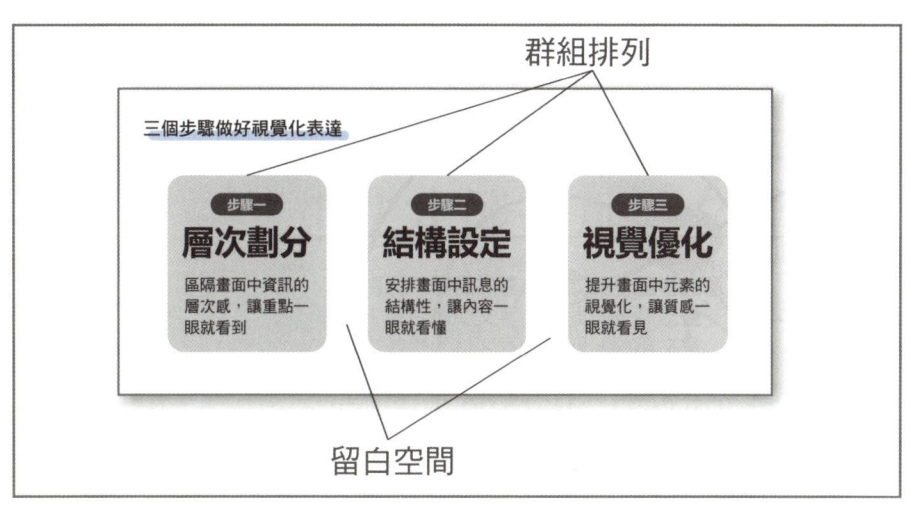

圖 3-43　藉由親密原則強調不同元素之間的關聯性

相對的，如果捨棄了親密原則，會使得資訊難以閱讀和理解；而錯誤的使用親密原則，比方說不當的間距留白，可能會誤導他人錯判了資訊之間的群組關係，造成理解上的混淆。當觀看對象困惑於為何文字要如此擺放時，注意力也被轉移了，更無法接收到你真正想要傳遞的訊息。

圖 3-44　忽略或不當使用親密原則會造成理解上的阻礙

總結來說，可以運用以下技巧來發揮親密的效果。

+ 技巧❶ 群組排列：將相關的數據或資訊靠近排列在一起，使它們在視覺上形成一個群組。
+ 技巧❷ 留白空間：在不同的群組之間留出足夠的空間，避免視覺上的混亂，幫助觀看對象更清晰的區分不同的群組。
+ 技巧❸ 風格一致：使用一致的顏色、形狀或樣式來強調相關元素之間的關聯性。
+ 技巧❹ 附加標籤：在相關的數據或資訊旁邊添加說明標籤，進一步強調它們之間的關聯性。

舉例來說，我在閱讀《五項修練的故事》（天下文化出版）之後製作了一張視覺化圖解，你能看出我運用了親密原則的哪些技巧嗎？

圖 3-45　運用親密原則來創造畫面資訊的易讀性

原則五：一致

一致，是指在畫面設計中保持元素的統一性和連貫性，以提升資訊

的可讀性和專業感。這包括使用相同的顏色、字體、圖標和布局風格，讓整體設計看起來協調一致。

視覺統一，可以確保所有視覺元素看起來協調，避免視覺上的混亂；透過一致的設計風格，也可以強化品牌識別，讓觀看對象更容易記住和識別品牌。對於一般的溝通討論或資訊視覺化，一致的設計元素可以幫助觀看對象更容易閱讀和理解資訊，減少認知負荷，提高訊息的可讀性。

總結來說，可以運用以下技巧來發揮一致的效果。

+ 技巧① 色彩方案一致：限制色彩的選擇並設定色彩代表的意義。
+ 技巧② 字型組合一致：選擇字型與對應的使用時機。
+ 技巧③ 圖像風格一致：圖片、圖示與圖像盡可能保持一致或風格接近。
+ 技巧④ 規格比例一致：畫面出現的元素大小比例維持固定組合。

比方說，我在撰寫這本書之前，就已經設定好色彩方案、字型組合、圖像風格與規格比例，所以你在閱讀這本書時，所看到的每一張圖片都會呈現出一致性。我也希望透過這樣的方式，讓你實際感受到相關技巧的運用。

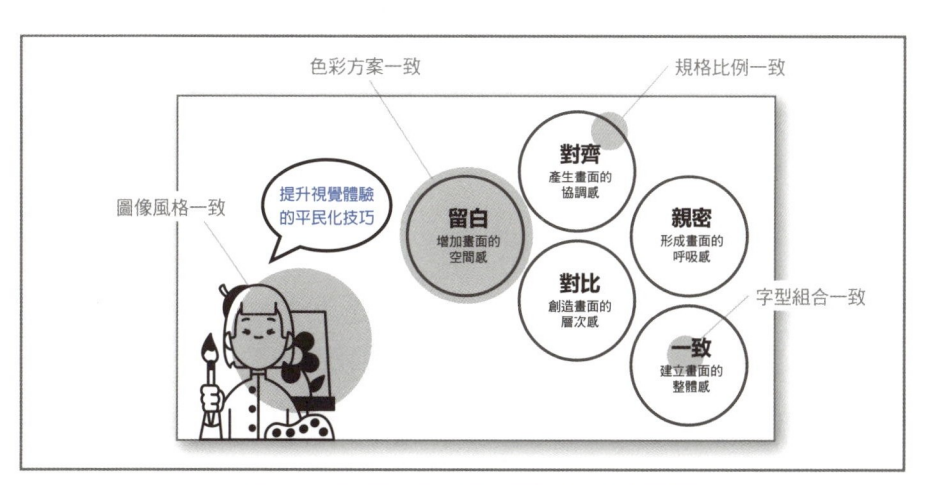

圖 3-46　運用一致原則建立畫面的整體感

有時當我們在畫面上使用圖示、圖片等，常常會出現風格迥異的情況。

圖 3-47　風格落差較大的圖示要如何整合在一個畫面中？

改善的做法之一，就是增添共同元素來創造一致性、消弭差異性，比方說將圖示調整成相近的大小、加上相同的色塊背景、框架，並將顏色調整成一致，藉此展現出風格，看起來更具一致性。

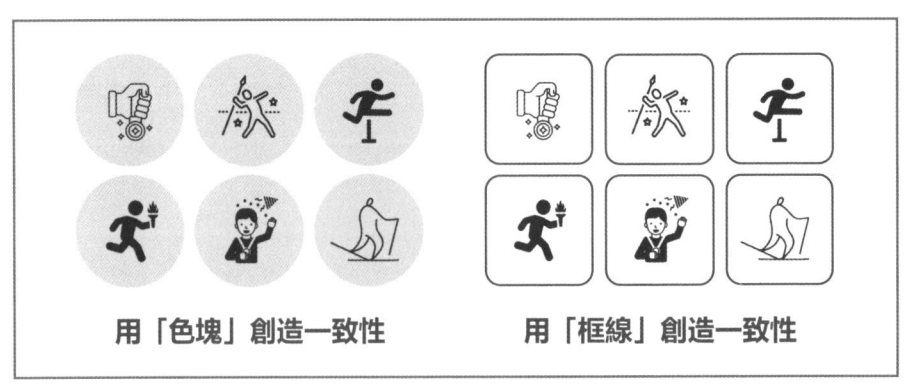

用「色塊」創造一致性　　用「框線」創造一致性

圖 3-48　利用共同元素來創造一致性

最後，讓我們回到這個章節一開始的案例，是如何進行「視覺優化」的呢？我只有簡單的將「層次劃分」中層次一的資訊以紅色來凸顯而已。

別忘了，視覺優化的本質是為了更容易被閱讀和理解，而不是為了美化。如果確認訊息傳達已經可以達到很好的成效，就不需要在「視覺優化」的步驟過度設計。

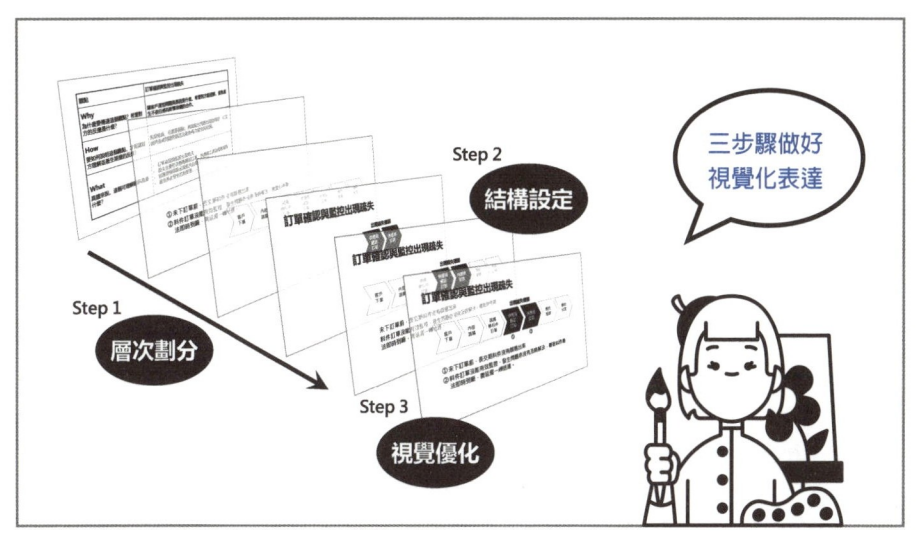

圖 3-49　透過三個步驟完成視覺化表達的結果

章節重點

- ✓ 視覺化表達的關鍵在於「有觀點、會表達」，而非僅僅是將訊息圖像化。
- ✓ 視覺化表達的三個步驟：層次劃分、結構設定、視覺優化。
- ✓ 層次劃分：區隔畫面中資訊的層次感，讓重點一眼就看到
  - 透過「降噪」來凸顯真正重要的訊息，包括線條粗細、形狀大小、明暗深淺的對比，都是常用的方式。
  - 利用「聚光燈」的效果來提高「部分區域」的層次重要性。
- ✓ 結構設定：安排畫面中訊息的結構性，讓內容一眼就看懂。
  - 空間規劃：畫面資訊呈現應井然有序，把握一個原則：格局方正。
  - 視線引導：訊息閱讀順序應符合視覺習慣；使用動畫、數字符號的順序、圖像等干擾因素可以打破視覺習慣。
  - 模式選擇：根據呈現的結構關係選擇合適的圖表或圖解模式。
- ✓ 視覺優化：提升畫面中元素的視覺化，讓質感一眼就看見。
  - 留白：增加空間感，提升可讀性和舒適感。
  - 對齊：產生協調感，引導視線，提升可讀性和美觀度。
  - 對比：創造層次感，強調重要資訊，提升視覺效果和可讀性。
  - 親密：形成呼吸感，將相關元素靠近排列，提升可讀性和理解性。
  - 一致：建立整體感，保持元素統一性，提升可讀性和專業感。

3-3
圖文的視覺化：
精簡、濃縮、好記憶

在這個資訊超載的時代，如何有效的傳達訊息，已成為一項重要的挑戰。

我們每天都會接觸到大量的資訊，包括社群上的文章、新聞懶人包，以及書籍的閱讀，再加上工作上的報告，你會如何整理與消化這些內容呢？我想多數人會採取摘要文字加上圖像的方式。

圖文的視覺化，可以說是運用最廣泛的形式。

一方面可以將複雜、大量的文字，轉化為簡單易懂、方便記憶的圖文形式；另一方面相較於圖表、圖解所需要的技巧也沒那麼多。很多時候，單純只是加粗或放大字體、畫上底線、增添色彩凸顯重點，或是加上一張圖片，就能提升整體的視覺性，降低理解的門檻。

不過，我們也看過這樣的圖文視覺化：

+ 整個畫面看起來五顏六色的，就像失控的調色盤。
+ 乍看之下好像圖文並茂，但仔細一看就會發現沒有重點。
+ 搭配的圖片或圖示讓人摸不著頭緒，不知道想要表達什麼。
+ 過度設計。

這都是因為沒能掌握圖文視覺化的重點，誤把視覺化當作目的，追

求畫面的視覺感、卻忽略了真正的目標是更清楚傳達訊息、被對方理解。

我認為有效的圖文視覺化應該是：**先追求文字精簡，再透過圖像將訊息濃縮。**

舉例來說，這是一段「脈絡梳理」後整理出的文字。

在現代社會中，健康飲食變得愈來愈重要。

隨著生活節奏的加快和工作壓力的增加，人們往往忽略了飲食的重要性。健康飲食不僅能夠提供身體所需的營養，還能夠提高免疫力，預防各種疾病。健康飲食的基本原則包括多吃富含維生素和礦物質的蔬菜與水果、適量攝取蛋白質（選擇瘦肉、魚類和豆類）、避免過多的糖分和脂肪，以及保持均衡的飲食結構。透過遵循這些原則，人們可以保持良好的健康狀態，提升生活品質。

圖 3-50　如何將這段文字內容進行視覺化表達？

然後，透過層次劃分、結構設定與視覺優化三個步驟來進行視覺化表達。

層次劃分：
區隔出資訊的重要性

文字內容的層次劃分，主要有兩種方式：
+ 由上往下的先提取關鍵訊息，再往下整理出對應的資訊。
+ 從下而上的拆文成段、拆段成條，再歸納出關鍵訊息。

第一種方式，適用於能明顯看出關鍵訊息的文字內容。

像這裡的文字內容能看出兩個關鍵訊息：健康飲食的重要性、健康飲食的基本原則。

在現代社會中,健康飲食變得愈來愈重要。　　　　　　健康飲食的重要性

隨著生活節奏的加快和工作壓力的增加,人們往往忽略了飲食的重要性。健康飲食不僅能夠提供身體所需的營養,還能夠提高免疫力,預防各種疾病。健康飲食的基本原則包括多吃富含維生素和礦物質的蔬菜與水果、適量攝取蛋白質(選擇瘦肉、魚類和豆類)、避免過多的糖分和脂肪,以及保持均衡的飲食結構。透過遵循這些原則,人們可以保持良好的健康狀態,提升生活品質。

健康飲食的基本原則

圖 3-51　文字內容中明顯可看出有兩個關鍵訊息

根據這兩個關鍵訊息,我們可以重新整理對應的內容與資訊層次。

+ 層次一:健康飲食的重要性、健康飲食的基本原則。
+ 層次二:對應層次一的資訊、其他資訊。

在現代社會中,健康飲食變得愈來愈重要。
隨著生活節奏的加快和工作壓力的增加,人們往往忽略了飲食的重要性。

健康飲食的重要性——健康飲食不僅能夠提供身體所需的營養,還能夠提高免疫力,預防各種疾病。

健康飲食的基本原則——健康飲食的基本原則包括多吃富含維生素和礦物質的蔬菜與水果、適量攝取蛋白質(選擇瘦肉、魚類和豆類)、避免過多的糖分和脂肪,以及保持均衡的飲食結構。

透過遵循這些原則,人們可以保持良好的健康狀態,提升生活品質。

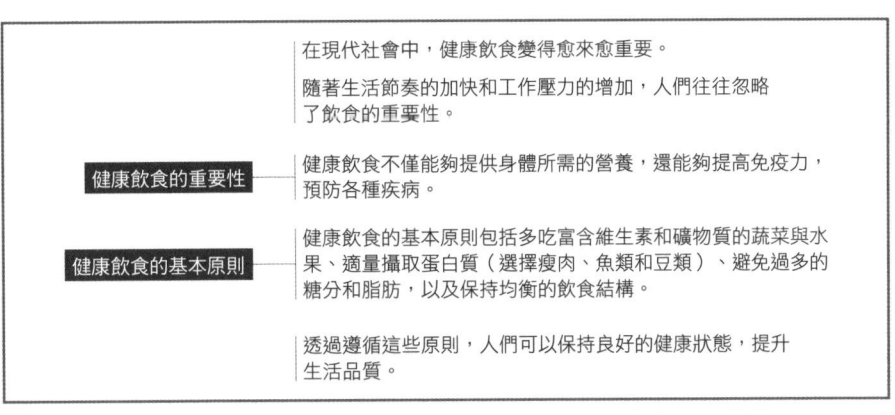

圖 3-52　提取關鍵訊息,重新整理對應的內容與資訊層次

接下來,檢視層次二中的資訊,是否還能繼續提取關鍵訊息?我們發現對應「健康飲食的重要性」與「健康飲食的基本原則」的資訊,還可以進一步提取出關鍵訊息。

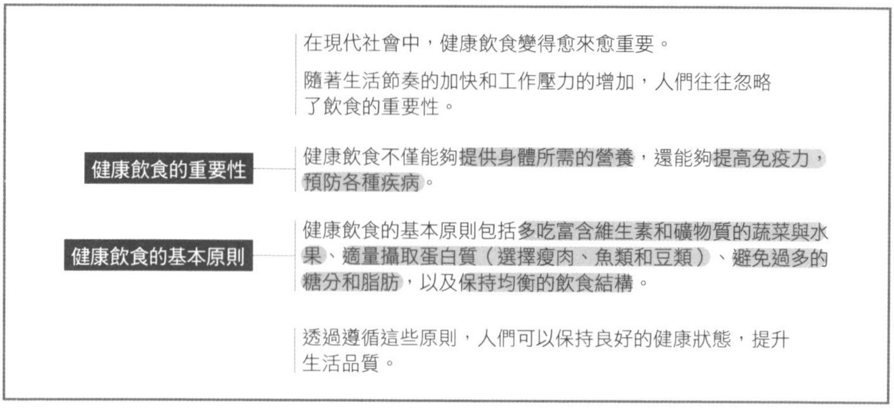

```
┌─────────────────────────────────────────────────────────────┐
│                    │在現代社會中，健康飲食變得愈來愈重要。      │
│                    │                                          │
│                    │隨著生活節奏的加快和工作壓力的增加，人們往往忽略│
│                    │了飲食的重要性。                           │
│                    │                                          │
│   健康飲食的重要性  │健康飲食不僅能夠**提供身體所需的營養**，還能夠**提高免疫力**，│
│                    │**預防各種疾病**。                        │
│                    │                                          │
│   健康飲食的基本原則│健康飲食的基本原則包括**多吃富含維生素和礦物質的蔬菜與水**│
│                    │**果**、**適量攝取蛋白質（選擇瘦肉、魚類和豆類）**、**避免過多的**│
│                    │**糖分和脂肪**，以及**保持均衡的飲食結構**。│
│                    │                                          │
│                    │透過遵循這些原則，人們可以保持良好的健康狀態，提升│
│                    │生活品質。                                 │
└─────────────────────────────────────────────────────────────┘
```

圖 3-53　進一步提取層次二中的關鍵訊息，再次整理對應的內容與資訊層次

我們再次重新整理對應的內容與資訊層次。

+ 層次一：健康飲食的重要性、健康飲食的基本原則。
+ 層次二：提供營養、提高免疫力；多吃蔬果、適量蛋白質、少糖少脂肪、均衡飲食。
+ 層次三：對應層次二的資訊、其他資訊。

這時候，層次劃分的過程已經完成得差不多了。

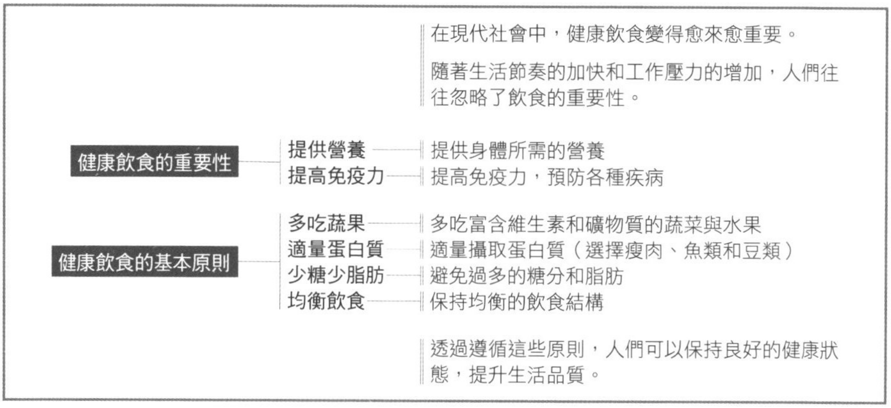

```
┌─────────────────────────────────────────────────────────────┐
│                    │            │在現代社會中，健康飲食變得愈來愈重要。│
│                    │            │                                  │
│                    │            │隨著生活節奏的加快和工作壓力的增加，人們往│
│                    │            │往忽略了飲食的重要性。              │
│                    │            │                                  │
│   健康飲食的重要性  │提供營養    │提供身體所需的營養                  │
│                    │提高免疫力  │提高免疫力，預防各種疾病            │
│                    │            │                                  │
│                    │多吃蔬果    │多吃富含維生素和礦物質的蔬菜與水果   │
│   健康飲食的基本原則│適量蛋白質  │適量攝取蛋白質（選擇瘦肉、魚類和豆類）│
│                    │少糖少脂肪  │避免過多的糖分和脂肪                │
│                    │均衡飲食    │保持均衡的飲食結構                  │
│                    │            │                                  │
│                    │            │透過遵循這些原則，人們可以保持良好的健康狀│
│                    │            │態，提升生活品質。                  │
└─────────────────────────────────────────────────────────────┘
```

圖 3-54　完成層次劃分後的資訊內容

你可能會問，其他資訊部分難道不需要進行關鍵訊息的提取嗎？

當然可以。比方說，在第一段文字內容中還可以提取出「生活節奏、工作壓力」是造成人們忽略飲食重要性的主因。但是，這是你想要傳達的核心觀點嗎？相較於已經提取出的「健康飲食的重要性、基本原則」等關鍵訊息，這會是同等重要的嗎？

我想你可以思考這麼做的必要性，然後做出自己的取捨。這沒有對錯，但可能會影響到視覺化表達的成效，取決於你的目的和對象。

不過，我可以給你一個評估的參考原則，問問自己：拿掉這些資訊會損失什麼？會影響你預期要達成的目的嗎？

我想你的心中或許就有了答案。

這就是「層次劃分」的第一種方式，透過提取關鍵訊息的做法，將資訊內容依序拆分為不同層次，通常適用於能明顯看出關鍵訊息的文字內容。

如果文字內容不容易看出關鍵訊息呢？那麼我們可以採取第二種方式，從下而上的將文章拆解成段落、段落拆解成條列，然後再歸納出關鍵訊息。

同一個案例，我們可以先將文字內容根據語意拆解為以下幾個段落：

- 在現代社會中,健康飲食變得愈來愈重要。
- 隨著生活節奏的加快和工作壓力的增加,人們往往忽略了飲食的重要性。
- 健康飲食不僅能夠提供身體所需的營養,還能夠提高免疫力,預防各種疾病。
- 健康飲食的基本原則,包括多吃富含維生素和礦物質的蔬菜與水果、適量攝取蛋白質(選擇瘦肉、魚類和豆類)、避免過多的糖分和脂肪,以及保持均衡的飲食結構。
- 透過遵循這些原則,人們可以保持良好的健康狀態,提升生活品質。

圖 3-55　將文字內容根據語意拆解為段落

然後再將每個段落,根據語意拆解為條列。

檢視這些段落與條列,歸納出「健康飲食的重要性」和「健康飲食的基本原則」這兩個關鍵訊息。

- 在現代社會中,健康飲食變得愈來愈重要。
- 隨著生活節奏的加快和工作壓力的增加,人們往往忽略了飲食的重要性。
- 健康飲食不僅能夠
  — 提供身體所需的營養
  — 還能夠提高免疫力,預防各種疾病 ┤ 健康飲食的重要性
- 健康飲食的基本原則包括
  — 多吃富含維生素和礦物質的蔬菜與水果
  — 適量攝取蛋白質(選擇瘦肉、魚類和豆類) ┤ 健康飲食的基本原則
  — 避免過多的糖分和脂肪
  — 保持均衡的飲食結構
- 透過遵循這些原則,人們可以保持良好的健康狀態,提升生活品質。

圖 3-56　針對拆解出的段落與條列,進行關鍵訊息的歸納

這裡介紹的兩種方式,都可以幫助你完成「層次劃分」的步驟。

第一種方式，由上往下的提取關鍵訊息，對於文字內容能明顯看出重點、或是擅長抓重點的高手來說，是個有效率的便捷方式。第二種方式，從下而上的拆解段落與條列，再歸納關鍵訊息，雖然花費的時間可能較多，但有時也更能展現出個人的獨特觀點。

　　如果可以，我會建議兩種方式都要掌握起來。

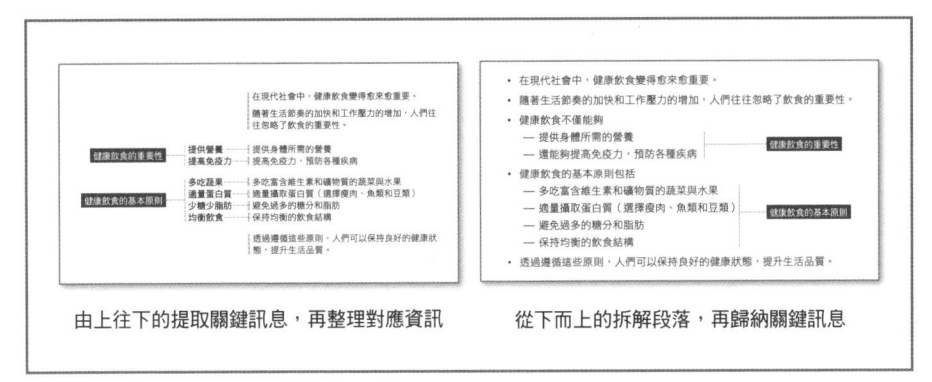

圖 3-57　層次劃分的兩種做法：提取與歸納

　　層次劃分的目的，是確認哪些訊息需要呈現在視覺化表達中？比方說，只保留關鍵訊息，加上必要的輔助資訊，達到「精簡」文字的效果。或者是藉由圖片或圖示來取代文字訊息，達到「濃縮」訊息的效果。

　　具體來說，可以這麼做：

+ 刪除冗餘：去掉重複和不必要的細節，保留最重要的部分。
+ 保留重點：確認關鍵訊息，只保留相關的敘述文字。
+ 簡化詞彙：使用簡潔易懂的詞彙換句話說。

> **健康飲食的重要性**
> 健康飲食能提供營養、提高免疫力，預防疾病
>
> **健康飲食的基本原則**
> - 多吃蔬果：蔬果富含維生素和礦物質
> - 適量蛋白質：選擇瘦肉、魚類和豆類
> - 少糖少脂肪：避免高糖和高脂肪食物
> - 均衡飲食：確保各類營養均衡攝取

圖 3-58　精簡文字後的資訊內容

結構設定：
安排訊息的結構性

畫面中的結構設定，包括空間規劃、視線引導與模式選擇三個部分。

比方說，我想了兩種結構設定：

+ 結構設定一：上下兩個區塊、由上而下觀看。
+ 結構設定二：左右兩個區塊、從左到右觀看。

> 健康飲食能提供營養、提高免疫力，預防疾病
>
> 健康飲食的基本原則：
> - 多吃蔬果：蔬果富含維生素和礦物質
> - 適量蛋白質：選擇瘦肉、魚類和豆類
> - 少糖少脂肪：避免高糖和高脂肪食物
> - 均衡飲食：確保各類營養均衡攝取

圖 3-59　結構設定一的展現方式

健康飲食能提供營養、提高免疫力，預防疾病

健康飲食的基本原則：
- 多吃蔬果：蔬果富含維生素和礦物質
- 適量蛋白質：選擇瘦肉、魚類和豆類
- 少糖少脂肪：避免高糖和高脂肪食物
- 均衡飲食：確保各類營養均衡攝取

圖 3-60　結構設定二的展現方式

看起來兩個區塊的資訊量有些失衡，我想藉由圖示來取代文字濃縮訊息，讓觀看對象更容易理解。同時在第二種結構設定中，採用矩陣表格的模式來展現健康飲食的四個基本原則。

健康飲食能提供營養、提高免疫力，預防疾病

多吃蔬果	適量蛋白質	少糖少脂肪	均衡飲食
蔬果富含維生素和礦物質	選擇瘦肉、魚類和豆類	避免高糖和高脂肪食物	確保各類營養均衡攝取

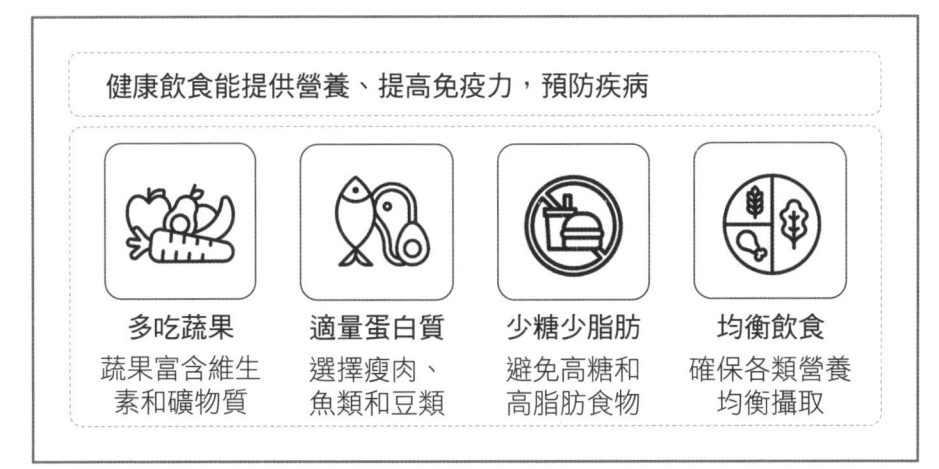

圖 3-61　結構設定一運用圖示來濃縮訊息的結果

健康飲食能提供營養、提高免疫力，預防疾病	多吃蔬果 蔬果富含維生素和礦物質	適量蛋白質 選擇瘦肉、魚類和豆類
	少糖少脂肪 避免高糖和高脂肪食物	均衡飲食 確保各類營養均衡攝取

圖 3-62　結構設定二運用圖示來濃縮訊息的結果

現在，我們已經完成了結構設定的步驟，也已經能看出視覺化表達的雛型了。

視覺優化：提升畫面的質感

運用留白、對齊、對比、親密和一致等視覺化原則，來對畫面進行調整。

比方說，我對第一個視覺化表達的成果，進行了以下調整：

+ 保持上、下方的留白空間。
+ 加粗、放大「健康飲食的重要性」與四個「基本原則」的字體，採用綠色來呼應健康的印象。
+ 縮小對應「基本原則」的說明文字，並採用灰色來弱化存在感。
+ 圖示的部分，也採用灰色來弱化來發揮輔助作用。
+ 確保畫面中相同層次的元素均對齊。

圖 3-63　第一種視覺優化後的成果

我對第二個視覺化表達的成果，則是進行以下調整：
+ 右邊區塊採用綠色背景來創造反差對比。
+ 加粗、放大「健康飲食的重要性」的文字敘述。
+ 右邊區塊中的圖示與文字採用白色來凸顯辨識度，同時放大、加粗代表四個「基本原則」的關鍵字，縮小、弱化輔助的說明文字。

圖 3-64　第二種視覺優化後的成果

以上就是圖文的視覺化案例。

第 3 章　打開黑盒子的第二把鑰匙：視覺化表達　213

現在你應該更能明白，為什麼我會說有效的圖文視覺化應該是：**先追求文字精簡，再透過圖像將訊息濃縮**。

冗長的文字內容，會降低觀看對象的理解和閱讀意願；但如果僅有圖像而沒有任何文字，也可能造成對方在理解上的困難，或是需要補充說明更多文字內容才能明白，反而是本末倒置。

別忘了視覺化的目的，是為了讓觀看對象更容易閱讀和理解。

如何善用「圖像好理解、文字好記憶」的特性，在畫面上維持文字與圖像的平衡度，沒有標準的規則，只能靠經驗的累積和嘗試。

章節重點

- ✓ 有效的圖文視覺化：先追求文字精簡，再透過圖像將訊息濃縮。
- ✓ 圖文視覺化的做法，根據「脈絡梳理」後的文字內容，透過「層次劃分、結構設定與視覺優化」三個步驟來進行視覺化表達。
- ✓ 層次劃分，是為了區隔出資訊的重要性，有兩種做法
  - 做法一：由上往下的先提取關鍵訊息，再往下整理出對應的資訊。
  - 做法二：從下而上的拆文成段、拆段成條，再歸納出關鍵訊息。
  - 過程中可以透過刪除冗餘、保留重點、簡化詞彙來達到「精簡」文字的效果；或者是藉由圖片或圖示來取代文字訊息，達到「濃縮」訊息的效果。
- ✓ 結構設定，是為了安排訊息的結構性，包含空間規劃、視線引導和模式選擇，並可運用圖示濃縮訊息。
- ✓ 視覺優化，是為了提升畫面的質感，可使用留白、對齊、對比、親密和一致等原則提升畫面質感。有效的圖文視覺化應保持文字與圖像的平衡，兼顧易理解和易記憶的特性。

3-4
圖表的視覺化：
用數據說一個好故事

圖表，是一個有趣的工具。

它既可以做為「思考分析」的工具，也可以是「表達觀點」的工具。如果沒有搞清楚兩者的差別，就可能導致失敗的圖表展現，不僅沒能傳達訊息、更可能造成誤解。

這是怎麼一回事呢？我們先來看看「圖表」在視覺化的過程中扮演了什麼樣的角色？

當我們將想法轉化為觀點的過程中，需要蒐集數據進行分析來獲得訊息，並從訊息中洞察出有價值的見解並形成觀點。這時候，圖表扮演了一個重要的思考分析工具，讓我們得以透過視覺化的方式，更容易從數據中發現有用的訊息。

比方說，相較於表格的銷售業績數字，藉由圖表展現更容易看出業績的變化趨勢（圖 3-65）。

與此同時，我們也發現了一個異常的訊息：某個月份的業績表現顯然有些不同。究竟發生了什麼事？銷售單位的同仁在釐清原因之後，做出了以下的解釋：

「這個異常表現是因為產品 B 在前兩個月由於零件短缺未能出貨，

所以延遲至該月份一起出貨,也導致銷售業績有暴衝的表現。」

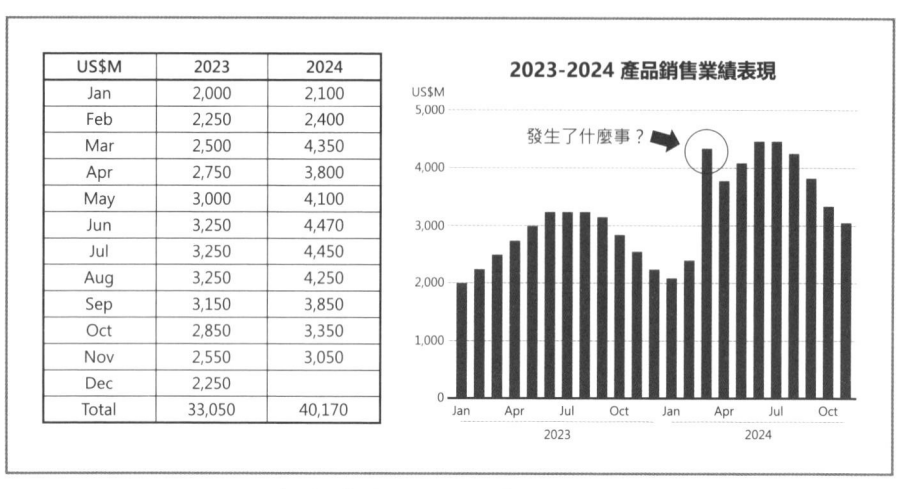

US$M	2023	2024
Jan	2,000	2,100
Feb	2,250	2,400
Mar	2,500	4,350
Apr	2,750	3,800
May	3,000	4,100
Jun	3,250	4,470
Jul	3,250	4,450
Aug	3,250	4,250
Sep	3,150	3,850
Oct	2,850	3,350
Nov	2,550	3,050
Dec	2,250	
Total	33,050	40,170

圖 3-65　透過視覺化的圖表更容易看出數據中的訊息

　　觀看報告的主管們一頭霧水。

　　因為他們無法從這張圖表或數據表格中,看見任何關於與說明有關的資訊。於是主管請銷售單位的同仁再多做說明,然後在畫面上又展現了另一張圖(圖 3-66)。

　　「喔,各位主管可以從這張圖中看見不同產品的銷售業績表現。其中產品 B 在今年頭兩個月由於零件短缺,因此延遲到三月份一起出貨,導致業績表現有暴衝現象。」

　　幾位主管若有所思,表示這張圖未能看見指出的問題和原因,並指示銷售單位的同仁能否用其他更清楚的圖表來說明。

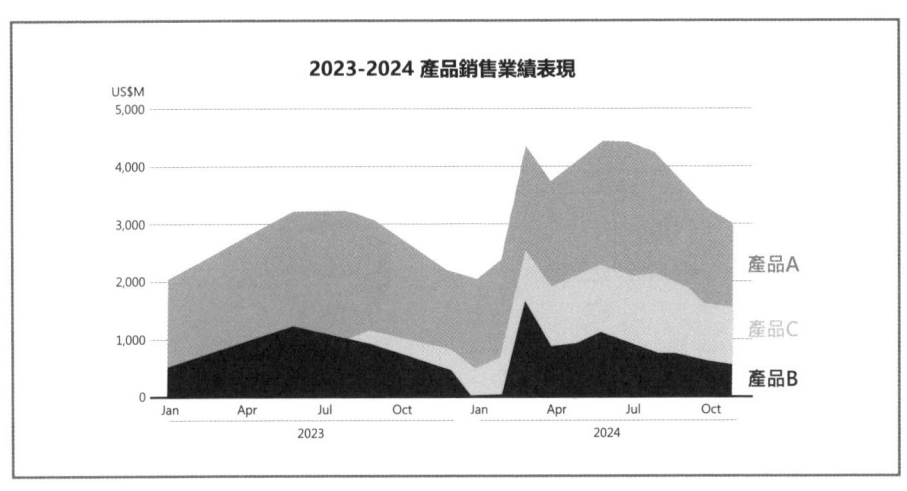

圖 3-66　藉由堆疊區域圖來解釋造成異常訊息的原因

於是銷售單位的同仁又急忙找了另一張圖來呈現（圖 3-67）。

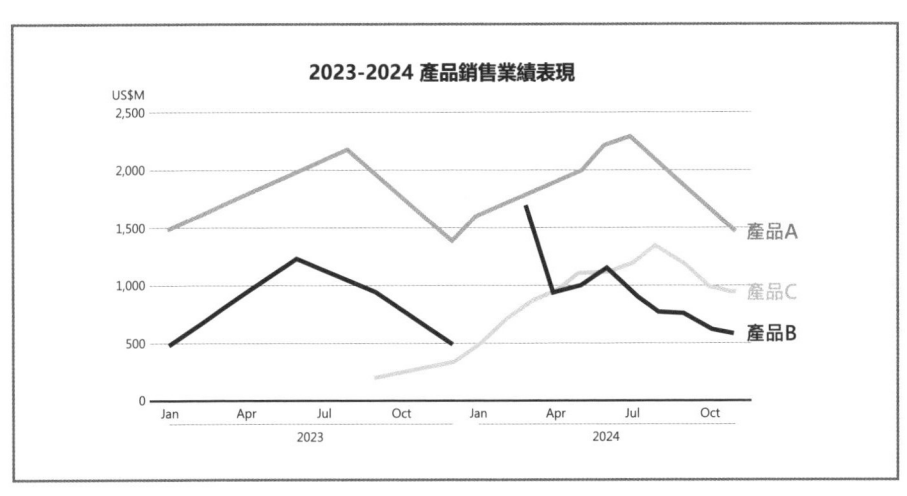

圖 3-67　使用折線圖展現不同產品的銷售業績表現

「這張圖清楚多了，但還是無法很直覺的看出你們說的問題造成的影響有多大。可以看看具體的數據表格嗎？」

不過當同仁展現出數據表格之後，主管們看著畫面尋思了一會兒，就示意報告往下繼續。顯然數據表格未能呈現出更清楚的訊息，但主管們也不願再花費更多時間在這個問題上，於是這個問題就在一番問答中被帶過了。

	A	B	C	Total
2023/01	1,500	500	0	2,000
2023/02	1,600	650	0	2,250
2023/03	1,700	800	0	2,500
2023/04	1,800	950	0	2,750
2023/05	1,900	1,100	0	3,000
2023/06	2,000	1,250	0	3,250
2023/07	2,100	1,150	0	3,250
2023/08	2,200	1,050	0	3,250
2023/09	2,000	950	200	3,150
2023/10	1,800	800	250	2,850
2023/11	1,600	650	300	2,550
2023/12	1,400	500	350	2,250
2024/01	1,600	0	500	2,100
2024/02	1,700	0	700	2,400
2024/03	1,800	1,700	850	4,350
2024/04	1,900	950	950	3,800
2024/05	2,000	1,000	1,100	4,100
2024/06	2,200	1,150	1,120	4,470
2024/07	2,300	950	1,200	4,450
2024/08	2,100	800	1,350	4,250
2024/09	1,900	750	1,200	3,850
2024/10	1,700	650	1,000	3,350
2024/11	1,500	600	950	3,050

圖 3-68　未經整理過的數據表格不是個理想的資訊呈現方式

不知道你對於這樣的場景是否熟悉？又是否能察覺為什麼會造成這樣的結果？讓我來告訴你發生什麼狀況。

別用思考的方式來表達！
圖表視覺化的兩個卡關瓶頸

在剛剛的案例中，銷售單位的同仁直接拿「分析思考」的圖表來進行報告。

雖然有對圖表中異常的訊息做出了分析與說明，但由於說明的內容與圖表並沒有對照關係，因此不容易直覺的理解。這就是多數人在進行圖表視覺化的過程中，最容易踩到的第一個陷阱：**將思考分析過程中的圖表，直接用來表達觀點**。

對於製作圖表或報告的人來說，因為清楚背後的分析脈絡，所以覺得用圖表展現異常訊息，加上口頭說明造成異常的原因，是再合理不過了。但他們忽略了一件事：對於觀看或聽取報告的對象來說，並沒有參與思考分析的過程，也可能對數據背景缺乏足夠的了解。

在這種情況下，接收到的是碎片化的資訊，而且無法串連在一起。

當你所陳述的觀點，無法在圖表中看見「對應的訊息」或是「支持的佐證」時，這個溝通註定就是失敗的。

懂得這個道理的人，會避免用思考的方式來表達。他們不會直接拿思考分析過程中所產出的圖表來表達自己的觀點；而是在歸納整合出觀點後，重新思考該使用什麼圖表才能更清楚的展現出他們的觀點？

只不過，這麼做也可能踩到圖表視覺化的第二個陷阱：**選擇了錯誤或不當的圖表展現方式**。

這兩個陷阱，就是多數人在進行圖表視覺化時所遇到的卡關瓶頸。

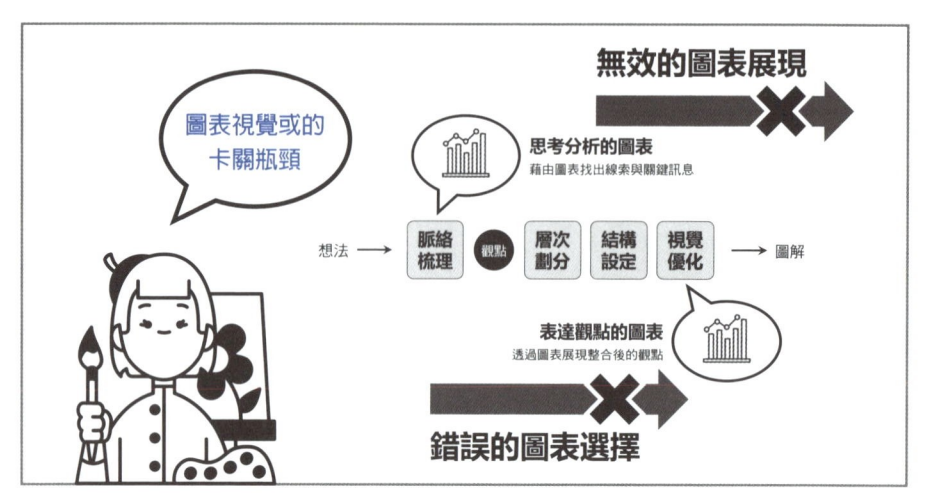

圖 3-69　圖表視覺化的兩個卡關瓶頸

　　讓我們重新梳理剛剛的案例。銷售單位的同仁想表達的觀點是什麼呢？

+ 今年整體的銷售業績表現比去年好。
+ 在三月份出現業績暴衝的現象，是由於產品 B 在今年一、二月零件短缺，因此延遲到三月份一起出貨所導致的。

　　如果要讓主管們清楚的理解並認同這些觀點，我們需要一張圖表來展現個別產品的銷售業績表現，又能看到產品 B 對於整體銷售業績的影響。那麼，什麼樣的圖表最合適呢？

　　「趨勢加上比較，使用堆疊區域圖再合適不過了！」

　　等等，剛才的案例中銷售單位的同仁不就是使用堆疊區域圖嗎？可是效果並不好啊。

　　這是因為堆疊的順序不對，所以導致圖表無法展現我們所期望的效果。如果我們換個方式，將產品 B 的堆疊順序挪到最上方會發生什麼事呢（見圖 3-70）？

　　你會發現產品 B 的異常訊息，不會干擾到其他產品的表現。這就是

我們在使用堆疊區域圖的一個經驗法則：將穩健表現的堆疊在下方，或是將異常變化的堆疊在上方。

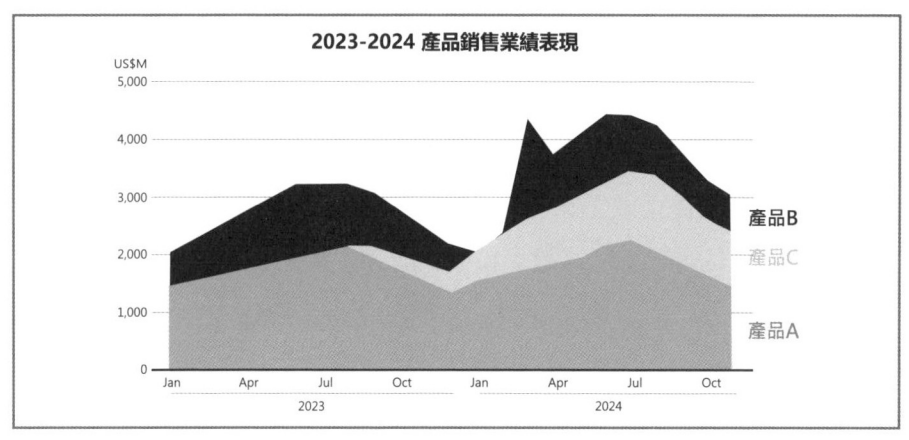

圖 3-70　調整數據堆疊的順序讓關鍵訊息更清晰展現

不過，我們可以再進行一些視覺優化，讓想傳達的訊息更加清楚。將產品 B 三月份的銷售業績還原出一、二月的業績表現，並用一條虛線表示。如此一來，既能看到今年整體銷售業績優於去年表現，也能看到產品 B 帶來的影響。

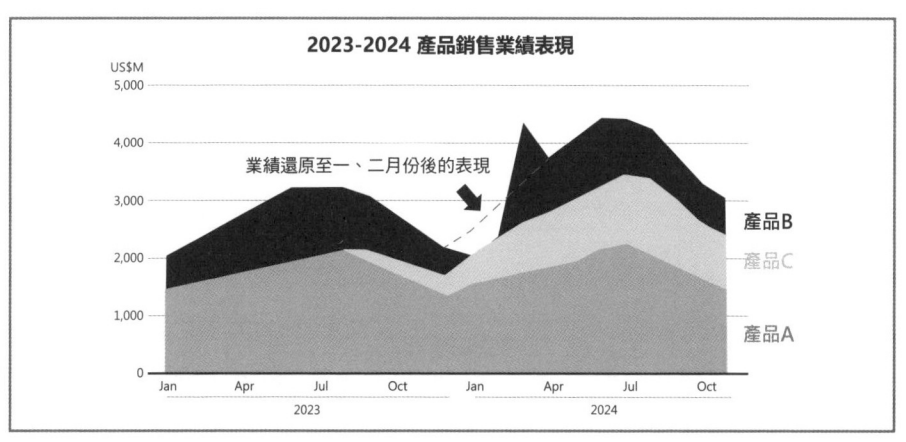

圖 3-71　進行視覺優化後更能完整展現出想表達的觀點

做好圖表視覺化的挑戰

圖表視覺化，我們要解決的包括「說什麼」和「如何說」兩個問題。

+ 說什麼，取決於我們從數據中發現哪些訊息？

要回應這個課題，除了透過數據分析得到結果之外，我們也可以藉由圖表的視覺化效果來找出線索與關鍵訊息。然後，再將分析結果、線索與關鍵訊息透過「結構化思考」整合為我們要表達的觀點與故事線。

+ 如何說，取決於要展現哪些訊息？用何種方式展現訊息？以及如何讓訊息更好被理解？

藉由整合出的觀點與故事線，我們可以利用「視覺化表達」的三個步驟（**層次劃分、結構設定、視覺優化**）來回應這三個課題。

圖 3-72　做好圖表視覺化的四個關鍵課題

關於第一個課題，在數據中發現哪些訊息？視目的、數據類型與分析手法的差異而有不同的做法，也是一門專業領域，不是本書所要談及的範疇，建議可以參考相關書籍或課程。

這裡我會帶大家練習，如何從思考分析的過程整理出觀點與故事線，以及如何透過「視覺化表達」的三個步驟做出表達觀點的圖表，包括如何界定出圖表訊息的層次？如何進行結構設定挑選合適的圖表類型來展現訊息？如何視覺優化讓訊息更好被理解？

脈絡梳理：
從思考分析的過程整理出觀點與故事線

透過數據進行思考分析的過程，可以簡單分為四個步驟：

一、數據：數據的蒐集、整合與分析。

二、訊息：從分析結果中發現關鍵訊息。

三、見解：將關鍵訊息整合為有價值的見解。

四、結論：根據見解提出帶有觀點的結論。

而鋪陳觀點與故事線的順序，正好與思考分析的過程是相反的順序。也就是：

一、提出「結論」。

二、說明支持結論的「見解」。

三、展現可以佐證見解的「關鍵訊息」。

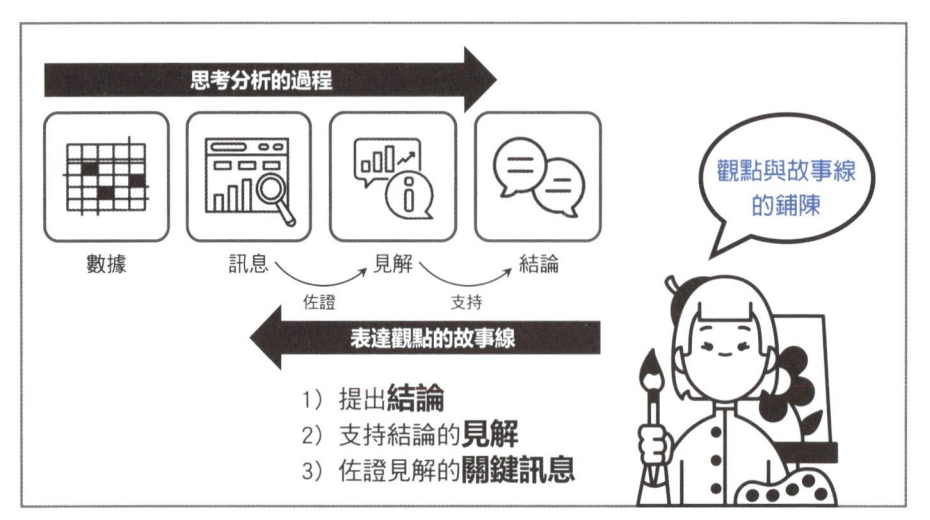

圖 3-73 鋪陳觀點與故事線的順序，與思考分析的過程相反

比方說，前面銷售業績表現的案例，該如何鋪陳觀點與故事線？

一、提出「結論」
+ 今年三月份出現的業績異常現象，是產品 B 一、二月業績延遲到三月的結果。
+ 今年銷售業績表現穩健，整體普遍較去年提升。

二、說明支持結論的「見解」
+ 產品B在今年一、二月沒有銷售業績表現，是由於零件短缺所致。
+ 產品 B 將三月份業績表現還原出一、二月的業績，可以看出今年整體業績相較於去年呈現出較佳的表現。

三、展現能佐證見解的「關鍵訊息」
+ 如何用圖表展現，讓人一看就能理解？

其中結論與見解就是我們的故事線，而基於這個故事線如何透過圖表來展現關鍵訊息，則是下一步「視覺化表達」所要完成的課題。

層次劃分：
界定出關鍵訊息被看見的優先順序

在畫面上需要能展現關鍵訊息的圖表，也許是一張、也可能分為兩張；此外，還要說明我們的結論與見解。在層次上的劃分可以是這樣的安排：

+ **層次一：帶有結論的標題；圖表**
  - 銷售業績表現穩健，整體普遍較去年提升。
+ **層次二：圖表中對應關鍵訊息的部分**
  - 今年三月份出現的業績異常現象，是產品 B 一、二月業績延遲到三月的結果。
+ **層次三：支持結論的見解說明文字**
  - 產品 B 在今年一、二月沒有銷售業績表現，是由於零件短缺所致。
  - 產品 B 將三月份業績表現還原出一、二月的業績，可以看出今年整體業績相較於去年呈現出較佳的表現。

我們希望觀看對象在畫面上第一眼看到的是顯著的標題帶出結論，然後關注到圖表上的關鍵訊息，最後是口頭說明支持結論的見解；如果沒有機會說明，則是透過書面報告上的見解說明文字來讓對方理解為何會得出這樣的結論。

結構設定：
透過「點線面」原則選擇合適的圖表類型

在結構設定的步驟，主要有三個原則：空間規劃、視線引導和模式選擇。

前兩者原則不難搞定，參考前面的說明即可。這裡空間規劃主要考

量到「層次一」的資訊，包括帶有結論的標題、圖表，所以採用上、下兩個資訊區塊的設計；而視線引導則是從上到下、由左至右，符合視線習慣的基本設定。

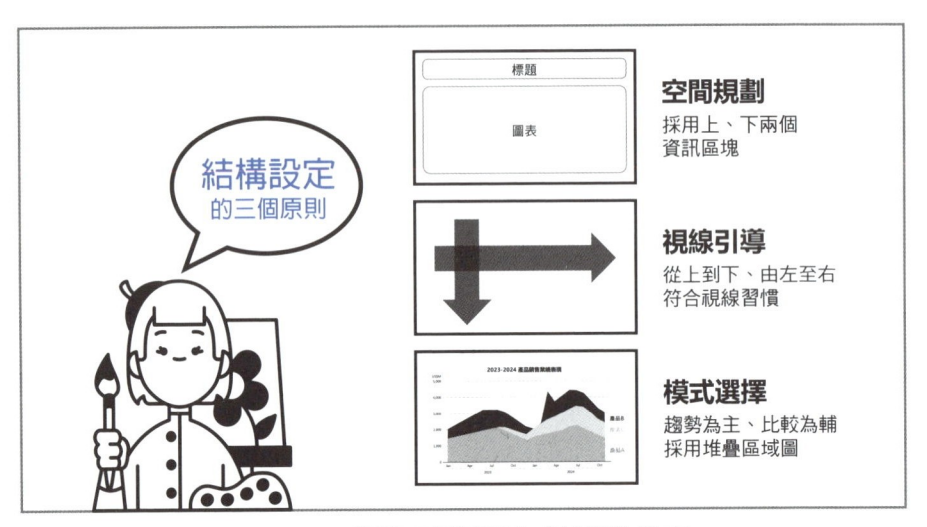

圖 3-74　依據三個原則完成結構的設定

圖表視覺化在結構設定最大的挑戰，在於模式選擇，也就是該選擇哪一種圖表類型來展現關鍵訊息？

而衡量圖表是否合適的重要標準，不是自己或他人能多快看出關鍵訊息，而是把數據畫成圖表後，是否能看出原本不容易看到、甚至是根本看不出來的訊息？

比方說，在這裡原本的數據表格，不容易看出產品 B 在今年三月份銷售業績暴衝的情況，更無法看見當產品 B 這個月份的業績還原至前面兩個月份之後，整體銷售業績就會呈現穩健的表現，因此這個圖表能成功地展現出我們希望傳達的關鍵訊息。

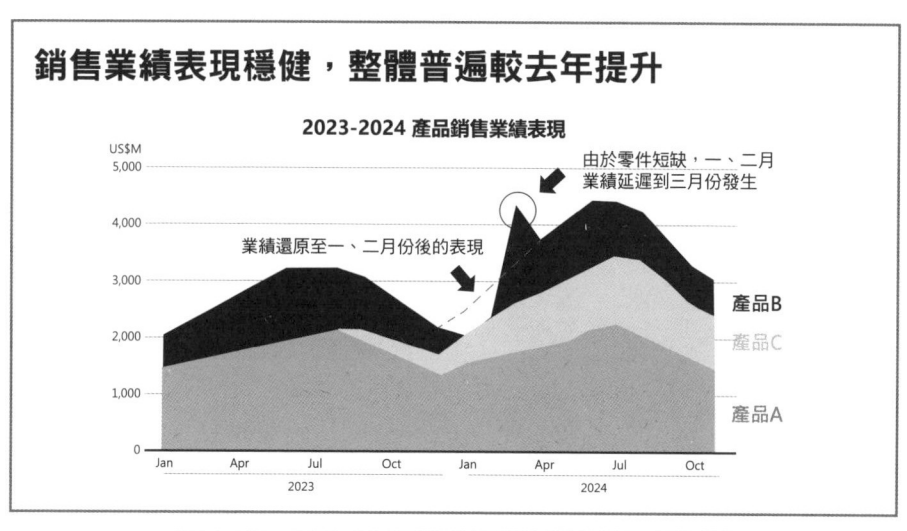

圖 3-75　採用合適的圖表能讓關鍵訊息一目了然

　　那麼為什麼這裡會選擇「堆疊區域圖」呢？

　　這是因為我們在關鍵訊息中希望傳達「趨勢」變化，也想展現出不同產品的「表現比較」結果，所以根據圖表類型的挑選原則，我認為採用堆疊區域圖是最合適的。而當圖表繪製出來之後也證實了這一點。

　　這也是我想告訴你的兩件事：

1. 適合的圖表類型可以依據「點線面」原則來挑選。
2. 但合適與否，必須等到圖表繪製出來才能做判斷。

　　什麼是圖表類型挑選的「點線面」原則？這是我結合多年經驗歸納出來的一套原則（在 3-2 也提過這套原則），可以藉由「目的」來找出適合的圖表類型。

+ 展現數據的「關聯」就使用散布圖、泡泡圖這些圖表
+ 展現數據的「趨勢」變化就使用折線圖、堆疊區域圖這些圖表
+ 展現數據的「表現比較」就使用斜線圖、長條圖、雷達圖這些圖表
+ 展現數據的「組成比例」就使用圓餅圖、圓環圖、百分比堆疊長條

圖、百分比堆疊區域圖這些圖表

之所以用「點線面」原則稱之，就是根據對應圖表的特徵：點狀、線條和面積，讓你更方便記憶。

圖 3-76　圖表類型選擇的點線面原則

舉體來說，有些圖表兼具兩種以上的功能，比方說「堆疊區域圖」主要用於表現長期的「趨勢」變化，但也可以做為「表現比較」之用，屬於複合式功能的圖表。像這裡的案例就是需要同時展現「趨勢」和「表現比較」的訊息，因此採用堆疊區域圖是再合適不過了。

其他還可以納入「限制條件」來選擇合適的圖表，比方說散布圖適用於展現二維數據之間的關聯性；若是三維數據之間的關聯性，則可以採用泡泡圖來展現。

圖表類型	限制條件	目的			
		點	線	面	
		關聯	趨勢	表現比較	組成比例
散布圖	二維數據	○			
泡泡圖	三維數據	○			
折線圖			○		
堆疊區域圖			○	√	
斜線圖	時間截面		√	○	
長條圖	基底為零		√	○	
雷達圖	量化指標			○	
圓餅圖					○
圓環圖					○
百分比堆疊長條圖					○
百分比堆疊區域圖					○

對應目的和限制條件的**圖表類型檢索表**

圖 3-77　對應目的與限制條件的圖表類型檢索表

我整理了一張對應「目的」和「限制條件」的圖表類型檢索表，你可以根據自己的需求來挑選合適的圖表做為結構設定中的模式選擇。

點　展現數據之間的**關聯性**

散布圖　　泡泡圖

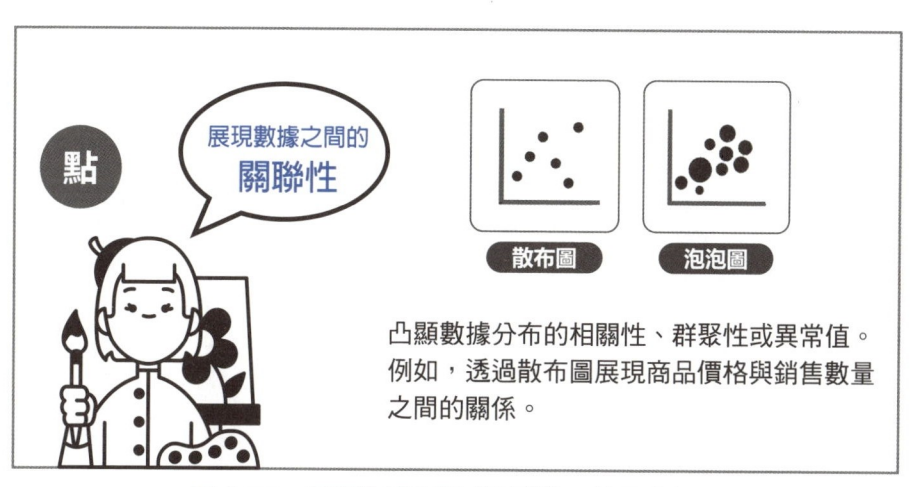

凸顯數據分布的相關性、群聚性或異常值。例如，透過散布圖展現商品價格與銷售數量之間的關係。

圖 3-78　展現數據之間「關聯性」的圖表類型

第 3 章　打開黑盒子的第二把鑰匙：視覺化表達　　229

也能用以展現**表現比較**

線

展現數據之間的
趨勢變化

折線圖　堆疊區域圖

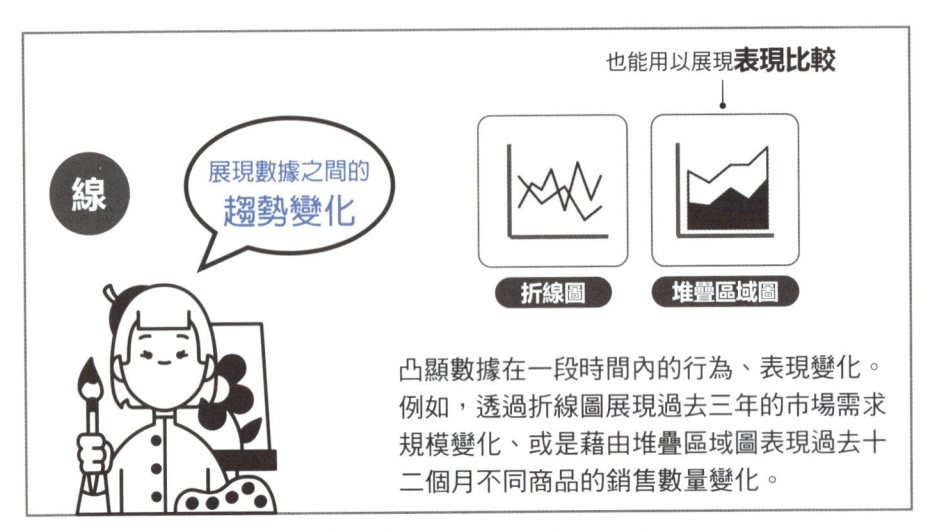

凸顯數據在一段時間內的行為、表現變化。例如，透過折線圖展現過去三年的市場需求規模變化、或是藉由堆疊區域圖表現過去十二個月不同商品的銷售數量變化。

圖 3-79　展現數據之間「趨勢變化」的圖表類型

也能用以展現**趨勢變化**

面

展現數據之間的
表現比較

斜線圖　長條圖　雷達圖

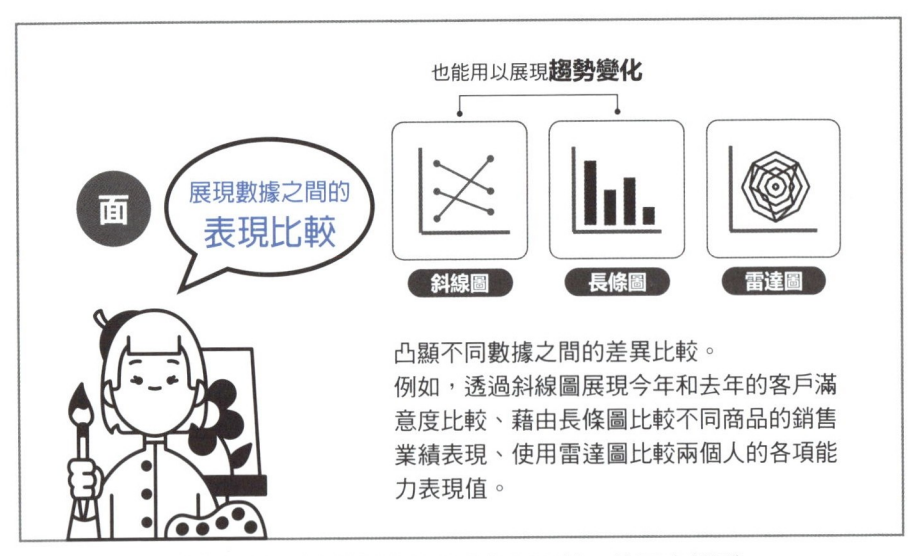

凸顯不同數據之間的差異比較。
例如，透過斜線圖展現今年和去年的客戶滿意度比較、藉由長條圖比較不同商品的銷售業績表現、使用雷達圖比較兩個人的各項能力表現值。

圖 3-80　展現數據之間「表現比較」的圖表類型

圖 3-81　展現數據之間「組成比例」的圖表類型

　　在進行圖表視覺化時有一個很好的經驗法則，那就是「使用基礎圖表」的建議。

　　如果你不能直覺的理解，或用一句話說明清楚圖表中的訊息，那麼你的觀看對象可能也難以理解；如果你還需要花一番功夫解釋圖表的定義與解讀方式，那麼肯定也會大幅減弱溝通表達的成效。

　　根據「點線面」原則挑選合適的圖表類型，已經足以解決八成以上的圖表視覺化需求。

　　當然，針對特定專業領域或商業場景，仍然有一些進階的統計圖表常被使用。比方說人口金字塔在人口統計領域就是一種廣泛被運用的圖表類型，箱型圖在統計分析中也是常被運用展現數據分散情況與對應統計量的圖表類型。包括展現數據之間整體的「分布、流向與空間」關係，故歸納到「體」的類別。

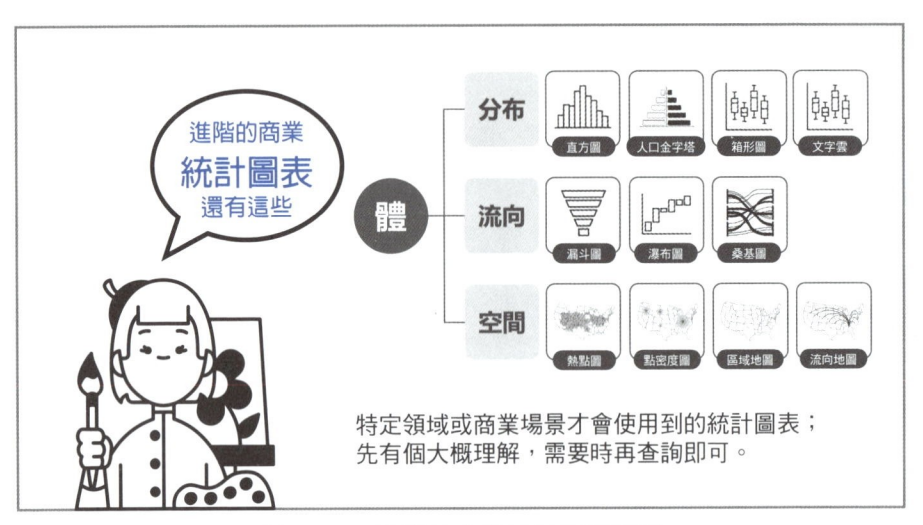

圖 3-82　進階的商業統計圖表類型

視覺優化：
讓訊息更好理解

透過將數據轉化為視覺化圖表，可以讓觀看對象更容易看出隱藏的關鍵訊息。

如果還能夠掌握一些視覺優化的細節，不僅可以更好的傳達我們想表達的訊息，也能讓對方更快速的閱讀和理解，同時感受到我們的用心與專業度。

以下是一些簡單卻又能發揮強大功效的實用技巧。

一、帶有關鍵訊息的圖表標題

標題位居目光焦點，卻又往往被忽略。

如果懂得將關鍵訊息直接寫在標題中，不僅能和圖表相輔相成，更能確保觀看對象都能接收到一致的訊息，而不致產生誤解。

比方說，比起「台灣粗出生率與平均壽命趨勢」這樣平鋪直敘的標題，採用「台灣人口老化時代來臨」這樣帶有訊息的標題更能吸睛、也能讓人一目了然，甚至會心想：「咦？為什麼會這麼說？」進而更專注在你接下來對圖表的說明呢！

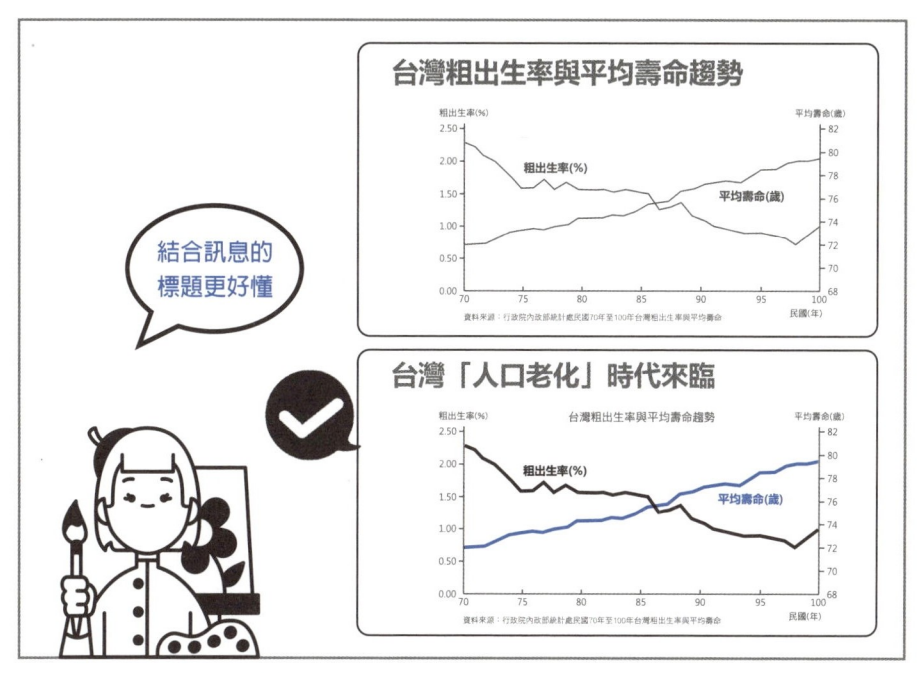

圖 3-83　將關鍵訊息結合到標題中

二、減少雜訊帶來的噪音

把不重要的元素減到最少或去掉，包括減弱或移除圖表上的刻度、去除不必要的標籤與圖例、改變軸線的顏色，以及使用灰色格線來降低視覺上的關注。

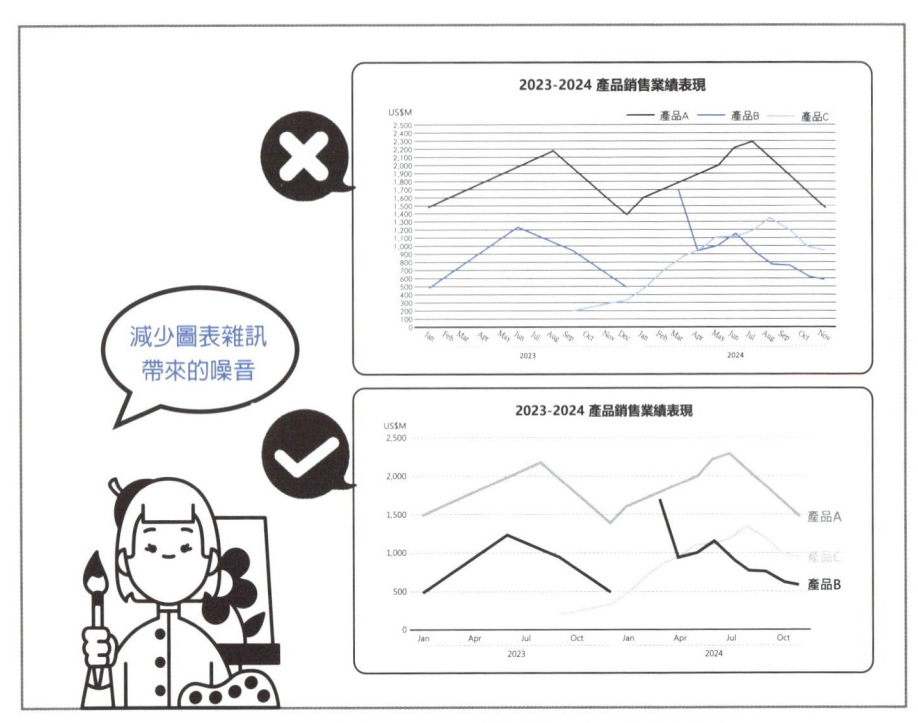

圖 3-84　減少雜訊噪音，增進訊息的閱讀與理解

三、改變數據順序來凸顯關鍵訊息

當圖表中有多個數據項目時，展現的順序也會影響閱讀與理解的難易度。

比方說，在這個章節中的案例所展現的「堆積區域圖」其實也經過多次嘗試與驗證，才決定最終數據堆疊的順序。在圖中你可以看到，按照產品 A、產品 C、產品 B 的順序所製作出來的堆疊區域圖，最能展現我們期望看到的訊息。

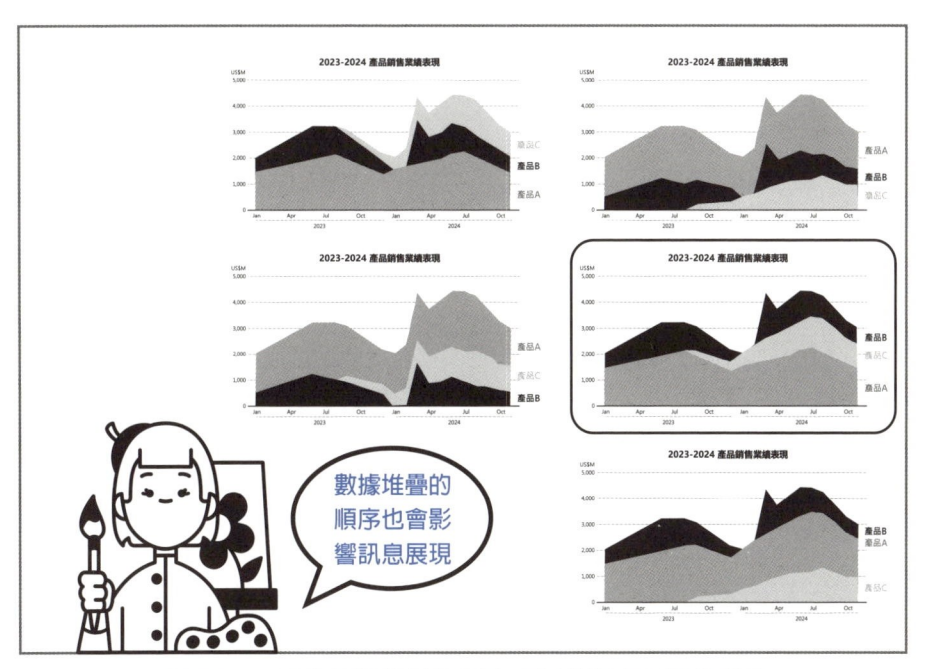

圖 3-85　調整數據堆疊的順序來提升訊息展現的成效

　　在事前我們未必會知道如何排列項目的順序會有最好的效果，只有多方嘗試才能確認。

　　在使用圓餅圖時，數據項目順序的合理性也會影響我們進行視覺優化的成效。比方說，對於科學實驗觀感的選項，我們會預期「好玩、有點有趣、可以接受、不太喜歡、無聊」這樣的順序安排是合理的，還可以藉由相近的顏色來創造群聚效果，如圖中可以明顯看出有近七成受訪者表示「有點有趣、好玩」的觀感。

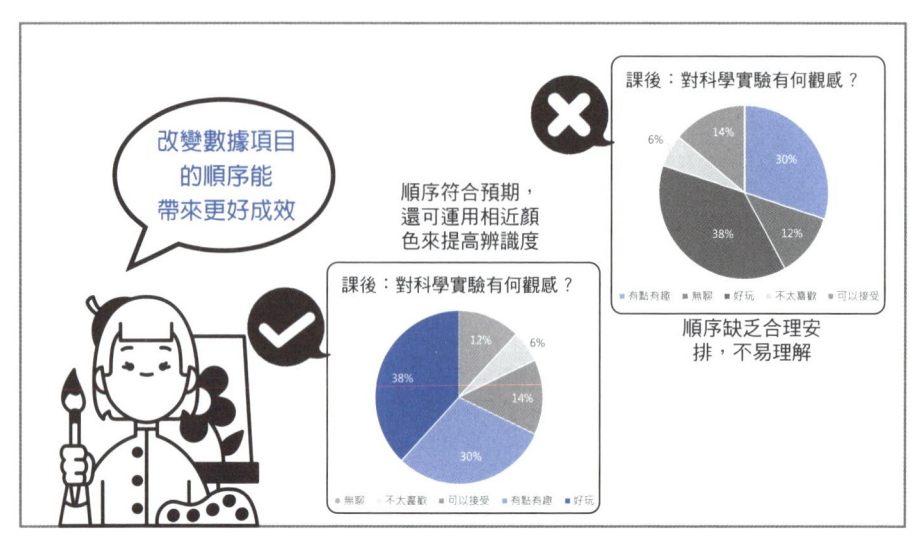

圖 3-86　調整數據項目的順序讓訊息閱讀更具合理性

與之對應的是，毫無脈絡、隨意的安排數據項目的順序只會造成理解上的困難，同時顏色的差異也無助於閱讀上的便利。同樣的數據結果，透過不同的視覺化圖表呈現方式，也展現出截然不同的視覺成效。

四、長條圖的基線要從零開始

有時我們會去縮小或放大縱軸的刻度範圍，藉此凸顯或弱化數據的差異程度。

這在折線圖、斜線圖中是常運用的技巧；但在長條圖、堆疊區域圖或百分比堆疊長條圖、百分比堆疊區域圖中，我們可以調整刻度上限，但基線必須從零開始。

無論是觀看他人提供的圖表，或是自己製作圖表，都應該注意這一點。

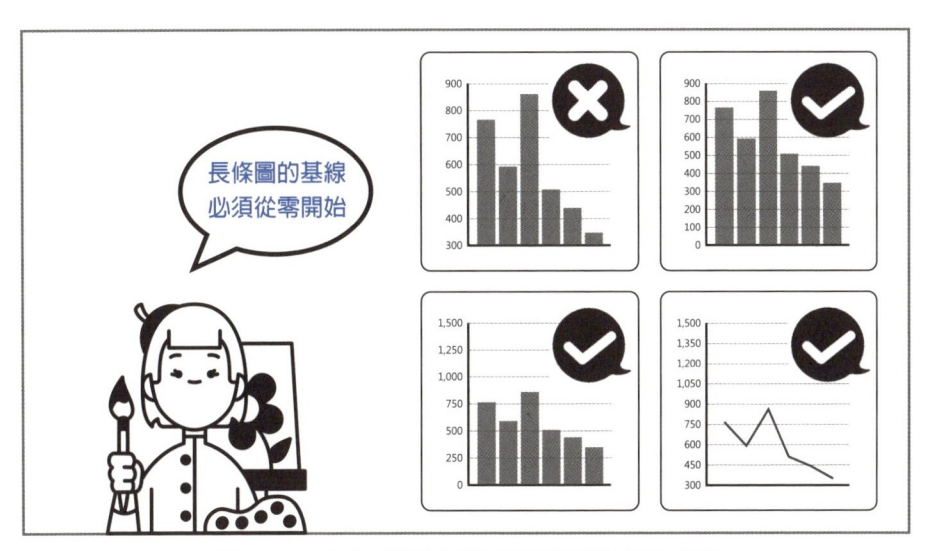

圖 3-87　圖表縱軸的刻度調整要注意的細節

五、一張圖避免使用六種以上的顏色

或許你覺得使用顏色來凸顯差異化是件好事。

這在運用圖表來進行思考分析時，或許能幫你看到更多訊息；但做為表達觀點的工具，我們不需要讓觀看對象看到更多的訊息，而是聚焦在特定的關鍵訊息上。這時候，顏色不是用來創造差異，而是為了凸顯重點，讓觀看對象一眼就接收到我們期望傳達的訊息。

為什麼是六種？這只是一個粗略的數字。我的經驗是：三種顏色是最理想的狀態，包括背景色、主題色與重點色。然後隨著色彩種類的增加，效果也開始驟減；到了五至六種顏色，基本上已經無法很好的辨識出不同的訊息。

因此，圖表上的顏色愈少愈好。

你可以想像這是一張黑白的著色畫，當你只有一支藍色畫筆時，要如何上色能讓重點更清楚被看到？

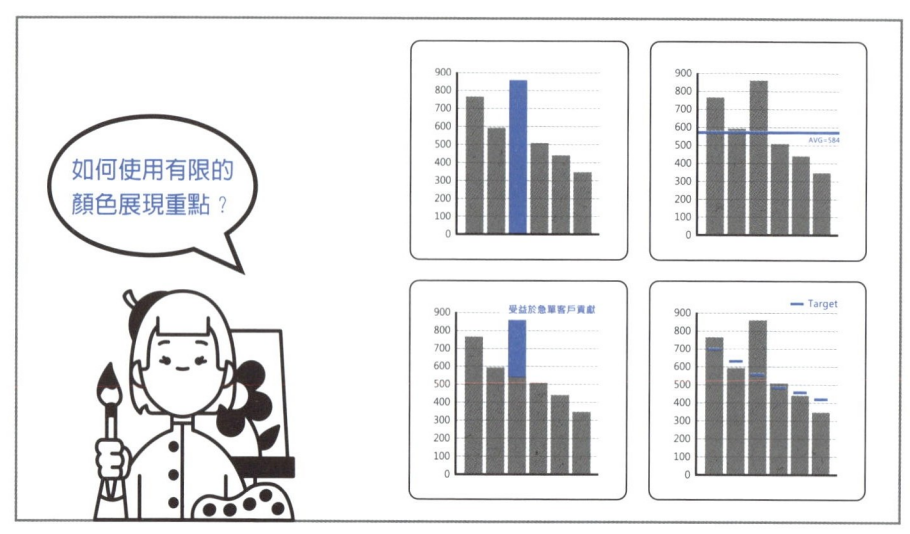

圖 3-88　給你一隻藍色畫筆，會如何標示關鍵訊息？

> 章節重點

✓ 圖表可做為「思考分析」和「表達觀點」的工具，需區分兩者差異。
✓ 圖表視覺化的瓶頸與挑戰：
  • 兩個瓶頸：將思考分析過程中的圖表，直接用來表達觀點；選擇了錯誤或不當的圖表展現方式。
  • 三個挑戰：從數據中發現訊息、選擇合適的展現方式、讓訊息易於理解。
✓ 做好圖表視覺化的四個階段：脈絡梳理、層次劃分、結構設定與視覺優化。
  • 脈絡梳理：從思考分析的過程整理出觀點與故事線。而鋪陳觀點與故事線的順序，正好與思考分析的過程是相反的順序。

- 層次劃分：界定出關鍵訊息被看見的優先順序。我們希望觀看對象在畫面上第一眼看到的是顯著的標題帶出結論，然後關注到圖表上的關鍵訊息，最後是口頭說明支持結論的見解；如果沒有機會說明，則是透過書面報告上的見解說明文字來讓對方理解為何會得出這樣的結論。
- 結構設定：透過「點線面」原則選擇合適的圖表類型。衡量圖表是否合適的重要標準，不是自己或他人能多快看出關鍵訊息，而是把數據畫成圖表後，是否能看出原本不容易看到、甚至是根本看不出來的訊息？根據「點線面」原則可以藉由「目的」來找出適合的圖表類型。
  + 展現數據的「關聯」就使用散布圖、泡泡圖等圖表。
  + 展現數據的「趨勢」變化就使用折線圖、堆疊區域圖等圖表。
  + 展現數據的「表現比較」就使用斜線圖、長條圖、雷達圖等圖表。
  + 展現數據的「組成比例」就使用圓餅圖、圓環圖、百分比堆疊長條圖、百分比堆疊區域圖等圖表。
- 視覺優化：讓訊息更好理解、感受到專業的一些細節。包括帶有關鍵訊息的圖表標題、減少雜訊帶來的噪音、改變數據順序來凸顯關鍵訊息、長條圖的基線要從零開始，以及一張圖避免使用六種以上的顏色。

3-5
圖解的視覺化：
讓說不清楚的一看就懂

圖解，是一個神奇的工具。

它不像圖文繁瑣，需要理解文字內容，還要找到合適的圖片來搭配；它沒有圖表複雜，需要掌握數據分析與解讀的能力，還要懂得挑選合適的圖表類型來展現。

只要幾個線條、圓形或方形等幾何圖案，或許再加上一些箭頭，就能將模糊的想法、複雜的內容用視覺化的方式展現在所有人面前。就像小孩子塗鴉一樣，每個人都能畫出一些簡單的圖解來表達自己的想法，特別是說不清楚、講不明白時。

說不清楚、講不明白？
用圖解來搞定你的困擾

當我們在進行表達時是一種線性的結構，隨著時間推進說出一句接著一句的話。所以擅長表達的人，懂得將內容鋪陳為線性的結構，讓人一聽就懂；就像我在《高產出的本事》提到的十種邏輯框架，就是一種線性的表達結構。

但是，萬一我們想要陳述的內容不是線性結構的，也無法轉換為線性結構，又該怎麼辦？比方說，說到時間管理的技巧，免不了會提及將任務以「重要性」與「急迫性」劃分，然後優先將時間分配給「重要但不急迫」的任務，其次是「重要且急迫」的任務；至於「急迫但不重要」與「不重要也不急迫」的任務，則盡可能減少時間的投入。

當我們愈想說得更清楚，對方反而更是聽得一頭霧水。

這是因為我們在用「線性」的結構在說明一個「非線性」的內容。

如果對方沒聽過時間管理矩陣（或安索夫矩陣）的概念，聽到我們的敘述，也很難在腦中組織出一個矩陣的內容結構，而是用線性結構去整理，然後更搞不清楚了。這時候，假使我們懂得採用非線性的結構來說明，比方說在紙上或白板上畫一個矩陣，說明時間該如何分配，那麼任何人都可以一目了然，這就是圖解的威力。

用「非線性」的圖解結構去說明「非線性」的內容，能讓人一看就懂。當然，前提是我們知道如何選擇合適的圖解結構。什麼樣的情境或目的，該選擇哪一種圖解類型，其實是有規則可以依循的。我整理了一張圖解讓你一看就明白，什麼是圖解的四個基本原型？在日常生活與工作上又有哪些衍生的圖解應用？

+ **樹狀圖：用來歸納觀點脈絡**，就如同一棵樹，從主樹幹延伸出分支。像是許多人用來整理想法的心智圖、公司的組織圖或問題解決上會運用到的魚骨圖、決策樹，都是樹狀圖的衍生應用。
+ **流程圖：用來梳理運作機制**。常見的操作步驟、行程安排，行銷領域運用到的漏斗分析、金字塔圖等，都是流程圖的一種衍生應用。
+ **矩陣圖：用來比較相互定位**。顧名思義是以矩陣的結構來表現資訊內容，像是安索夫矩陣、波士頓矩陣、品牌知覺圖和路徑變化圖都是職場工作者常運用到的工具，都是矩陣圖的衍生應用。
+ **文氏圖：用來強調交集關係**。這是一種以多個圓形彼此相交的結構

來展現資訊內容的關聯性,像是產品市占率的計算、大前研一的 3C 模型都是文氏圖的衍生應用。

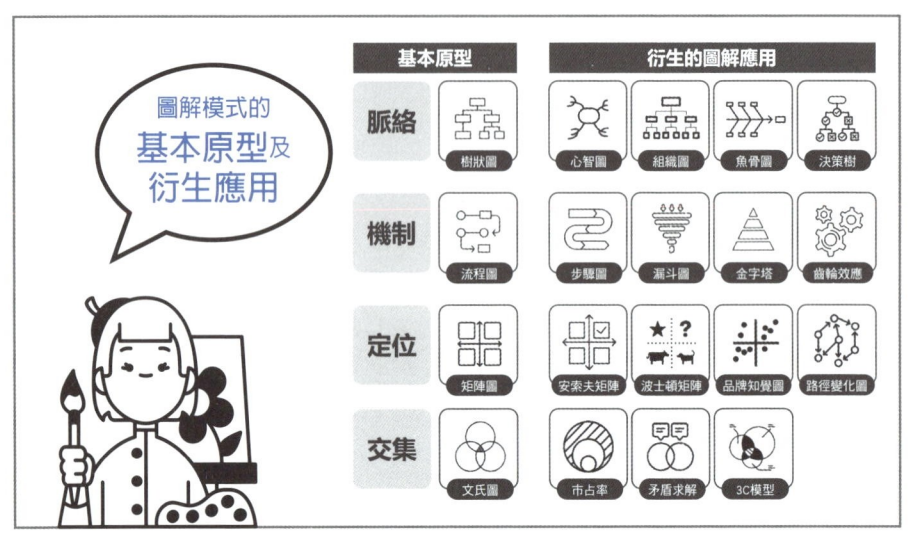

圖 3-89 圖解的四種基本原型和衍生圖解應用

圖解,
是具象化、也是抽象化的過程

不少人問我:圖解究竟是具象化、還是抽象化的過程?

看似完全相反的概念,到底哪一個才是對的?我說:都對,看你站在哪個角度。

圖解,是「用圖像來解構事物」的意思,可以是模糊概念具象化的結果。比方說,情緒是複雜的概念,而臉書為了幫助使用者更具體的辨識和表達自己的情緒,將複雜的情緒具象化為六種心情符號。專案管理上為了讓相關人員更清楚理解時間與任務的規劃與分配,便於所有人達成共識與有效管理,會使用甘特圖來視覺化項目計畫和進度,將抽象的

時間和任務分配具象化。這些圖解，都是將概念具象化的結果。

圖解，也可以是複雜內容抽象化的結果。比方說，汽車儀表板和企業的營運儀表板，是將大量、複雜的數據簡化為易於理解的指標和圖像；管理報告中的流程圖，是將複雜的業務流程或決策過程抽象化為簡單的步驟和階段，幫助相關成員快速理解流程的關鍵點和邏輯。

藉由圖解，不僅能幫助我們更好的理解和記憶訊息，還能提高溝通效率。

假設抽象與具象分別代表著光譜的兩端，那麼圖解就是在光譜上的一個點，可以是模糊概念的具象化、也可以是複雜內容的抽象化，取決於我們的需求。目的是為了將說不清楚（過於抽象）、講不明白（過於具象）的事物，用更易於理解和記憶的圖像來展現，達到精準表達與溝通的成效。

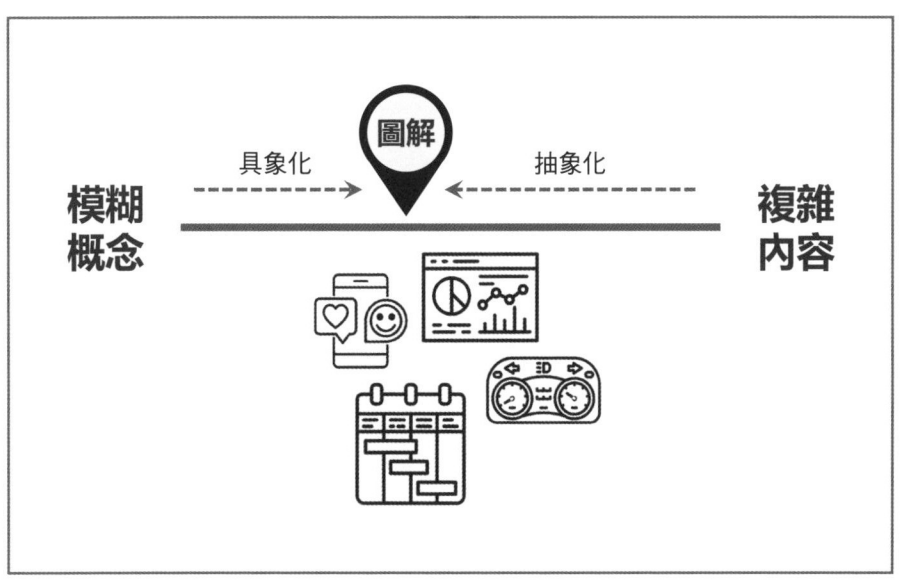

圖 3-90　圖解可以是抽象化、或者是具象化的結果

身為問題解決的顧問和知識工作者,圖解對我還有更深一層的意義,那就是「用圖像更好的解決問題」這個願景。

「用圖像,來解構事物」
↓
「用圖像,來更好的解決問題」

賦予圖解更深一層的意義

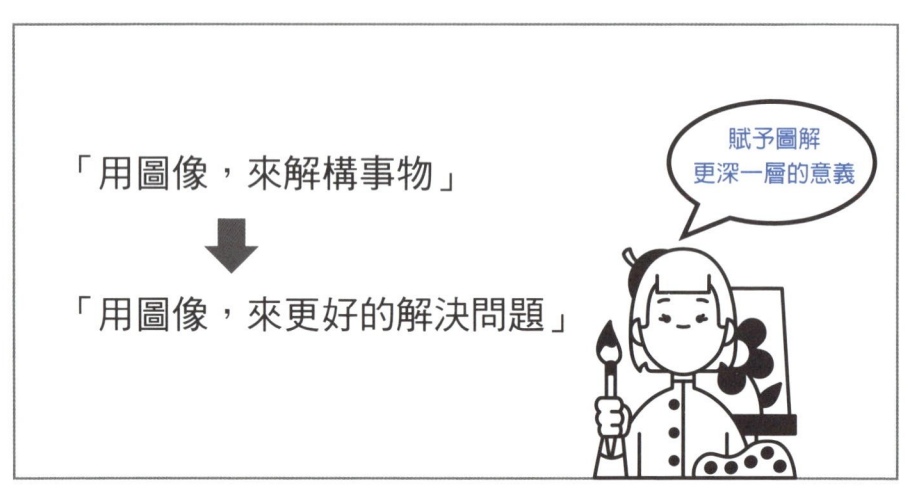

圖 3-91　圖解的技術,就是用圖像解決問題的技術

很多時候,我們不是不懂得解決問題的技巧或方法,而是沒能搞清楚問題是什麼。

「知識變現該怎麼實踐?具體的做法又是什麼?」

「如何改善營運不佳的困境?」

「該怎麼提升學習成效和時間效率?」

「到底要選喜歡的工作?還是擅長的工作?」

「彼此的訴求沒有共識,工作如何推展下去?」

如果能用圖像清楚的描述問題是什麼,使大家對問題有更清晰的認識與共識,那麼大多數的問題其實都能迎刃而解。

從這個層面來看,圖解的技術,就是用圖像解決問題的技術。

圖解模式的應用

「如何訓練自己的思考，才可以在短時間內，清楚說明一件事？」

「要怎麼做才能馬上抓到重點？每次開會聽到一堆資訊就覺得腦袋好雜亂。」

我的回答是：試著在紙上寫下、畫下一些東西，來協助自己思考。

思考什麼呢？思考事情的脈絡、資訊的結構，以及前後的關聯順序。你可以在紙上隨意畫下幾個圖案與線條，或是利用圖解模式來將這件事做得更有效率。比方說：

+ 樹狀圖，可以用來整理資訊、拆解問題、收斂歸納想法；
+ 矩陣圖，可以從關鍵因素來思考應對之道、找出相對的定位；
+ 文氏圖，可以找出重要交集、市場機會，或是突破矛盾、尋求共識；
+ 流程圖，可以釐清脈絡，找出卡關的癥結點。

這些圖解模式不僅可以用來思考，也是用來表達、解決問題的好工具。當你充分理解與習慣使用這些工具來思考，就能加速「結構化思考」的過程，更快的將想法轉化為觀點，同時也是在進行「視覺化表達」的過程，將觀點轉化為具體可見的圖像。

這就是厲害的人能快速思考與產出的祕訣：用圖解產出，回饋更好的脈絡思考。

一、樹狀圖應用

其中，樹狀圖可以說最被廣泛使用的一種圖解模式。像是許多人習慣使用的心智圖、公司的組織圖都是屬於樹狀圖的一種；許多時候，我在進行「脈絡梳理」階段的結構化思考時，也都是從利用心智圖整理出資訊脈絡開始的。

特別是一開始我們還不清楚資訊的結構時，利用樹狀圖來進行初步的歸納整理是一個好的開始，然後再確認是否有更好的圖解方式？

因此，說樹狀圖是圖解視覺化的起手式也不為過。

那麼，該如何將文字內容、想法概念整理成樹狀圖呢？只要三個步驟：

1. 萃取資訊：從內容擷取重點或蒐集想法條列。
2. 歸納分類：按照資訊之間的關聯劃分為幾個類別。
3. 建立結構：整理成階層式的樹狀結構。

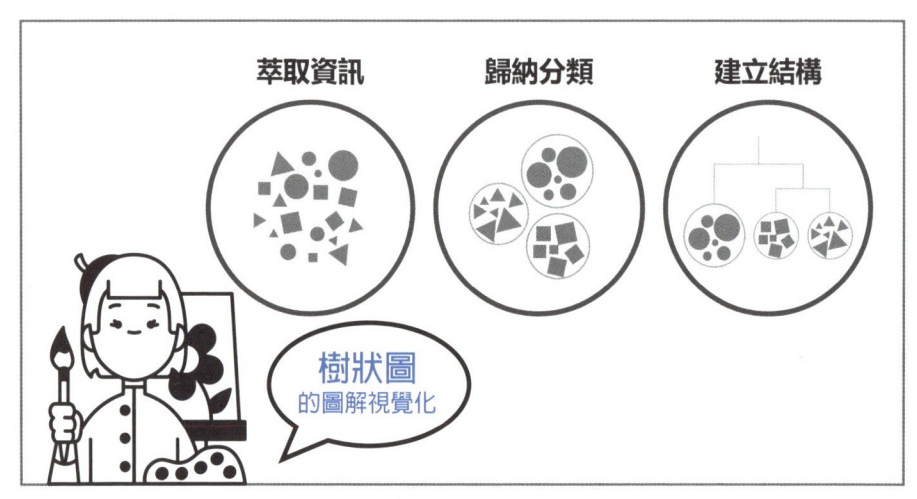

圖 3-92　製作樹狀圖的三個步驟

舉例來說，一名壽險公司的訓練單位人員，正在整理一份人身保險商品的資料，提供新進同仁做為新人訓練之用；這時候就可以利用樹狀圖來整理資訊。

首先，他從公司所有保險商品中篩選出與人身保險有關的商品，共有十多種類別、上百項商品；再經過整理之後，發現可以歸納為四大類商品，並繪製成樹狀圖。

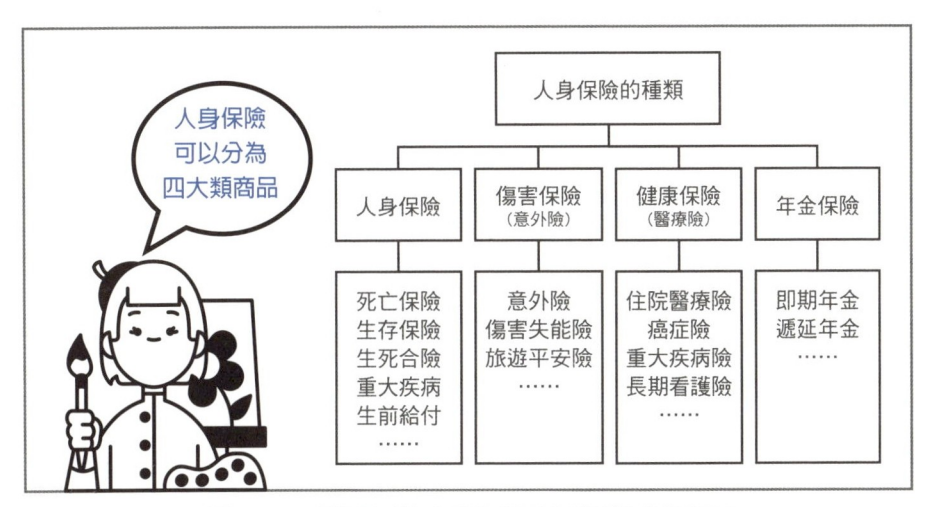

圖 3-93　將公司的人身保險商品繪製成樹狀圖

　　比起條列出上百項商品的做法，顯然用樹狀圖呈現更容易了解公司到底有哪些人身保險商品。或許你會想：商品只能分為四大類嗎？會不會分為八大類或更多比較好？個別的商品項目是否需要更多的說明資訊？

　　當然可以。若整理給自己看，再複雜的脈絡都沒有問題，但是要展現給他人好理解，務必力求精簡。所以，請不要畫出一片茂密廣闊的森林，一株賞心悅目的盆栽即可。

　　既然是盆栽，就需要經過修剪和汰除一些不必要的枝節。

　　樹狀圖是為了讓資料的結構脈絡以視覺化的形式，更好的被理解。所以，樹狀圖中每個節點展開的分支最好保持在三個左右，節點的層級也不超過三個，是最理想的狀態；隨著分支與層級的數目增多，只會讓樹狀圖的視覺效果逐漸減少。

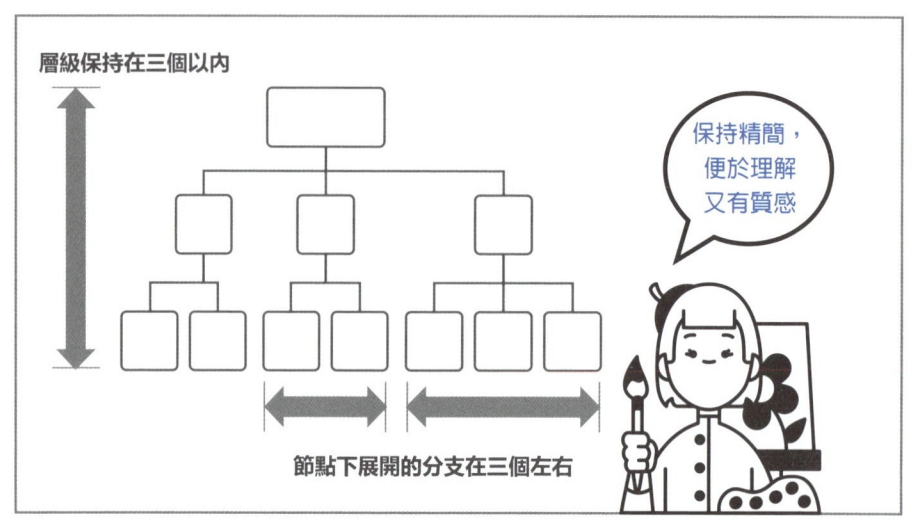

圖 3-94　三的法則，樹狀圖的視覺效果隨著分支與層次的數目增加而減少

三的法則，在視覺化表達中是一個實用的經驗建議。

那麼挑戰來了。該如何整理為三個左右的分類？多數人會在這裡卡關，不是想不到好的歸納方式、就是分類得太過零散，即使畫成了樹狀圖，也仍然看不出資料的結構脈絡。

要解決這個問題，就要找到對的切入點！

切入點著手，提升製作的速度與品質

一般在製作樹狀圖時，會依循著脈絡梳理、萃取關鍵訊息，然後進行層次劃分、建立樹狀的結構。但是，有經驗的高效工作者，則是會從找到切入點著手，再往下展開脈絡梳理的過程。不僅產出的速度可以大幅提升，也能獲得品質較好的樹狀圖。

1. 萃取需要的資訊，向上歸納。
2. 找到好的切入點，往下展開。

這兩種不同方向的產出路徑，我通常會交叉使用來獲得最佳的效率。

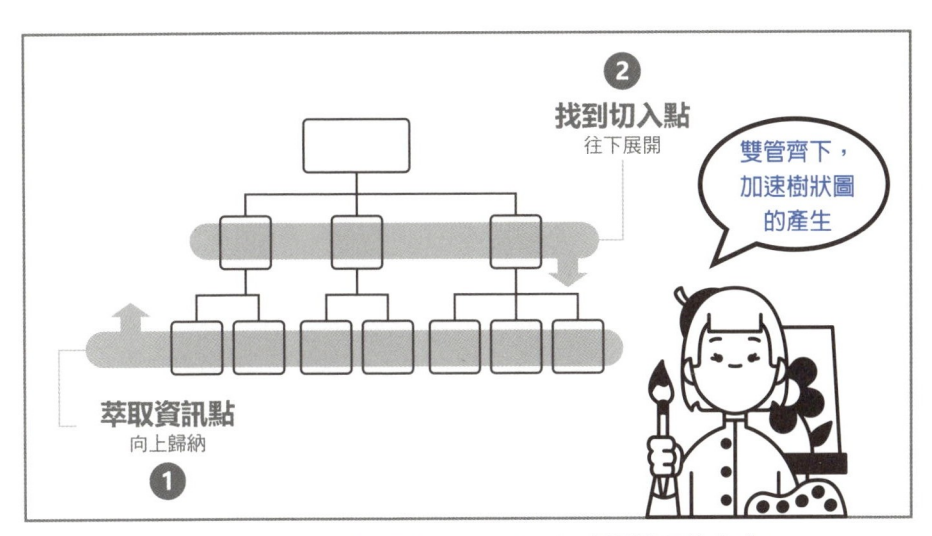

圖 3-95　找到好的切入點，可以加速樹狀圖的產出

　　舉例來說，在構思新產品的行銷策略時，我們可能會先集思廣益蒐集各種想法，像是產品規格、產品設計、廣告通路、價格定位、宣傳手法等等，然後再歸納分類、整理為結構化的策略邏輯樹。

　　但資深老手可能會採取另外一種方式，直接從行銷 4P 切入。

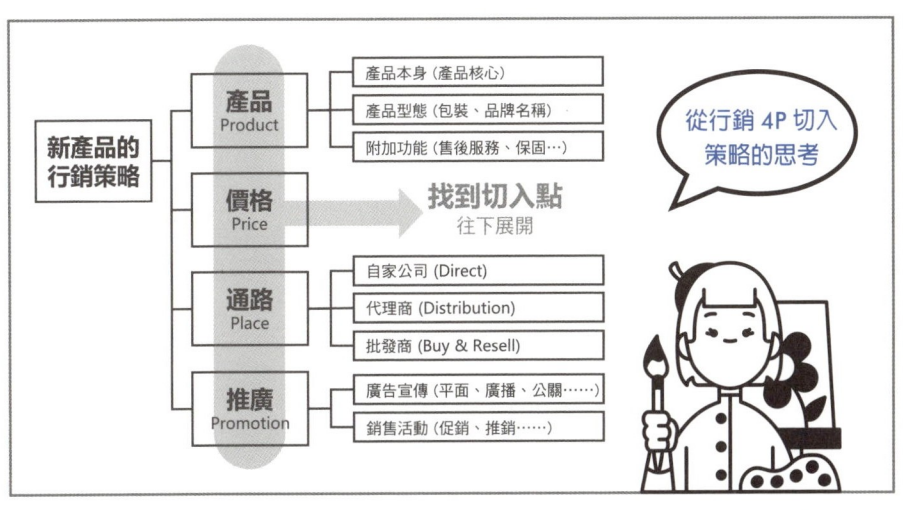

圖 3-96　利用商業模型做為切入點，快速往下展開樹狀圖的結構

第 3 章　打開黑盒子的第二把鑰匙：視覺化表達　　249

將行銷策略從「產品、價格、通路與推廣」四個面向往下展開，逐一思考細項策略；或是分派團隊成員各自負責一個面向、再討論整合為一個完整的行銷策略。

如此一來，提升了效率、也能獲得較高的品質，思考得更周全。當然，你也可以採用「雙管齊下」的方式，同時採用蒐集想法與萃取資訊點的方式向上歸納，以及嘗試以不同的切入點往下展開各種可能性。

那麼，有哪些適合做為切入點呢？有三個建議可以參考：

+ 資料屬性：來自於資料或資訊本身的分類，像是年齡、地區、品牌、產品等。
+ 邏輯框架：包括條列、時間、空間與情境等四種邏輯框架，本身就是一種合乎邏輯、面向完整的歸納分類。比方說，主題框架中「目的、關聯、效益」三個元素就很適合做為掌握事物全貌的切入點。
+ 商業模型：商管書中常見到的模型，原本就是做為歸納分析之用，像是 3C、4P、5W2H、STP、波特五力、黃金圈、SWOT 等模型，相當適合做為歸納思考的切入點。

比方說，在準備年度工作報告時，可以萃取手頭上的重要工作項目，進行歸納分類並整理為樹狀圖的結構；也可以採用「時間框架」做為切入點，快速整理出樹狀圖的結構，更能夠展現出井然有序的視覺化內容。

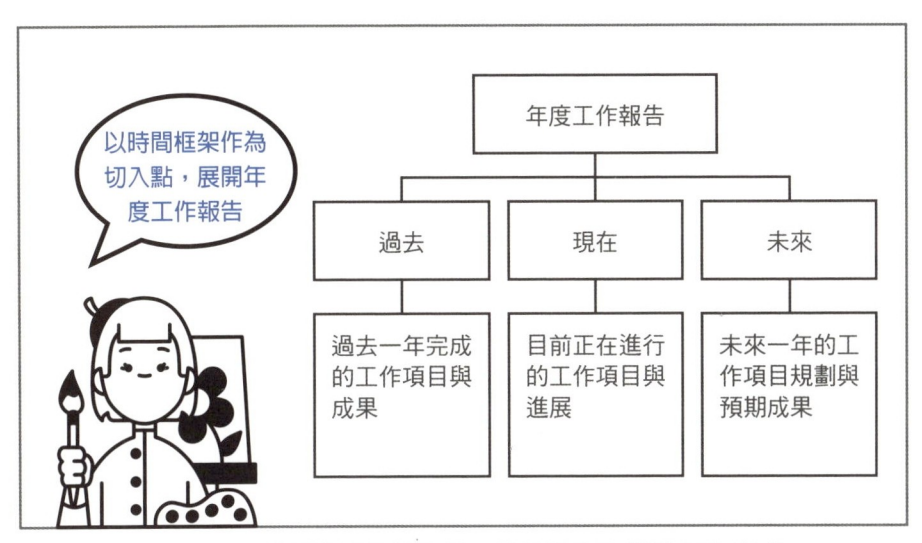

圖 3-97　找到合適的切入點，快速整理為樹狀圖的形式

二、流程圖應用

　　生活與工作中的大多數難題，都可以透過樹狀圖來梳理脈絡與結構。

　　但可惜的是，樹狀圖所能呈現的，只能是一對一、一對多或多對一的線性結構關係；如果遇到有分支、又有交會的結構，或是循環、多對多的流程關係時，樹狀圖就派不上用場了。這也是心智圖的局限，無法簡單呈現出線性關聯以外的結構關係。

　　這時候，就是「流程圖」上場的好時機了。

　　相較於樹狀圖有上下層次的嚴謹關係，流程圖的彈性就大得許多。只要擺放幾個代表流程步驟的圖案在畫面上，再透過線條的連結來呈現對應的關聯性就可以了。

　　如何將流程步驟、想法順序或內容的運作機制整理成流程圖呢？只要三個步驟。

1. 空間規劃：畫面上的元素、物件如何擺放？
2. 動線引導：用箭頭、線條來引導元素、物件的流動方向。
3. 層次強調：區隔出畫面上的訊息層次感。

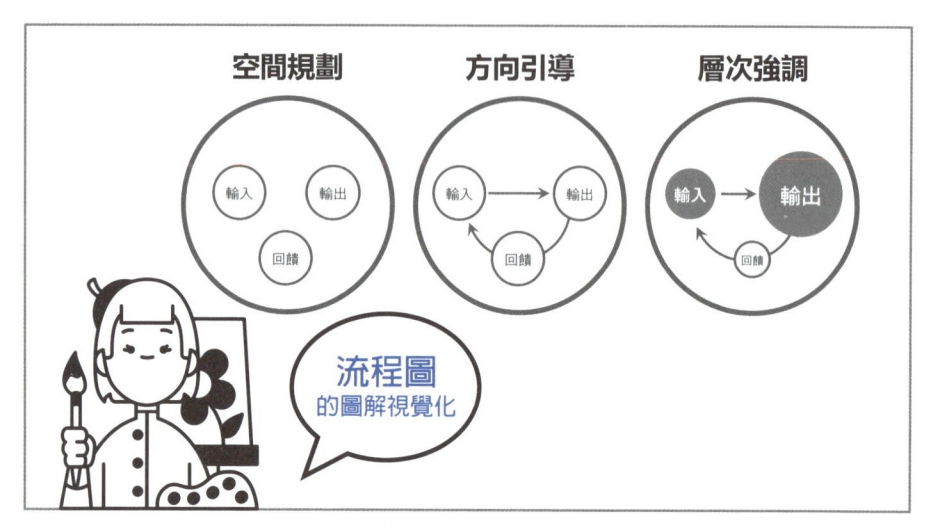

圖 3-98　三個步驟，將步驟、機制梳理為流程圖

　　流程圖的圖解視覺化，可以想像成住家環境的空間規劃。

　　一個好的空間規劃，應該考慮到格局的整體感、動線的流暢度與機能的協調性。套用到流程圖中，我們也需要考慮到畫面物件在畫面中的空間規劃（格局）、流動方向的引導（動線），以及資訊層次的強調（機能），才能提升整體的品質。

　　所有的流程圖，都可以透過三個步驟完成。不過為了更容易產出，我整理四大類型的流程圖，供大家參考。

+ **循序展開型**：單向的步驟或流程展開，通常會使用圓角矩形、圓形等幾何圖案，搭配箭頭來呈現。比方說，用來展現「製作流程圖的三個步驟」的流程圖，就屬於這種類型。

+ **周而復始型**：流程屬於封閉式的迴圈，通常會使用一個大型迴圈來包覆圓角矩形、圓形等幾何圖案。比方說，學習的回饋機制、飛輪效應等，會使用這種類型。
+ **四通八達型**：畫面中的物件彼此間可能存在複雜的關聯性，通常會使用圓形圖案搭配弧線箭頭來呈現。比方說，社群的互動機制、公司營運的商業模式等，會使用這種類型。
+ **金字塔／漏斗圖**：從下而上或由上而下展開的形式，通常會使用金字塔、階梯狀或漏斗狀的方式，搭配箭頭來呈現。比方說，行銷漏斗（Marketing Funnel）、馬斯洛需求金字塔等，都是屬於這種類型。

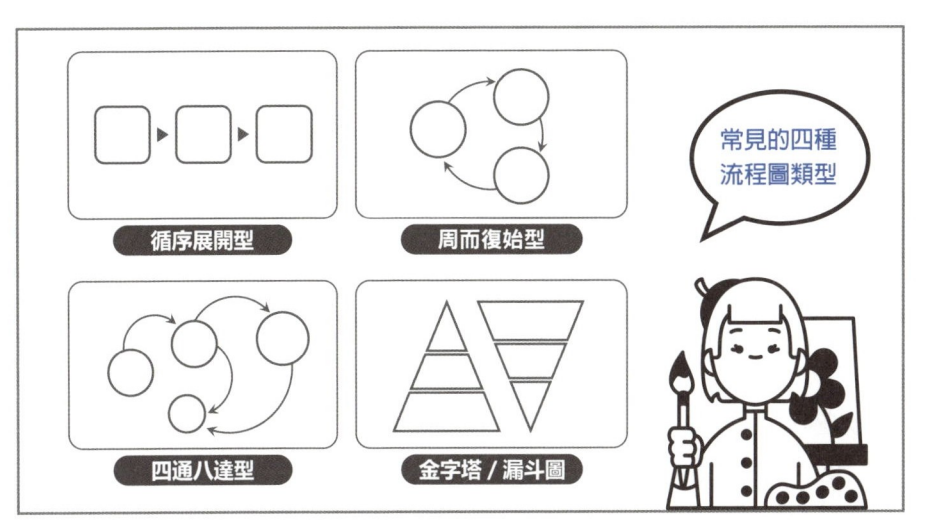

圖 3-99　四種常見的流程圖類型

掌握兩項原則，讓流程圖更好懂

做出一張流程圖，只需要「空間規劃、方向引導與層次強調」這三個步驟。但要做好一張高品質的流程圖，還需要掌握兩項原則：

+ 原則① 常規制約：符合多數人的視線習慣、使用領域慣用的圖案與符號。
+ 原則② 減少干擾：減少圖案風格、形狀大小、顏色深淺等元素的改變，減少認知上的干擾。

舉例來說，這裡有兩張內容相同的流程圖，你覺得哪一張更好理解呢？

上面的流程圖，充斥著過多的色彩與圖案元素，反而降低了閱讀與理解的成效；下面的流程圖，則減少了干擾、有限度的使用色彩來凸顯重點。

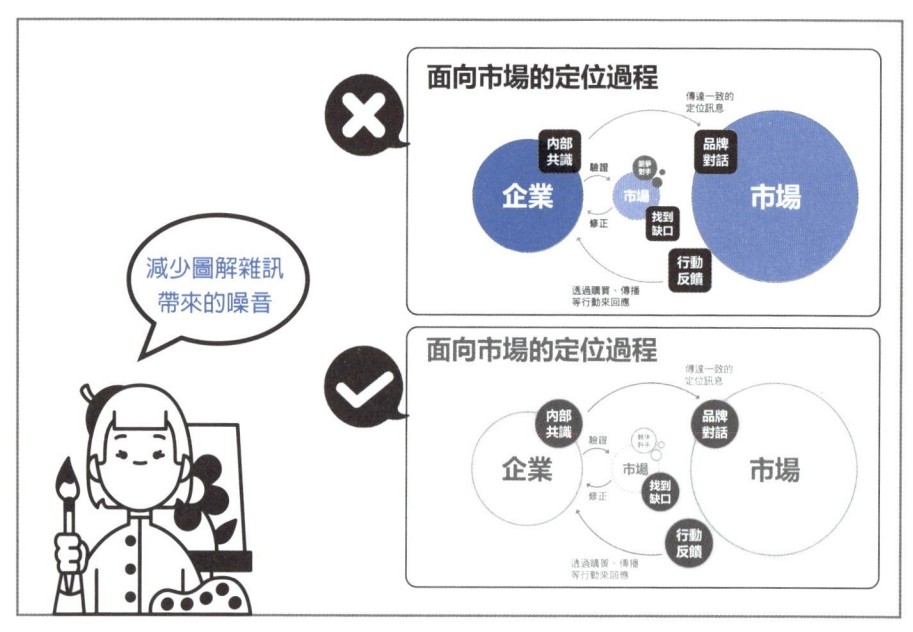

圖 3-100　掌握兩項原則，提升流程圖的品質

三、矩陣圖應用

曾經有人問我：有沒有什麼樣的圖解技巧，可以讓人覺得思考很全面？
我想了想，還真的有呢！那就是矩陣圖這個圖解模式。

兩條軸線往東西南北都延伸了，你說能不全面嗎？矩陣圖的結構本身就有「整體」的暗示，再透過兩條軸線劃分為四個象限，囊括了所有可能性，自然能給人面面俱到的感受。

比方說，最廣為人知的艾森豪矩陣（時間管理矩陣）和波士頓矩陣。

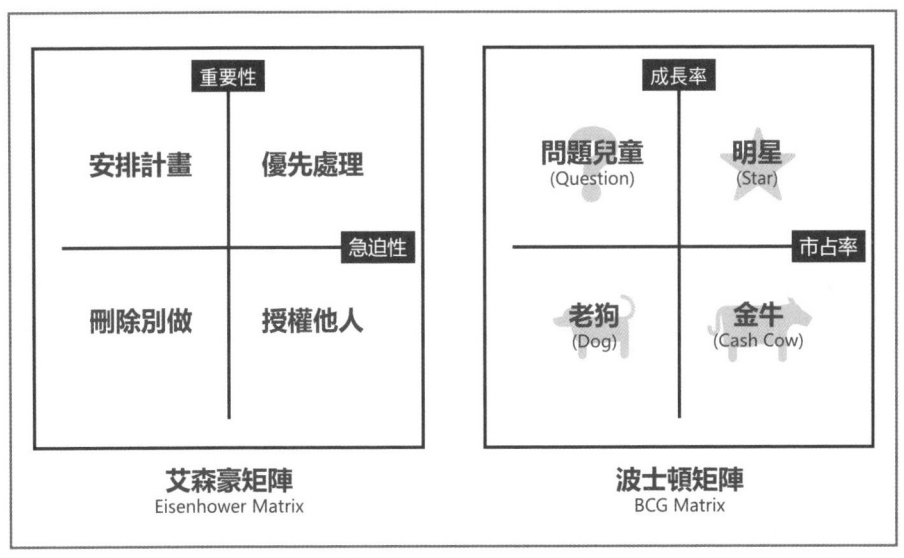

圖 3-101　廣為人知的兩個矩陣圖工具

一個將工作任務以「急迫性」和「重要性」來劃分，從而使我們更有效的分配時間與精力；另一個則是將業務與產品表現以「市占率」和「成長率」來劃分，從而使企業能更妥善的分配資源。

兩者皆能清晰的展示多個因素之間的關係，幫助我們從多個角度分析問題，從而獲得更全面的理解與分析；同時也能將複雜的問題拆解為四組簡單的成對關係，使得問題分析與解決變得更加簡單和有條理。

這些特點使得矩陣圖在處理複雜問題時，能夠提供一個全面且有結構的視角，幫助我們理解和解決問題。

矩陣圖的特質，就是「區隔」與「定位」的作用。

找到合適的軸線指標，就能做出有效區隔和精準定位。除了掌握艾森豪矩陣、波士頓矩陣、安索夫矩陣、SWOT／TOWS 和 PEST 等商業模型之外，我們也可以藉由設計軸線指標，創造出新的矩陣模型來展現自己的觀點。

比方說，如何定位知識自雇者的發展路徑？

專業工作者在轉換跑道成為自雇者時，所面臨的共同問題就在於如何與需求對接？如何喚起需求的動機？身為一位知識自雇者，我在初期也曾遭遇這些難題。

解決這些問題的關鍵，是自雇者如何找到在市場上的定位，包括初始定位與目標定位。如果你有興趣成為知識型自雇者，或是希望將你的專業變現創造職涯的第二曲線，那麼我建議可以從「講師」這個角色出發。

這是一個進入門檻相對低，競爭又非常激烈的行業；但也是一個永遠會給新手充足機會的行業。對於講師或培訓師，許多人的刻板印象就是：我口條不好、又不懂得控場技巧，可以當講師嗎？於是上了許多表達課程、學習授課技巧，但還是不得其門而入，其實有可能是你對自我的定位錯了。

就如同一條魚，費盡苦心學會了爬樹的技巧，卻比不上猴子來得靈敏，而且可能仍然被視為一條魚，無法融入猴群或是森林的生態圈。離開了原有的生態圈，並不意味著必須放棄原有的優勢。

選擇進入一個新的生態圈，除了武裝自己，更重要的是找到正確的定位。

找出維度，看到區隔與定位

我們可以將市場以需求的「專業度」與「急迫度」繪製出一張矩陣圖。

右上方的市場是專業度高、急迫度強的，在這一塊市場門檻高、動機強，比起授課技術與表達技巧，更需要你的專業能力，尤其是要能解決他們眼下的複雜問題。

圖 3-102　以「專業度」與「急迫度」構成的矩陣來區隔市場需求

我可以在這張圖上，加上第三個指標：用圓形大小表示影響度。

影響度是指這個問題對於需求端帶來的困擾影響，反過來說，也就是解決問題後可以創造的效益。在這張矩陣圖上，相同的專業度與急迫性定位下，也可能有不同的影響度。在任何一塊市場，我們都應該追求影響度大的部位，才能事半功倍。複利效應也是影響度大的一種，因為一次性的產出可以重複被提供，比如說線上課程、訂閱服務等。

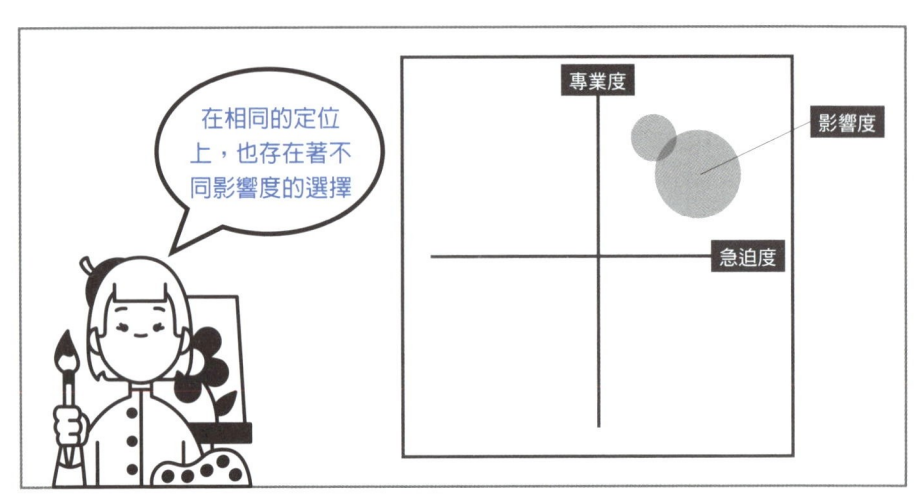

圖 3-103　在矩陣圖上加入第三個指標

然後,我們就可以開始在矩陣上定位市場的需求了。

比方說,我在一開始想要切入的需求市場是商務簡報。那麼可以根據市場的不同需求設定不同的定位點,像是銷售簡報、募資簡報、工作簡報、升等簡報、策略簡報等,分別對應這張圖上的不同位置。

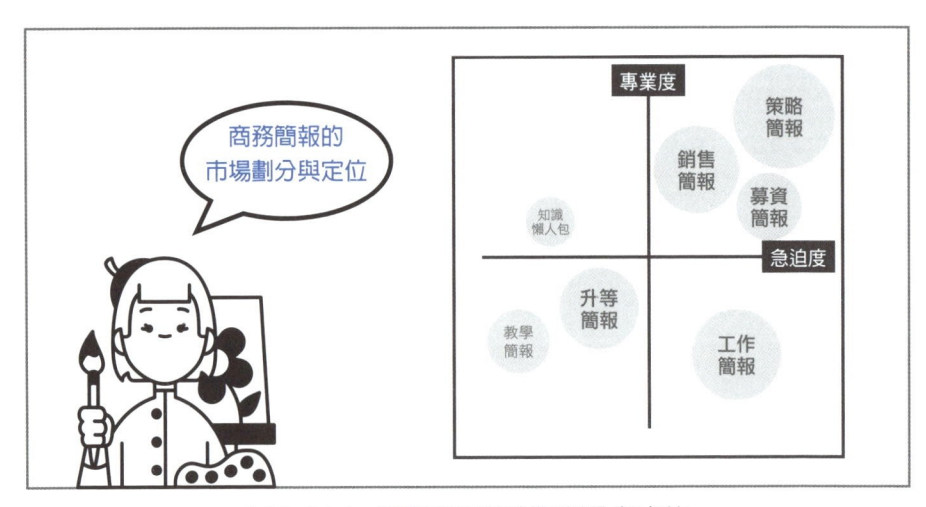

圖 3-104　商務簡報的市場劃分與定位

258　看得見的高效思考

當這樣的矩陣圖整理出來，我就能對商務簡報市場的定位有更清晰的掌握。比方說右上方的市場，屬於專業度、急迫度都相對高的需求，包括策略簡報、銷售簡報與募資簡報，都是門檻高、動機強的市場需求。不過再納入影響度大小的考量之後，可以發現策略簡報、銷售簡報對企業端帶來的影響遠大於募資簡報，這也意味著這兩塊的需求市場規模相對較大。

而右下方的市場，屬於專業度低、急迫度高的需求，主要為工作簡報，學習動機強、但門檻不高，而且影響度也不小，所以可以看見許多新手講師在初期會選擇這個市場切入。與之相對的，是急迫度不高、但專業度有高低之分的兩塊市場，包括升等簡報、教學簡報和知識懶人包，學習動機不強，屬於小眾市場。

市場定位確認之後，再來是找出個人的切入點。

這要看初始具備的個人條件。有的人本身有很強的專業背景，有的人則是在職場上累積了深厚的實務經驗，也有的人擁有知名企業的光環與資歷，所以可以區分為專業優勢、實務優勢、口碑優勢這三個切入點。

以我自己為例，在成為自雇者之前，只是一般的職場工作者，並沒有對外講課的經驗；成為自雇者之後，等於是從零開始，在市場上完全沒有口碑與人脈優勢，加上專業度也不是在稀有領域，但擁有豐富的實務經驗是我的優勢，所以選擇從切入點 A 出發。

當然你也可以根據自身的定位，在這張圖上的任何一點出發。

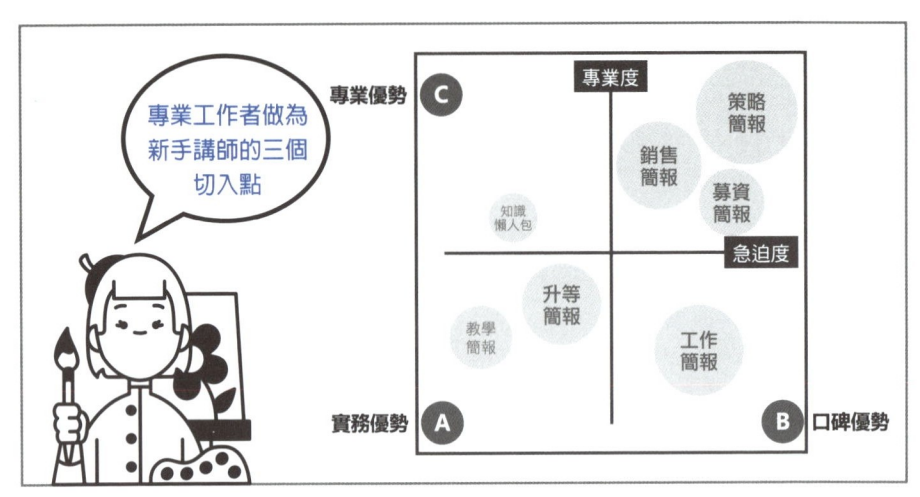

圖 3-105　新手講師在定位矩陣上的三個切入點

確認了定位點,接下來還需要設定目標點。我鎖定的是與職場工作者有關的市場需求,也就是升等簡報、工作簡報、銷售簡報與策略簡報這四種類型。

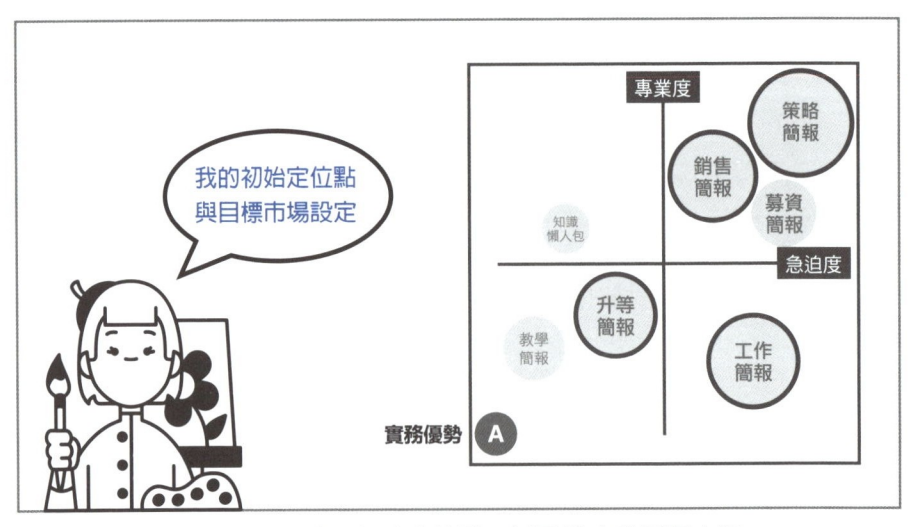

圖 3-106　我的初始定位點,以及設定的目標市場

有了初始的定位點與目標點，我就可以開始規劃發展路徑了。

一般來說，有三條路徑可以前往目標區：右側迂迴、直線前行、左側迂迴，而我在三條路徑上都各自有規劃項目：

+ 路徑一： 累積講課經驗與口碑來創造急迫度，往右邊移動並切入「工作簡報」市場；然後逐步提高內容的專業度，往上方移動並切入「銷售簡報」與「策略簡報」市場。

+ 路徑二： 持續累積講課經驗與口碑來創造急迫度，並同時提高內容的專業度，先切入「升等簡報」市場、再切入「銷售簡報」與「策略簡報」市場。

+ 路徑三： 直接提高內容的專業度，往上方移動並切入「知識懶人包」市場來累積口碑並創造出急迫度，進而往右方移動並切入「銷售簡報」與「策略簡報」市場。

以我自己的經驗，成效與難度的綜合考量，優先順序會是路徑一、二、三。

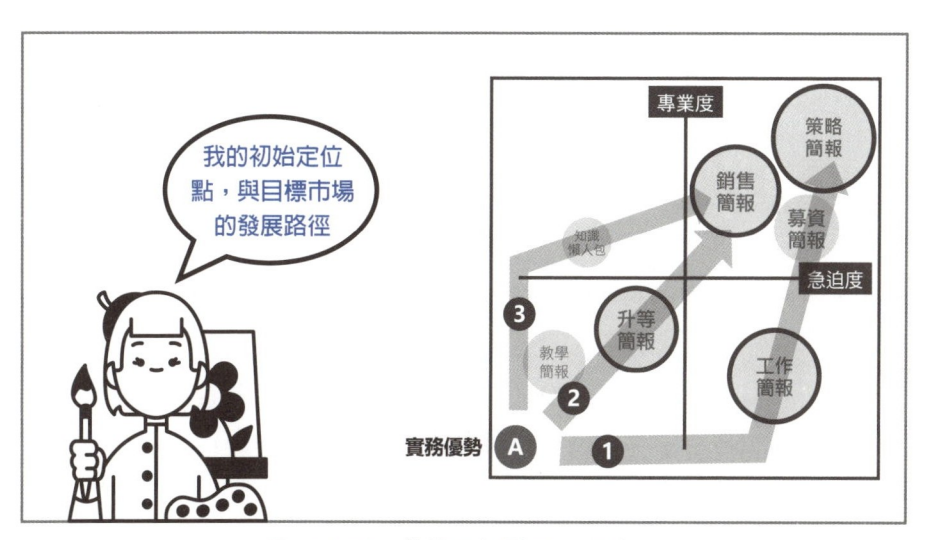

圖 3-107　前往目標點的發展路徑

如果你也是專業工作者，想要嘗試成為自雇者來發展第二人生，不妨使用這樣的矩陣圖來定位你的市場需求，然後找到合適的切入點，再來發展路徑組合。

四、文氏圖應用

如果面對的問題看起來錯綜複雜、甚至是有些衝突矛盾的，該如何梳理問題脈絡呢？

當樹狀圖、矩陣圖都不管用，流程圖也幫不上忙時，或許你可以試試文氏圖。在紙上畫出幾個彼此有交疊的圓形，或許難題就能迎刃而解。比方說，消費者都希望買到「又快、又好，還要便宜」的商品或服務，但這有可能嗎？

別急著搖頭。我們可以在紙上畫出三個彼此交疊的圓，像這樣的呈現方式就是文氏圖，三個要素彼此之間構成了七個交集區塊，每一個區塊都代表著不同的意思。

透過對不同區塊的解讀，我們可以掌握代表的意義，找出符合期望的項目。例如，圖 3-108 的區塊⑤代表那些既能快速交付又能保持高品質的商品或服務，對於重視品質與速度的消費者來說，願意支付更高的價格，像是高級速食連鎖店、優質快遞服務，或是遊樂園的快速通關票都是屬於這類。區塊④代表著能快速交付且價格低廉的商品或服務，但可能品質不高，像是快時尚品牌能快速推出新款且價格實惠，但品質可能不如高級品牌；廉價航空公司能提供低價且快速的航班，但服務和舒適度可能較低。區塊⑥代表著能夠提供高品質且價格低廉的商品或服務，但可能交付速度較慢，像是手工藝術品，價格合理且品質高，但製作和交付時間較長；大型零售商能提供高品質且價格實惠的商品，但購物過程可能較慢。

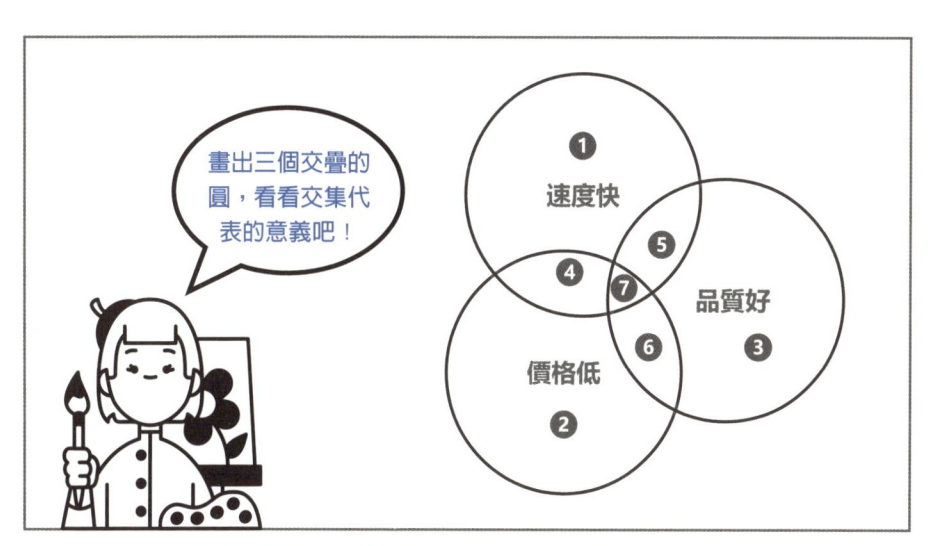

圖 3-108　品質好、速度快與成本低的交集關係

那麼，回到一開始的問題，也就是區塊⑦代表的要求速度快、品質好，還要成本低，有這樣的商品或服務嗎？雖然罕見，但不代表沒有。

像是 ChatGPT 不就是快速迭代、高品質且免費或低價嗎？

不少科技創新的開源軟體都屬於這類商品或服務；還有大型電商的特定促銷活動，提供快速配送、高品質商品且價格優惠的限時促銷，也是屬於這類。

文氏圖的運用，不僅僅是為了找出可能性；更是為了透過對每一個項目的解讀與訊息整理，掌握不同交集項目所代表的意義，然後決定我們想要強調與聚焦的項目是什麼。

找出突破點與對策

文氏圖在商業場景的問題解決中有許多應用，特別是在分析和理解不同因素之間的關係。

舉例來說，一家科技公司正在開發一款新產品，鎖定對價格敏感、

品質要求高，以及對創新技術感興趣的消費者，希望找出最適合的市場細分和對應的產品定位策略。可以利用「價格敏感、品質要求、創新技術」繪製一個文氏圖，並藉此來探討每個區塊對應的消費者族群所偏好的產品，再決定後續的市場選擇和產品定位策略。

+ 區塊①、區塊②與區塊③分別代表關注個別因素的消費者，不難理解。
+ 區塊④代表希望以合理價格獲得最新技術的消費者，相對更偏好經濟實惠的創新產品，比方說功能沒有那麼齊全的低配版產品，就能符合這個區塊的消費者。

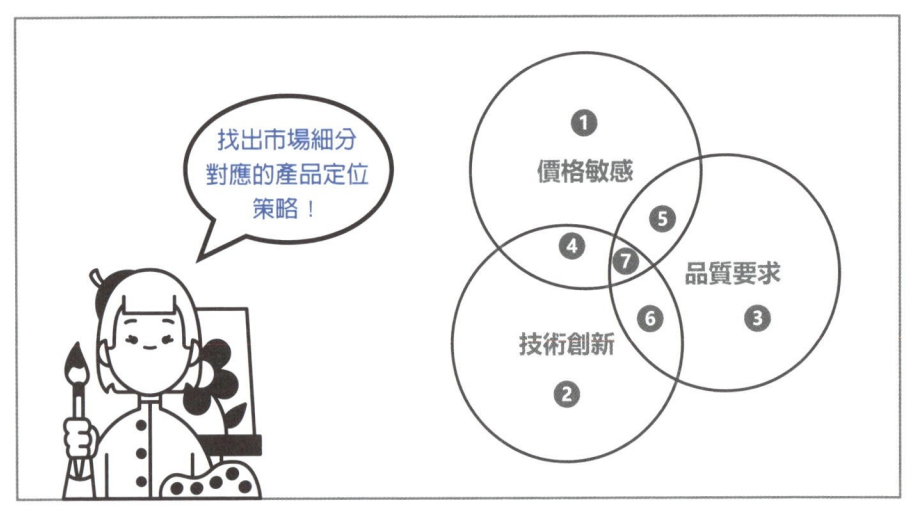

圖 3-109　藉由文氏圖來探討不同消費者偏好的產品定位策略

+ 區塊⑤代表希望以合理價格獲得高品質產品的消費者，針對這個區塊的市場可以推出性價比高的成熟產品。
+ 區塊⑥代表願意支付更高價格來獲得高品質和創新技術產品的消費者，針對這部分市場可以推出高階產品來滿足他們的需求。

+ 區塊⑦代表希望以合理價格獲得高品質且具創新技術產品的消費者，針對這部分市場可以推出特定促銷活動以提供限量或個別客群的合理價格，也可能提供更多品牌價值讓消費者在心理上感受到價格的合理性。

在探討與歸納出不同區塊的消費者偏好與對應的產品策略之後，這家公司評估了自家優勢在於技術創新領先的領導地位，因此鎖定重視技術創新的四個市場區塊；但為了維持市場競爭力與發揮既有技術與產品的成本優勢，鞏固重視品質與價格敏感度高的市場需求也是勢在必行的。

他們將這些關鍵訊息整合，並重新整理了一張文氏圖，使高階管理者對新產品開發與市場布局的方向都能更為清晰；當然，也能針對未提及的部分，進一步討論更多的可能性。

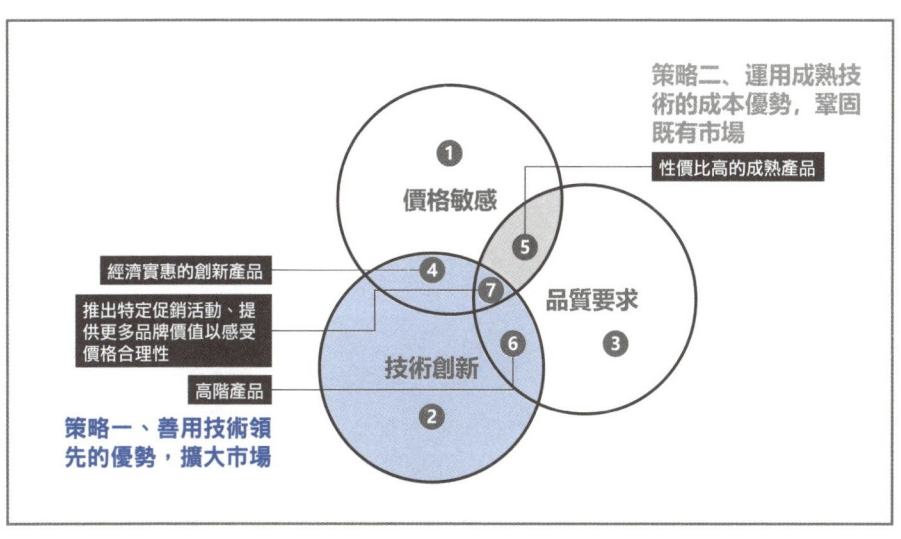

圖 3-110　以文氏圖展現公司的產品開發與布局策略

像這樣的文氏圖運用，在產品與市場策略、或是公司經營上，可以說是相當常見的。

比起用文字敘述或表格展現,使用文氏圖更能凸顯關鍵因素之間的交集關係,進而做出更好的判斷,或者是發現原本可能忽略的機會。

章節重點

- ✓ 說不清楚、講不明白的內容,可以借助圖解的視覺化幫助自己梳理清晰的脈絡,也可以讓觀看對象更易於閱讀與理解我們想傳達的訊息。
- ✓ 圖解是用「圖像來解構事物」的意思,可以是模糊概念的具象化,也可以是複雜內容的抽象化。目的是為了將說不清楚、講不明白的事物,用更易於理解和記憶的圖像來展現,達到精準表達與溝通的成效。
- ✓ 圖解視覺化的四種基本原型,包括樹狀圖、流程圖、矩陣圖與文氏圖。針對特定目的可以選擇合適的圖解模式來展現結構化的訊息。
- ✓ 樹狀圖:化繁為簡,從複雜資訊中梳理出清晰的脈絡。
  - 每個節點展開的分支維持在三個左右,節點的層級也不超過三個。
  - 生成樹狀圖的兩個路徑:萃取需要的資訊,向上歸納;找到好的切入點,往下展開。
  - 善用框架模型(包括資料屬性、邏輯框架與商業模型)做為切入點,可以大幅提升樹狀圖產出的速度與品質。

- ✓ 流程圖：讓步驟、想法與運作機制，變得簡明易懂。
  - 流程圖的視覺化，包括「空間規劃、方向引導和層次強調」三個步驟。
  - 高品質的流程圖要掌握兩項原則：常規制約（符合多數人的視線習慣、使用領域慣用的圖案與符號）、減少干擾（減少圖案風格、形狀大小、顏色深淺等元素的改變，減少認知上的干擾）。
- ✓ 矩陣圖：透過多角度展現，面面俱到的理解與觀點。
  - 矩陣圖能清晰的展示多個因素之間的關係，幫助我們從多個角度分析問題，從而獲得更全面的理解與分析；同時也能將複雜的問題拆解為四組簡單的成對關係，使得問題分析與解決變得更加簡單和有條理。
  - 矩陣圖的特質，就是「區隔」與「定位」的作用。找到合適的軸線指標，就能做出有效區隔和精準定位。除了掌握艾森豪矩陣、波士頓矩陣、安索夫矩陣等商業模型之外，也可以藉由設計軸線指標，創造出新的矩陣模型來展現自己的觀點。
- ✓ 文氏圖：從看似無解的困局中，找出突破的可能性。
  - 文氏圖不僅僅是為了找出可能性，更是為了透過對每一個項目的解讀與訊息整理，掌握不同交集項目所代表的意義，然後決定我們想要強調與聚焦的項目是什麼？
  - 文氏圖在商業場景的問題解決中有許多應用，特別是在分析和理解不同因素之間的關係，藉此找出突破點與對策可能性。

第 4 章

升級你的
黑盒子

4-1
在對方分心之前，
用一頁報告切入重點

現代職場中，每個人的時間和注意力都非常寶貴。

過於冗長的報告，很容易讓對方失去耐心，導致報告失去應有的效果。在一頁報告中切入重點，是為了在有限的時間和空間內，快速抓住對方的注意力，並讓對方在最短的時間內了解報告的核心價值，進而提升溝通效率和說服力。

一頁報告的核心作用，在於「掌握全貌、增進理解、喚起行動意願」。

因此，你需要在一開始就讓對方清楚這份報告與他「何關」、對他「何益」，並引導其做出決策或採取行動。而「結構化思考」與「視覺化表達」就是幫助你在一頁報告中快速切入重點的兩大利器。

有效的一頁報告，
能為彼此創造雙贏局面

在一頁報告中切入重點，是為了在有限的時間和空間內，提升溝通效率和說服力，讓對方快速理解你的觀點，並促使其採取行動；同時也

為自己的個人品牌加分，創造雙贏的局面。

從「報告對象（聽者）」的角度來看，一頁報告的價值在於：

+ 節省時間：職場人士每天都要面對大量的資訊和會議，時間非常寶貴；特別愈是高階的管理者或經營者，時間與注意力都非常有限。一頁報告能讓對方在短時間內了解報告的重點，而不必花費太多時間閱讀冗長的內容。
+ 掌握全貌：高層主管通常需要快速掌握多個項目的進展，一頁報告能幫助他們快速了解項目的關鍵資訊，並做出決策。
+ 聚焦重點：人的專注力是有限的，而且容易被其他事物吸引。一頁報告能快速抓住對方的注意力，意識到報告內容的重要性，並將其引導至報告的關鍵訊息上、也能更專注在接下來的報告內容上。
+ 行動指引：報告溝通的目的，往往是為了推動決策或行動。一頁報告應明確指出你希望對方採取的行動，例如：批准預算、提供資源、調整策略等。

另一方面，從「報告者（講者）」的角度來看，一頁報告的價值在於：

+ 提升效率：一頁報告能幫助你更有效的傳達訊息，避免冗長、低效的溝通，將時間和精力集中在後續關鍵問題的討論上；甚至可能因此省下報告的時間，因為一頁報告的內容已足以做出決定。
+ 增進說服：結構清晰、重點突出的一頁報告，能使你的論點更具說服力，更容易獲得對方的認可和支持。
+ 展現專業：精心製作的一頁報告，能展現出你的邏輯思維、專業能力和溝通技巧，為你的個人品牌加分。
+ 印象加分：相較於冗長的報告，簡潔明瞭的一頁報告更容易被對方記住，並在日後產生正向的影響。

```
提升效率          節省時間
增進說服  報告者→ ←報告對象  掌握全貌
展現專業          聚焦重點
印象加分          行動指引
                    創造雙贏！
```

圖 4-1　用一頁報告創造雙贏局面

因此，一頁報告不僅僅只是摘要報告內容而已。而是要從目的與對象出發，找到有效的方式在報告前增進理解、提高意願，報告後加強記憶與方便回顧之用。

為精心策劃的說服之旅，提供一張有吸引力的入場券

在一頁報告中切入重點，不僅僅是為了迎合現代人有限的時間和注意力，更是一種化繁為簡的智慧，讓你在職場的溝通更具效率和說服力。

一頁報告的價值，在於它迫使你回歸到溝通的本質：解決問題、促使行動。這意味著你必須在一開始就抓住對方的注意力，讓對方清楚知道「這件事與我何關、對我有何益」。試想，如果你的報告連你自己都無法在一頁內說清楚重點，又如何期待對方在短暫的會議或簡報時間內理解你的想法、認同你的觀點，進而採取行動呢？

製作一頁報告，其實是「結構化思考」與「視覺化表達」不斷交織

運用的過程。你需要：

+ **像雷射光般聚焦**：運用「黃金圈法則」不斷問自己：「為什麼要做這份報告？希望達成什麼目標？」並將答案清晰的呈現在一頁報告中。
+ **像金字塔般提煉**：運用「結構化思考」將完整的報告內容拆解成清晰的層級和脈絡，並提取出最關鍵的「故事線」展現在一頁報告中。
+ **像聚光燈般引導**：運用「視覺化表達」，將關鍵訊息以圖表、圖像、圖解等方式呈現，並運用設計原則引導對方的視線，讓重點無所遁形。

如果說你的報告，是一場精心策劃的說服之旅；那麼一頁報告，就是這趟旅程的入場券。

你需要引領對方一步步走向你所期望的終點，而「切入重點」就是讓對方在旅程的一開始就保持高度興趣和參與感的關鍵。打造有效的一頁報告，包括四個關鍵：

1. 明確目標與對象，聚焦核心訊息。
2. 善用結構化思考，邏輯清晰易懂。
3. 引導與凸顯價值，帶出行動呼籲。
4. 化解疑慮與阻力，展現專業價值。

運用黃金圈法則，明確目標與對象、聚焦核心訊息

在準備一頁報告前，要先釐清對象和目的、核心訊息與有效傳達訊息的方式。

如果你在準備報告前，已經先使用黃金圈法則思考過並依此製作

你的報告，那麼在這裡就可以省下不少時間；即使沒有這麼做，也沒關係。在準備一頁報告時，仍然可以運用我們在第二章裡提過的「黃金圈法則」來思考，同時也能幫你檢視完整報告的完整度與有效性。

首先，一頁報告的對象所關注的重點在優先順序上可能不同。

比方說一個企劃報告的重點，包括企劃目標、具體做法與成果效益這三項；對應的其實就是報告對象最關心的三個關鍵：做對的事、把事做對，以及值得去做。只不過，隨著報告對象的階層不同，對於這三個關鍵所關注的程度與順序會有所不同。

+ **高層重視效益，更關注是否值得去做**？在這件事成立之下，才會去關心是不是做對的事、以及能否把事做對？因此一頁報告的優先重點會放在「成果效益」上。

+ **中層著眼方向，更在意是否做對的事**？包括目的與目標是什麼、是否符合組織規劃的發展重點，其次才會站在高層的角度思考是否值得去做、又該如何帶領部屬把事做對？因此一頁報告的優先重點會放在「企劃目標」上。

+ **基層在意細節，更關心如何把事做對**？然後是確認目標是什麼，可能有些人會想是否值得去做？因此一頁報告的優先重點會放在「具體做法」上。

一份完整的報告中，應該具備對應「做對的事、把事做對、值得去做」這三個關鍵的內容；如果沒有，表示報告的完備性有待商榷。而在一頁報告中要做的，就是將這些內容萃取出來，組織為精簡、易於理解的訊息。然後根據報告對象來鋪陳與調整訊息的順序與比重。例如，向高層進行匯報會在一頁報告中強調成果價值與目標的合理性；但在向團隊成員溝通與討論時，則會強調具體做法與工作劃分的細節，至於目標則是一個基準值。

如果同時包含多個不同階層的報告對象該怎麼辦？原則上是由上而下，先滿足高層、其次是中層和基層，然後視情況而調整（你的高層可能偏好細節，而你也知道這件事）。

基層在意細節	中層著眼方向	高層重視效益
工作會變多嗎？我要怎麼完成？	為何要做？符合我的工作重點嗎？	效益如何？值得去做嗎？

圖 4-2　不同階層的報告對象看事情的高度與關注重點也不同

除了報告對象的階層，另一個要考量的是角色立場。可以粗略區分為對上匯報、對內協調，以及對外溝通這三種，在一頁報告的內容所強調的重點與比重也會有所差異。

+ **對上先說結論**。確認方向是否符合上級主管的期待，再來看細節。如果符合預期，或許可以節省後續說明的時間；若是不符預期，也能及早確認問題是什麼，在後續的報告中進行修正或討論。
+ **對外先給重點**。外部的報告對象，像是客戶、合作夥伴等，未必會對報告的背景有完整的認識，也會擔心漏掉或誤解報告的重點；因此，提供重點可以幫助他們確認與聚焦在感興趣的部分，同時也便於回去向相關人員進行報告。如果是向外部的媒體或公關人員報

告，給重點也能避免誤判或斷章取義，甚至方便直接引用做為內容發布的素材。

+ **對內先提影響**。人不會對與自己無關的事感興趣；如果希望內部同仁更好的協作與解決問題，就必須將問題變成大家的。而先提對報告對象的影響，一方面釐清現況與對方的關聯，另一方面告知對方預期效益能帶來的好處；有助於建立連結，更容易聚焦在報告的主題與重點上。

圖 4-3　不同角色立場的報告對象所在意的重點不同

談完了報告對象的差異對一頁報告的影響。其次，我們來說一頁報告的目的又會有哪些不同做法？一頁報告的準備，是為了讓後續完整報告發揮更好的成效，所以我們希望在一頁報告中達到「快速掌握全貌、定調觀點說法、清楚問題影響，或認同成果價值」的作用。對應不同目的，也有各自強調的核心訊息和有效傳達的方式，可以參考下表（圖4-4）。

目的	情境範例	核心訊息	有效方式
快速掌握全貌	企劃報告、策略提案	背景與目的、目標與現況、關聯與效益	主題框架 主題樹
定調觀點說法	專案調整報告、行銷策略	觀點或結論、支持理由、佐證根據、成功案例	議題框架 結論樹
清楚問題影響	營運策略規劃、新產品開發提案、流程改善提案	問題嚴重性和影響，解決方案的有效性、問題解決帶來的效益	問題框架 問題樹
認同成果價值	年度報告、專案成果報告、工作進度報告	目標與達成狀況、成功關鍵因素或關鍵行動、成果帶來的效益與價值	課題框架 結論樹

圖 4-4　因應不同目的，一頁報告對應的核心訊息與有效方式

　　一頁報告的內容和呈現方式，應該根據報告對象的背景知識、需求和偏好進行調整。例如，面向主管的一頁報告應側重於結果和效益，而面對團隊成員的報告則可包含更多資源投入與行動影響。

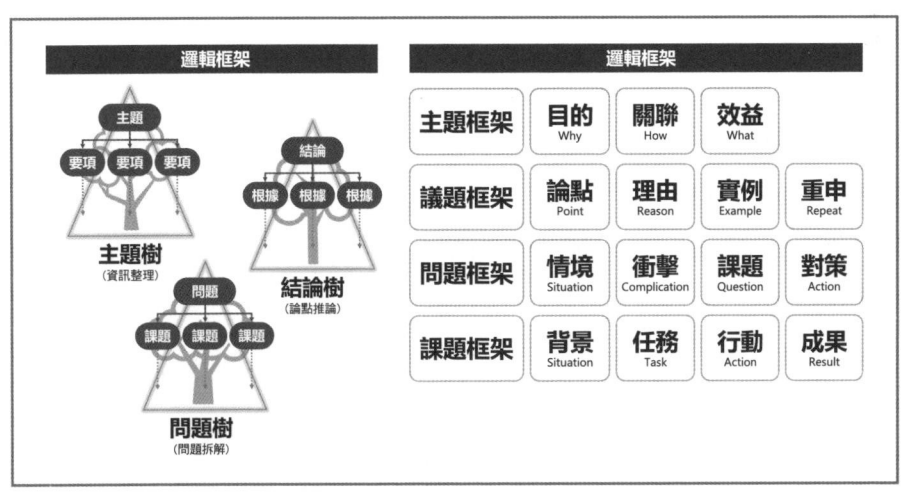

圖 4-5　運用於一頁報告中的邏輯框架與邏輯樹

此外，一頁報告的篇幅有限，因此要先追求文字精簡，再透過圖像將訊息濃縮。

我們只需要呈現必要的、而不是完整的資訊，將重點放在對方最關心的訊息上，確保對方能在最短時間內理解完整報告中的核心觀點。

在表中提供了對應不同目的，報告對象可能會關注的核心訊息，你可以根據這些去組織一頁報告的內容；或是直接選擇合適的邏輯框架、邏輯樹來將訊息萃取與內容組織的過程一步到位，大幅縮短準備時間。

善用結構化思考，讓一頁報告的內容直擊核心

結構化思考強調邏輯與架構，能幫助你從繁雜的資訊中梳理出清晰的脈絡、提煉出觀點，並以對方易於理解的方式呈現。

在藉由黃金圈法則確認對象、目的和有效方式之後，我們對於一頁報告的內容該如何鋪陳已經有了初步的想法，像是，

+ 摘要報告內容中的關鍵訊息。
+ 運用邏輯框架萃取報告內容中的關鍵訊息。
+ 找出一個核心論點，透過邏輯樹來梳理對應的關鍵訊息。

接下來就是對完整報告內容，透過結構化思考的「理解、分解、再構築」三個步驟來將摘要或萃取出來的訊息，進行故事線的安排。

舉例來說，一家飲料公司的行銷主管準備向高階管理者提案明年度通路的合作計畫。

```
┌─ ─ ─ ─ ─ ─ ─ ─┐
│   一頁報告    │----  飲料市場趨勢    P.1-P.2
└─ ─ ─ ─ ─ ─ ─ ─┘
                      銷售業績回顧    P.3-P.20
                      消費趨勢觀察    P.21-P.35
   「明年度通路的
    合作計畫提案」    品牌與新品計畫  P.36-P.75
                      通路合作計畫    P.76-P.120
```

圖 4-6　明年度通路合作計畫提案的內容規劃

　　他在報告中概述了台灣飲料市場的現況和趨勢，回顧公司過去一年的銷售表現，並詳細說明明年度的通路合作計畫，包含新品上市、主檔活動、行銷策略和預期目標等。

　　不過，這份報告多達一百多頁，光是聽完就不知道要花多少時間了。想想看，如果缺少了一頁報告來幫聽眾總結摘要、掌握全貌和重點，會帶來什麼影響？

+ **難以快速掌握重點**：報告中的內容豐富，包含許多數據、圖表和計畫，如果沒有摘要，觀看對象需要花費較長時間才能理解文件的核心內容。
+ **降低溝通效率**：在商業合作中，缺乏一頁報告可能會讓合作通路的決策者難以快速了解飲料公司的提案，進而影響雙方的溝通效率。
+ **難以評估合作價值**：一頁報告可以讓合作通路快速了解飲料公司的策略目標、執行方案和預期成果；少了一頁報告，合作通路可能難以評估這份合作計畫的價值和可行性。

+ **不利於後續追蹤和執行**：簡明扼要的一頁報告可以做為雙方合作的依據，方便後續追蹤進度和執行計畫。缺少了一頁報告，僅憑藉完整的報告內容可能會導致執行過程中出現誤解或偏差。

所以，行銷主管該怎麼準備一頁報告呢？先嘗試摘要重點吧。

做法一：摘要報告內容中的關鍵訊息

行銷主管根據報告內容的五個部分進行摘要：

一、飲料市場與消費趨勢
- 明年台灣整體飲料市場呈現衰退趨勢，僅茶類產品維持成長動能。
- 消費者越來越重視健康，高單價產品銷售額顯著增長。
- 氣泡水市場快速成長，但競爭激烈。

二、銷售業績回顧
- 台灣飲料市場整體銷售額成長 13%，其中碳酸飲料和水的銷售表現最為亮眼。
- 主要節慶的業績占比下降，顯示消費者購物行為趨於分散。

三、明年業績目標
- 明年度業績目標預計成長 5%。
- 新品上市目標：推出 1 個新品牌和 12 支新品，包含 4 款獨家包裝。

四、品牌與新品計畫
- 產品策略：推出新品搶攻健康市場、25-34 歲女性上班族，持續擴展產品線。
- 行銷活動：結合節慶和時事規劃主檔活動；舉辦集點、贈品、試飲等活動，提升消費者參與度。
- 通路管理：強化跨品類促銷和陳列，提升產品曝光度和購買率；針對便利購通路，推出小包裝與促銷方案；整合線上線下資源，推出電子商務節慶/主題活動。
- 媒體宣傳：運用電視、數位、戶外廣告、社群媒體和網紅名人等管道進行產品宣傳。

五、通路合作計畫
- 與相關通路緊密合作，確保雙方策略一致，並有效執行各項計畫。
- 持續關注市場變化和消費者需求，適時調整策略。
- 詳細的新品上市計畫、主檔活動規劃和通路執行方案請參考完整報告。

圖 4-7　根據報告內容的五個部分所進行的摘要

看起來很有結構性也很精簡，不過訊息之間感覺缺少了連結性，不容易產生記憶點。

此外，這樣的架構鋪陳是面向公司視角所做出的摘要，包括了背景說明、今年業績表現、明年業績目標與策略重點、成功關鍵。若是用來向通路進行提案，就好像在告訴對方：「嘿，這份報告不是做給你看的，不過我還是拿來用了。」

如果你是通路廠商，看到這樣的一頁報告會有什麼想法？可能會因

此影響合作意願吧,或是認為眼前的報告者不夠專業、沒有尊重報告對象的感受。如果行銷主管注意到這點,就會做出改變將一頁報告轉換成通路視角,讓對方接收到「與我有關、對我有益」的訊息。

一. 飲料市場與消費趨勢分析
- 整體飲料市場明年呈現 -2% 的衰退,僅茶類產品維持成長。
- 高單價產品的銷售額顯著增長,消費者願意為了健康和高品質買單。
- 氣泡水市場快速成長,但競爭激烈。

二. 銷售業績表現與目標
- 今年整體銷售業績成長 13%,其中碳酸飲料和水的銷售表現亮眼。
- 主要節慶的業績佔比下降,顯示消費者購物行為趨於分散。
- 有鑑於市場與消費趨勢,明年銷售業績目標為成長 5%。

三. 明年品牌、新品及通路合作計畫
- 將推出 12 支新品,包含 1 個新品牌,並推出 4 款獨家包裝。
- 重點新品包括面向健康市場、25-34歲女性上班族,持續擴展產品線。
- 規劃一系列主檔活動,包含春節集點活動、夏季包裝促銷、中元節特殊包裝和贈品活動、中秋節多入組促銷和聖誕節限定包裝等。
- 將透過跨品類陳列和促銷活動,提升飲料購買率。
- 針對便利購通路,將推出小包裝,以及結合熟食銷售的促銷方案。
- 將運用電視、數位、戶外廣告、社群媒體和網紅名人等管道進行產品宣傳。
- 將舉辦消費者試飲、贈品與店內活動等,提升消費者參與度。

圖 4-8　以通路視角所進行的一頁報告摘要

不過,這樣的做法也存在同樣的問題:訊息之間缺乏連結。

無論是公司視角、還是通路視角,僅僅照著報告中的鋪陳進行觀點的摘要,而沒有安排故事線,看起來就會像流水帳一樣,聽到很多訊息卻沒有記憶點。

那麼,該怎麼辦呢?我們可以利用邏輯框架或邏輯樹來「再構築」一頁報告的內容,將觀點整合為更好理解和記憶的故事線。

做法二:運用邏輯框架萃取報告內容中的關鍵訊息

要挑選合適的邏輯框架,必須從目的出發。

那麼一頁報告的「目的」應該設定為快速掌握全貌、定調觀點說法、了解問題影響,還是認可成果效益呢?由於從報告內容的摘要中不難看出,明年的業績目標是在市場不佳的情況下仍然要逆勢成長;因此,不

妨視為一個有挑戰性的問題吧！

我的建議是：將一頁報告的目標，設定為使彼此對問題影響有共識。

可以採用「問題框架」來重新組織一頁報告的內容，包括「情境、衝擊、課題、對策」四個要素。通常我會習慣在最後加上一個「成功關鍵」來暗示期望對方支援的部分，需要大家協力支援共同做好，才能創造雙贏的局面。

一. 台灣飲料市場趨勢分析（情境）
- 整體飲料市場明年呈現 -2% 的衰退，僅茶類產品維持成長。
- 消費者越來越注重健康，對於健康訴求和高單價產品的接受度越來越高。
- 便利購通路消費族群以女性及 3-4 人小家庭為主，偏好購買立刻食用的餐點。

二. 如何在衰退市場中突破重圍、逆勢成長？（衝擊）

三. 主要課題（課題）
- 明年達成 5% 的年度業績成長目標。
- 滿足消費者對健康產品的需求，並吸引過往的汽水飲用族群。
- 針對不同通路特性，制定有效的行銷策略。

四. 行銷策略規劃與效益（對策）
- 新品上市：主打健康概念、搶攻女性市場，將推出 12 支新品。
- 主檔活動：結合節慶和時事、多元活動提升參與度。
- 跨品類促銷／陳列：吸引消費者目光，提升飲料購買率。
- 便利購通路操作：推出小家庭最適包裝、結合熟食銷售。
- 電子商務節慶／主題活動：線上與線下整合，擴大活動效益。

五. 成功關鍵（協力支援）
- 通路緊密合作：確保雙方溝通順暢，執行策略一致，以創造雙贏局面。
- 強力媒體投資：透過多元管道，進行產品宣傳和活動推廣。
- 通路執行力：確保新品鋪貨率、店內陳列和促銷活動執行到位，提升產品能見度和銷售量。

圖 4-9　運用問題框架來組織一頁報告的內容

問題解決導向的架構，無論是對公司內部的高階管理者或外部的通路廠商都是適用的。那麼如果只是面向公司內部的高階管理者進行報告，我們還能採用哪一種邏輯框架做為故事線的鋪陳呢？

從對象來看，高階管理者重視效益、偏好先說結論。因此可以將目的設定為讓對方認可成果效益，也就是讓高階管理者清楚看到這個合作提案是對公司有利的，而且自己確實是有把握做到的；採用「課題框架」來組織一頁報告的故事線，包括背景、目標、行動及成果。

不過，你可以看到最後的「成果」顯得有些單薄，也許行銷主管可以

多思考與寫出業績達標還能為公司帶來哪些效益？像是新品上市的業績貢獻與市占率表現、通路合作的綜效價值等，讓成果的價值更加彰顯。

一、台灣飲料市場的挑戰（背景）
- 台灣整體飲料市場今年衰退 -2%，僅茶類產品維持成長動能。如何在來年突破市場困境、創造佳績，是公司與通路需要共同面對的挑戰。
- 高單價、主打健康訴求的飲料產品銷售業績顯著成長，顯示消費者越來越重視健康，並願意為此支付更高的價格。公司該如何滿足消費者對健康飲料的需求，將成為產品策略的關鍵。
- 氣泡水市場快速成長，但也面臨著競爭激烈的挑戰。既有產品如何維持市場領導地位，並持續吸引消費者，是另一個需要關注的課題。

二、新年度業績與新品目標（目標）
- 達成 5% 的年度業績成長目標。
- 新品上市目標：推出 1 個新品牌和 12 支新品，包含 4 款獨家包裝。

三、行銷策略與計畫（行動）
- 主打健康概念的新品、開發符合市場趨勢的新品。
- 規劃全年主檔活動：結合節慶和時事，規劃一系列的主題行銷活動；舉辦集點、贈品、店內試飲等活動，提升消費者參與度。
- 強化通路管理：強化跨品類促銷和陳列，提升產品曝光度和購買率；針對便利購通路，推出小包裝，以及結合熟食銷售的促銷方案。
- 整合線上線下資源，推出電子商務節慶／主題活動。
- 多元媒體宣傳：運用電視、數位、戶外廣告、社群媒體和網紅名人等管道進行產品宣傳。

四、預期成果（效益）
- 明年度業績預期成長 5%。

圖 4-10　運用課題框架來組織一頁報告的內容

此外，行銷主管還能用邏輯樹來組織一頁報告的內容。

做法三：找出一個核心論點，透過邏輯樹來梳理對應的關鍵訊息

你覺得這份報告的核心論點是什麼呢？

其實主要是為了明年銷售業績的成長。不過基於整體市場的衰退，以及在消費趨勢看到的一些機會，設定了成長 5% 的目標。至於如何做到呢？透過品牌、新品，以及通路合作三個面向的策略與行動規劃來實踐這個業績目標。

因此，行銷主管梳理了這份報告的脈絡，並利用結論樹整理為這樣的架構（圖 4-11）。

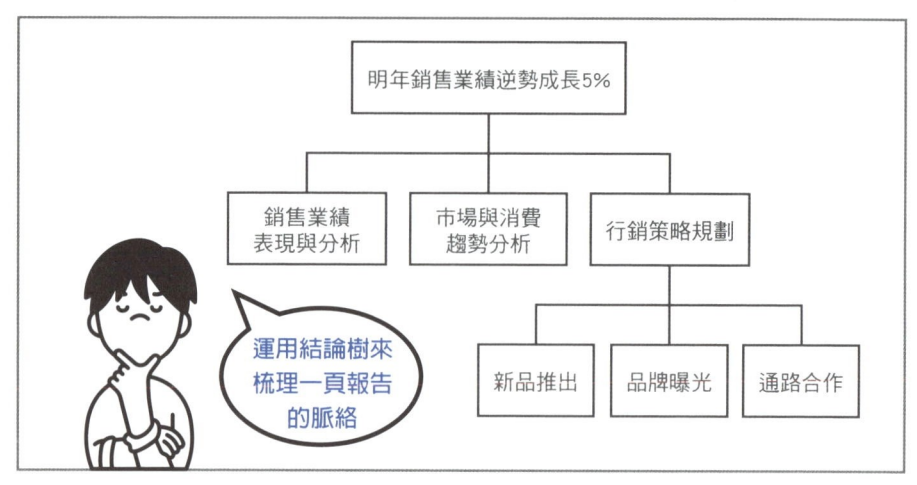

圖 4-11　透過邏輯樹來梳理報告中的核心觀點與脈絡

然後整理出一頁報告的內容（圖 4-12）：

明年銷售業績目標，逆勢成長 5%

一. 銷售業績表現與分析
- 今年整體銷售業績成長 13%，其中碳酸飲料和水的銷售表現亮眼。
- 主要節慶的業績佔比下降，顯示消費者購物行為趨於分散。

二. 市場與消費趨勢分析
- 台灣整體飲料市場今年衰退 -2%，僅茶類產品維持成長動能。
- 高單價、主打健康訴求的飲料產品銷售業績顯著成長，顯示消費者越來越重視健康，並願意為此支付更高的價格。公司該如何滿足消費者對健康飲料的需求，將成為產品策略的關鍵。
- 氣泡水市場快速成長，但也面臨著競爭激烈的挑戰。既有產品如何維持市場領導地位，並持續吸引消費者，是另一個需要關注的課題。

三. 行銷策略規劃
- 新品推出：1) 推出 1 個新品牌和 12 支新品，包含 4 款獨家包裝。
　　　　　　2) 主打健康概念的新品、開發符合市場趨勢的新品。
- 品牌曝光：1) 規劃全年主檔活動：結合節慶和時事，規劃一系列的主題行銷活動。
　　　　　　2) 舉辦集點、贈品、店內試飲等活動，提升消費者參與度。
　　　　　　3) 運用電視、數位、戶外廣告、社群媒體和網紅名人等管道進行產品宣傳。
- 通路合作：1) 強化跨品類促銷和陳列，提升產品曝光度和購買率。
　　　　　　2) 針對便利購通路，推出小包裝，以及結合熟食銷售的促銷方案。
　　　　　　3) 整合線上線下資源，推出電子商務節慶／主題活動。

圖 4-12　透過結論樹整理出來的一頁報告內容

結合視覺化表達，
讓一頁報告不只吸睛、也更具吸引力

藉由結構化思考，你可以提煉出報告的核心觀點，並以邏輯清晰的架構呈現。

而透過視覺化表達，則可以將這些觀點以更直觀、易懂、且引人入勝的方式呈現出來，讓你在一頁報告的階段就能抓住所有人的目光與注意力，達到事半功倍的溝通效果。比方說，在案例中最後使用結論樹整理出的一頁報告，該如何視覺化表達呢？

「我覺得可以加入一些圖表或圖解。」

「加入一些新品或通路的圖片如何？應該更能吸睛吧。」

「在重點數字或關鍵字上加粗字體、用顏色凸顯。」

「可以把文字精簡，現在的字太多了。」

等等，別急著太快跳入「視覺化」的坑。視覺化只是手段，目的是為了更好的理解與溝通；千萬不要為了視覺化而視覺化。當然，這些想法或許是個好建議，不過可以再想想：

+ 為什麼要加入圖表或圖解？現在遇到了什麼問題需要這麼做？
+ 加入圖片聽起來不錯！不過這樣真的能更吸睛嗎？又為什麼需要這樣做？
+ 加粗字體、用顏色凸顯是個好建議。但哪些是重點數字或關鍵字？同樣的，不這麼做會遇到哪些阻礙嗎？
+ 文字精簡也許是對的方向；不過，字太多是個問題嗎？

我想告訴你的是：視覺化能增進理解，但增進理解未必需要視覺化。我們可以先檢視一下現在的一頁報告有什麼閱讀或理解上的阻礙？

1. 標題僅有明年業績目標，挺無感的。
2. 副標過於平鋪直敘，無法直覺理解內容的重點。

3. 內容過於冗長，可以精簡文字或更簡潔的換句話說。

為了解決這些阻礙，我們可以這麼做：

1. 提升標題與報告對象的連結性。
2. 將關鍵訊息與副標結合，更好理解要表達的觀點。
3. 精簡文字，用簡潔口吻帶出重點，不需要過多細節。

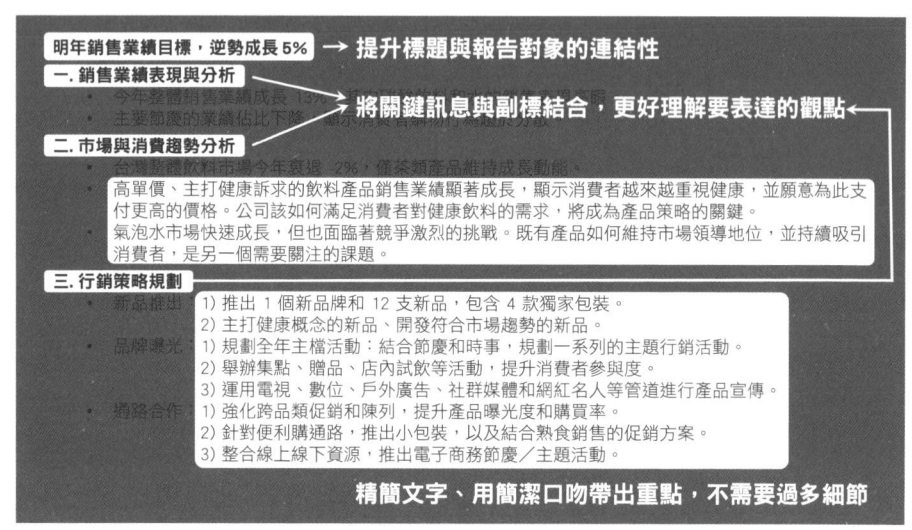

圖 4-13　先從改善訊息傳達與精簡文字來提升理解

首先，在標題上調整為「強化品牌與通路合作，逆勢成長、創造雙贏」來強調公司與通路之間的緊密合作，才有機會在大環境不佳的條件下逆勢成長，創造雙贏局面，公司業績成長、通路也能帶動整體銷售。

其次，在三個副標上結合關鍵訊息做出調整，讓報告對象看到副標就能理解重點。

最後，是精簡訊息的文字描述，刪除過多的細節，比方說「運用電視、數位、戶外廣告、社群媒體和網紅名人等管道進行產品宣傳」可以

簡化為「運用多元媒體和網紅名人等管道進行產品宣傳」這樣的說法，盡可能讓每個條列訊息維持在一行就能讀完（圖 4-14）。

強化品牌與通路合作，逆勢成長、創造雙贏

一. 今年銷售成長13%，明年目標成長 5%
- 今年整體銷售業績成長 13%，碳酸飲料和水的銷售亮眼
- 主要節慶的業績占比下降，顯示消費者購物行為趨於分散；預估明年目標僅成長5%

二. 整體市場微幅衰退，健康訴求飲料仍有商機
- 台灣整體飲料市場今年衰退 -2%，僅茶類產品維持成長動能
- 健康意識抬頭，高單價、主打健康訴求的飲料產品銷售業績顯著成長
- 氣泡水市場快速成長，但也面臨著競爭激烈的挑戰

三. 新品推出、品牌曝光與通路合作的三方行銷策略
- 新品推出：1) 主打健康概念，開發符合市場趨勢的新品
            2) 推出 1 個新品牌和 12 支新品，包含 4 款獨家包裝
- 品牌曝光：1) 結合節慶和時事，規劃全年主題行銷活動
            2) 舉辦集點、贈品、店內試飲等活動，提升消費者參與度
            3) 運用多元媒體和網紅名人等管道進行產品宣傳
- 通路合作：1) 強化跨品類促銷和陳列，提升產品曝光度和購買率
            2) 針對便利購通路推出小包裝、結合熟食銷售的促銷方案
            3) 整合線上線下資源，推出電子商務節慶／主題活動

圖 4-14　做出文字調整後的一頁報告

此外，將標題的字體放大，和副標、內容做出區隔。

像這樣的條列方式，就是一頁報告最典型、卻也是最有效的形式。有明確的觀點訴求、報告中的重點訊息，以及關鍵數字，就足夠滿足報告對象的需求。別忘了，一頁報告的目的是為了增進對方理解與閱讀後續報告的意願，而不是取代完整報告的功能。

因此，不需要為了過度強調視覺化而強行加入圖表、圖解等元素。

比方說，像圖 4-15 這樣的一頁報告，雖然加入了更多視覺化元素，但對於訊息傳達的成效並沒又太多提升；甚至可能因此模糊了報告對象的焦點，或是需要說明更多來解釋。

花了更多時間精力，卻沒能提升成效，就失去了一頁報告的本意。

強化品牌與通路合作，逆勢成長、創造雙贏

今年銷售成長13%，明年目標成長 5%

- 今年整體銷售業績成長13%，碳酸飲料和水的銷售亮眼
- 主要節慶的業績佔比下降，顯示消費者購物行為趨於分散；預估明年目標僅成長 5%

整體市場微幅衰退，健康訴求飲料仍有商機

- 台灣整體飲料市場今年衰退 -2%，僅茶類產品維持成長動能
- 台灣整體健康意識抬頭，高單價、主打健康訴求的飲料產品銷售業績顯著成長
- 氣泡水市場快速成長，但也面臨著競爭激烈的挑戰

新品、品牌與通路的三方行銷策略

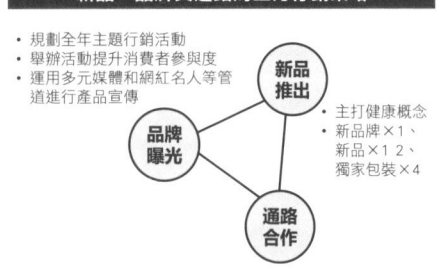

- 規劃全年主題行銷活動
- 舉辦活動提升消費者參與度
- 運用多元媒體和網紅名人等管道進行產品宣傳

新品推出
- 主打健康概念
- 新品牌×1、新品×12、獨家包裝×4

品牌曝光

通路合作

- 強化跨品類促銷和陳列，提升產品曝光度和購買率
- 針對便利購通路推出小包裝、結合熟食銷售的促銷方案
- 整合線上線下資源，推出電子商務節慶／主題活動

圖 4-15　視覺化的目的是為了提升閱讀與理解成效

> **章節重點**

- 一頁報告的重點在於**掌握全貌、增進理解、喚起行動意願**，讓對方清楚報告與他的關聯和效益，並引導其做出決策或採取行動。
- 對於報告對象來說，一頁報告的價值在於節省時間、掌握全貌、聚焦重點與行動指引；而對於報告者本身，一頁報告也有著提升效率、增進說服、展現專業與印象加分的作用。
- 打造有效的一頁報告，掌握以下四個關鍵
  - **明確目標與對象，聚焦核心訊息**：運用「黃金圈法則」釐清目的、對象和有效溝通方式，並根據報告對象的「階層」和「角色立場」來調整訊息的順序與比重。
  - **善用結構化思考，邏輯清晰易懂**：運用「結構化思考」來摘要報告內容，或是結合「邏輯框架」和「邏輯樹」等工具來組織關鍵訊息，並安排故事線。
  - **引導與凸顯價值，帶出行動呼籲**：透過調整標題、副標、精簡文字等方式，引導讀者關注重點訊息。
  - **化解疑慮與阻力，展現專業價值**：避免過度強調視覺化，回歸到以訊息傳達為目的。

4-2 國際顧問都在用的圖表技巧

在現代商業環境中,數據或圖表的視覺化已成為傳達複雜訊息的關鍵工具。

國際顧問公司如麥肯錫管理顧問公司、波士頓顧問公司(BCG)和IBM在這方面有著豐富的經驗和獨特的技巧。他們的圖表設計不僅僅是數據的展示,更是講述故事、傳遞觀點洞察的藝術,值得我們仿效與學習。

我將圖表的視覺化,分為「展現什麼」和「如何展現」兩個部分來探討。

專業顧問會在圖表中展現什麼?

+ 展現關鍵的數據:確保觀看對象能夠快速抓住重點。
+ 說明隱藏在數據中的規律和關係:有助於理解數據背後的故事和意義。
+ 進行數據的比較或對比:比較不同選項或時間段的數據,以便做出判斷。

專業顧問會在圖表中如何展現?

+ 簡單明瞭:確保圖表設計簡潔,避免過多裝飾和複雜設計,便於理

解內容。

+ **保持一致性**：使用統一的顏色、字體和格式，保持視覺上的一致性，這有助於提升專業感和圖表易讀性。
+ **適當留白**：在圖表中留出適當的空白區域，避免訊息過於擁擠，讓觀看對象能夠更輕鬆的聚焦於關鍵數據。
+ **使用顏色來凸顯**：合理使用顏色來區分不同的數據或強調重要訊息，但避免使用過多顏色以免造成混亂。
+ **清晰標題和標籤**：圖表應該有明確的標題和標籤，說明主要訊息和數據來源。
+ **採用合適的圖表類型**：根據要呈現的數據關係選擇最合適的圖表類型，確保訊息能更直觀的被展現出來。

圖表不說明數字，而是說明規律和關係

「出色的圖表不做哪些事？那就是顯示出全部的數字。」

要讓圖表更有效率，就該專注在呈現重要數據的規律和關係。什麼樣的關係？取決於重要數據的脈絡，比方說，圖 4-16 的三張圖表使用相同的數據，但呈現出不同的關係：

1. 呈現「銷售量」隨著時間變化的關係。
2. 呈現「銷售量」相對於「目標值」的表現比較關係。
3. 呈現「銷售量」與「目標值」隨著時間變化的關係，及彼此的表現比較關係。

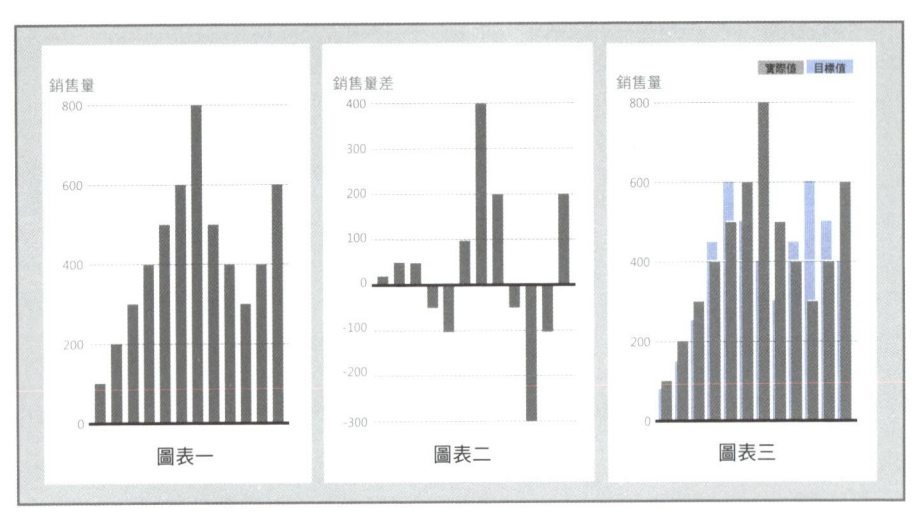

圖 4-16　表現出不同規律和關係的圖表視覺化

　　在圖表一中可以看出銷售量隨著時間變化的關係，在圖表二中則是顯現出銷售量相對於目標值的表現比較關係。在這兩張圖表中，不會看見與特定訊息無關的規律或關係；這是因為這兩張圖表都是為了聚焦在傳達特定訊息而進行的視覺化表達。

　　金融時報首席視覺化專家艾倫・史密斯（Alan Smith）就直言：完美的圖表並不存在。

　　每一張圖表都是一種設計的妥協，鎖定強調一連串數據之間最重要的關係，並忽略不那麼重要的關係。那麼如果我希望展現更多元化的關係怎麼辦？圖表三或許可以回答這個問題，其中可以看見三種不同的數據脈絡與關係。

用兩套圖表解決問題：
分析圖表找線索、表達圖表看觀點

「別用思考的方式來表達。」

這是我從國際商業顧問身上學到的一項重要的觀念。因為職務的緣故，過去經常和一些國際顧問公司交流關於產業趨勢或預估的資訊，我總是很納悶為什麼開會討論時他們所使用的報告與圖表，與最終正式會議上及對外所發表的是截然不同的版本？

他們告訴我，開會討論是在交流思考分析的過程，一切未有定論。報告中的內容與圖表，都是為了運用視覺化的力量，讓彼此的理解與溝通更為順暢；我們可能在圖表中看到很多的訊息，但未必都是有價值的、也可能與結論無關，但這些都是有助於思考的資訊。

當我們的交流有了結論與明確的觀點，就需要重新整理內容與繪製圖表來呼應結論與支持觀點，其他無關的訊息則不該存在於內容與圖表之中。

「訊息的傳遞要精準，而不是豐富。」

提供有助於決策所需的訊息，用合乎邏輯、簡明扼要的方式表達，就是專業顧問的價值。這個觀念對我很受用，也影響我後來在語言或視覺化的溝通表達上，都會格外提醒自己，別用思考的方式來表達。

在前面的章節中曾提到，多數人在進行圖表視覺化的過程中都會踩到兩個陷阱，第一個陷阱是將思考分析過程中的圖表，直接用來表達觀點；第二個陷阱則是選擇了錯誤或不當的圖表展現方式。

這些國際專業顧問，除了專業能力之外，也都懂得避開這兩個陷阱。

他們有自己的一套圖表選擇指南，清楚何時該使用哪一種圖表類型，也知道要採用兩套圖表來解決問題：**用來分析的圖表是為了幫助思**

考與找出線索，用來表達的圖表是為了促進溝通與傳遞關鍵訊息。

分析圖表找線索

重點在於從數據繪製的眾多圖表中，挖掘出隱藏的訊息或趨勢，進而找出問題、以及解決問題的線索。如同一位偵探在犯罪現場尋找蛛絲馬跡，你需要仔細觀察圖表的類型、數據、標籤、軸線、顏色等元素，並結合專業知識和經驗，才能解讀出圖表背後的故事。

舉例來說，在商業分析中，你可能會看到一張產品銷售金額的折線圖。

但是，只看銷售金額的變化趨勢可能不夠，你需要進一步分析，銷售金額的變化與哪些因素有關？（例如：季節性、促銷活動、競爭對手）哪些產品的銷售金額表現最好？哪些表現最差？為什麼？這些趨勢是否預示著未來的機會或挑戰？

表達圖表看觀點

重點在於利用圖表來有效、精準傳達你的觀點和見解，並說服你的報告對象。

你需要根據你的目的、對象偏好和訊息的特性，選擇合適的圖表類型，並運用視覺化技巧來展現數據與關鍵訊息。

舉例來說，你想說服你的老闆投資一個新的行銷方案。

你可以利用長條圖比較新、舊行銷活動的預期投資報酬率，並利用圓餅圖呈現目標市場的組成比例；然後藉由流程圖說明新行銷方案的執行步驟。透過這些圖表，你可以更清晰、更有說服力的傳達你的觀點，並提高對方的接納意願。

那麼具體來說，專業顧問是如何運用兩套圖表來解決問題呢？沿用前面的案例來說明，所使用的原始數據包含了全年每個月的銷售量與目

標的差異、達成率。

月份	銷售量	目標值	差異	達成率
Jan	100	80	20	125%
Feb	200	150	50	133%
Mar	300	250	50	120%
Apr	400	450	-50	89%
May	500	600	-100	83%
Jun	600	500	100	120%
Jul	800	400	400	200%
Aug	500	300	200	167%
Sep	400	450	-50	89%
Oct	300	600	-300	50%
Nov	400	500	-100	80%
Dec	600	400	200	150%
Total	5100	4680	420	109%

數據中有哪些隱藏的訊息？

圖 4-17　從數據中找出有價值的觀點

我們可以透過圖表視覺化找出一些訊息，如下：
+ 銷售量在進入八月開始下滑，可能是淡旺季效應。
+ 全年達成率超標但差異不大，不過每月的差異幅度就很大；特別是七、八月出現近兩倍的達成率，不過九、十與十一月又降至八成以下。
+ 以累計銷售量來看，上半年接近目標值，下半年出現較大幅度超標；若是以每季來看，則是呈現第一、三季超標，第二、四季未達標的狀態。

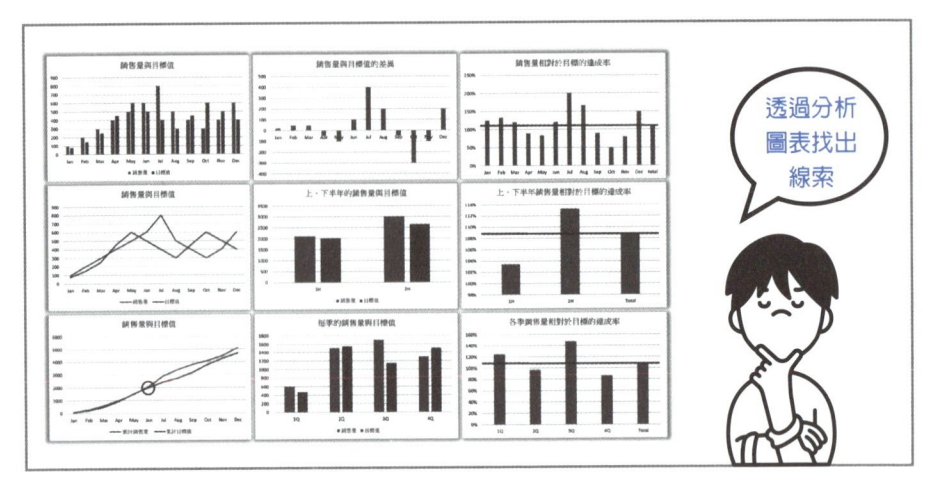

圖 4-18　藉由圖表視覺化更快找出隱藏其中的訊息

　　這裡的圖表視覺化是為了分析思考，因此不太需要重視圖表優化的效果，而是聚焦在訊息的發現與釐清原因，或是導出進階的分析思考，比方說以每季或上、下半年的比較來檢視更多線索。假設在統整與確認相關原因之後，做出了以下結論與觀點：

+ 全年銷售量符合預期，達標率為 109%。
+ 七、八月銷售量出現異常超標，是由於第二季的延單，以及預期第四季價格上漲而提前反應的急單效應。

　　對應這樣的結論，如果是你會用什麼樣的圖表來展現呢？
1. 附上所有分析圖表做為參考。
2. 挑選與結論相關的分析圖表做為參考。
3. 根據結論重新繪製需要的表達圖表。

　　專業顧問會選擇第三種方式，根據結論重新繪製合適的圖表來展現一目了然的觀點。那麼該選擇哪一種圖表類型？又該如何展現出關鍵訊息呢？

你可以參考圖表視覺化章節提供的圖表類型檢索表。由於想呈現的關鍵訊息是達標率的「表現比較」與「趨勢」變化，因此長條圖是較為合適的選擇。此外，需要展現每月、每季與全年的達標率，因此我們可以將繪製圖表的數據重新整理為包含月、季、上下半年與全年的型態，製作出一張這樣的長條圖。然後加粗達標率 100% 的基準線、加上全年達標率 109% 的水準線，並在對應的區域加上關鍵訊息的說明文字，以呼應想表達的結論與觀點。

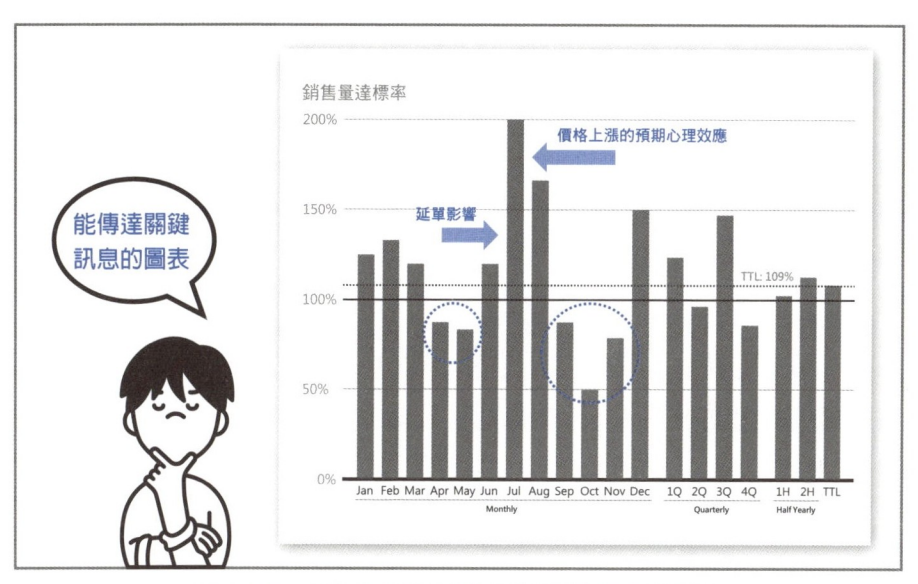

圖 4-19　根據結論與觀點重新繪製的表達圖表

相較於呈現所有或部分的分析圖表，這樣的表達圖表更能簡潔、精準的與想傳遞的結論及觀點相輔相成。

你可以發現，在許多專業顧問或市調公司的報告中所使用的圖表，大多都是常見的圓餅圖、長條圖或折線圖等基本類型，這是為了避免觀看對象還要花心力學習如何看圖表。此外，他們懂得運用兩套圖表來解

決問題，分析圖表找線索、表達圖表秀觀點；只要花些巧思、或是在數據上下點功夫，就能在既有圖表上展現出與眾不同的視覺效果。

就如同這裡的案例，在一開始可能不會聯想到要將每月、每季與全年達成率放在一張圖表中呈現；而是在經過多種分析圖表發現線索與歸納結論之後，再思考如何做出圖表的呈現。

這就是專業顧問活用圖表視覺化的技巧，你學會了嗎？

國際顧問都在用的報告技巧

如何用數據說一個好故事？光是在報告放上圖表是不夠的。

國際知名的數據溝通顧問南西・杜爾特（Nancy Durate）建議：透過三幕劇結構，創造出戲劇化的故事轉折，不僅能吸引對方的注意力，也有助於觀點的理解。

三幕劇結構是一種經典的故事架構，無論是好聽的故事、經典文學或漫威的英雄電影，都可以拆解為三幕劇的結構，包括故事的開端、混亂的中段，以及正面的結局。

+ 第一幕、故事的開端：從數據中看出了問題或機會。
+ 第二幕、混亂的中段：如果忽視問題或錯過機會，將會變得很糟糕。
+ 第三幕、正面的結局：提出有效解決問題或把握機會的觀點。

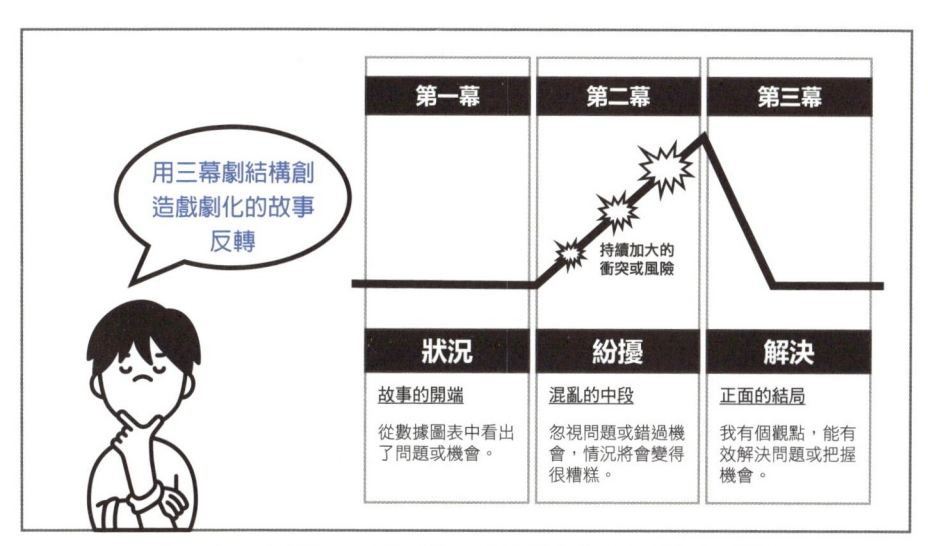

圖 4-20　善用三幕劇結構，鋪陳你從數據中得出的觀點

舉例來說，業務經理準備向高層報告銷售業績的表現，並提出因應市場競爭而導致業績成長趨緩的對策，希望獲得認同。他可以利用三幕劇結構來鋪陳觀點的傳達，並搭配視覺化圖表的展現。

第一幕：故事的開端

在這一部分，需要介紹背景和主要角色，並設置故事的開端。使用長條圖展示過去五年的銷售業績趨勢，以折線圖展現業績成長率變化，並搭配以下敘述：

「過去五年的銷售業績都穩健成長。」

「不過，最近一年的銷售成長開始趨緩。」

「過去五年的銷售業績都穩健成長。」
「不過,最近一年的銷售成長開始趨緩。」

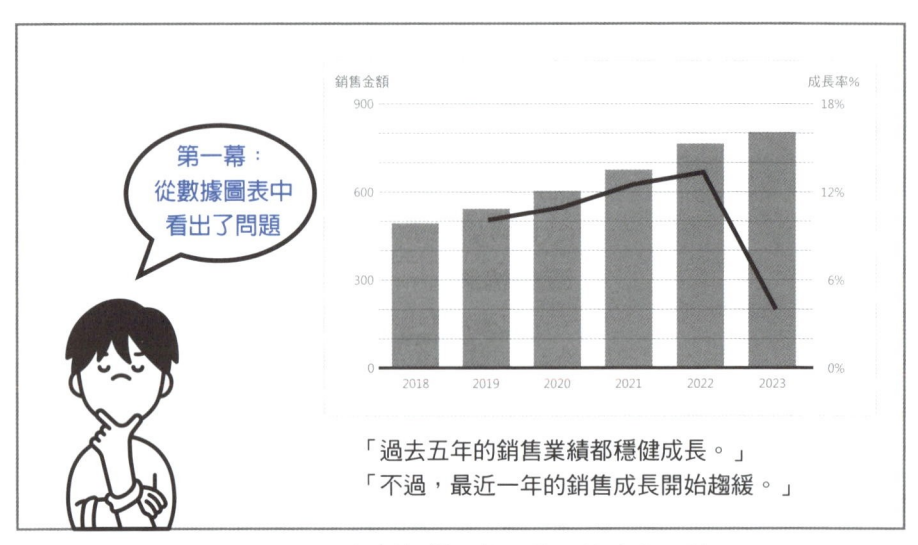

圖 4-21　三幕劇結構的第一幕:故事的開端

第二幕:混亂的中段

在這一部分,需要引入問題或挑戰,這是故事的核心衝突。使用長條圖延伸未來三年的銷售業績趨勢預估,以折線圖展現業績成長率變化預估,並搭配以下敘述:

「主要是由於競爭對手推出新產品,奪取了市占率。」

「預估未來三年業績會出現負成長!」

藉此喚起報告對象的警覺,暗示如果問題放任不管將會造成更大的負面影響,因此希望聽到接下來的因應對策是什麼?期待英雄出現扭轉局面。

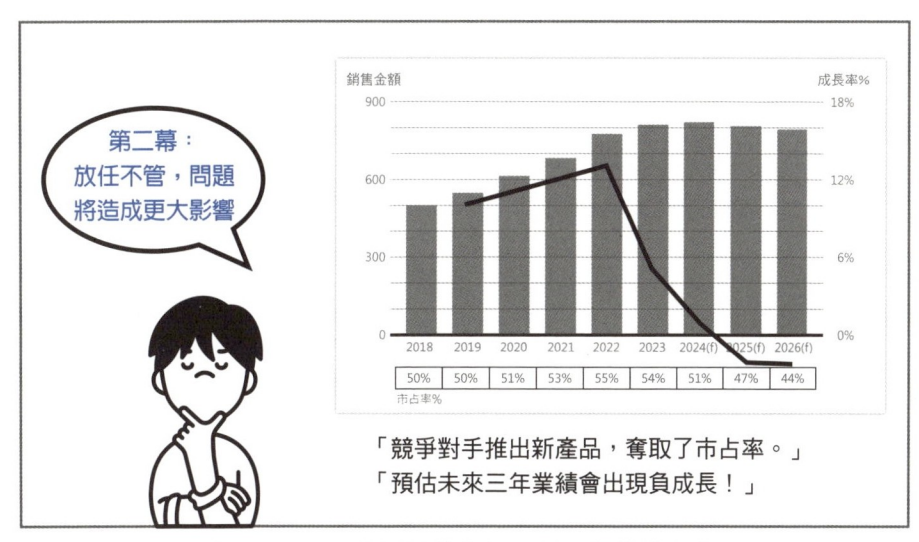

圖 4-22　三幕劇結構的第二幕：混亂的中段

第三幕：正面的結局

在這一部分，需要提出解決方案，並展示其潛在的成效。使用長條圖延伸未來三年推出新產品後的銷售業績趨勢預估，以折線圖展現業績成長率變化預估，同時以虛線表示新產品推出後的成長率變化預估，並搭配以下敘述：

「建議推出新產品，同時加強市場行銷和品牌推廣，預計將帶來顯著的銷售成長，並重新奪回市占率！」

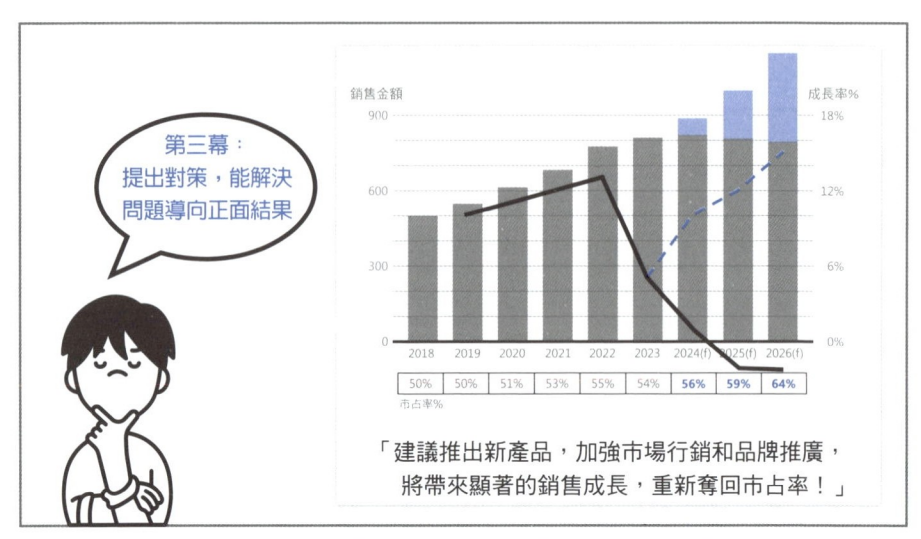

圖 4-23　三幕劇結構的第三幕：正面的結局

　　藉由三幕劇結構，先揭開故事的序幕、再帶出混亂的衝擊與影響，然後拋出眾人期待的觀點或對策，引導往另一個正面的結局。這就是專業顧問常使用的技巧，將數據或圖表轉化為一個有吸引力的故事，讓觀眾更容易理解和記住你的訊息。

章節重點

✓ 專業顧問的圖表設計,重點在於「展現什麼」和「如何展現」。
  • 圖表不應顯示所有數字,而是應該展現關鍵數據、說明數據規律和關係。
  • 根據目的選擇合適的圖表類型;設計簡單明瞭、保持一致性;適當留白、運用顏色凸顯重點;包含清晰訊息的標題和簡潔的標籤。

✓ 專業顧問會採用「兩套圖表」解決問題:分析圖表找線索,表達圖表秀觀點。
  • 分析圖表:從數據圖表中挖掘隱藏訊息或趨勢,找出問題和解決線索。
  • 表達圖表:根據目的、對象和訊息特性選擇合適的圖表類型,並運用視覺化技巧展現數據和關鍵訊息。

✓ 運用「三幕劇結構」將故事力量注入數據中。
  • 先揭開故事的序幕、再帶出混亂的衝擊與影響,然後拋出眾人期待的觀點或對策,引導往另一個正面的結局。
  • 第一幕、故事的開端:從數據中看出問題或機會。
  • 第二幕、混亂的中段:如果忽視問題或錯過機會,後果將不堪設想。
  • 第三幕、正面的結局:提出有效解決問題或把握機會的觀點。

4-3
一張全息圖，
征服所有人的目光

如果能用一張圖，就能將知識或資訊完整呈現、一目了然，該有多好？

全息圖，就是我得出的答案。

這些年我在社群網路、企業培訓或演講上都分享了不少全息圖，用一張圖展現出一本書的知識結構、一場演講或一堂課的內容摘要，不僅達到知識分享的效果，也吸引了眾人目光。

全息圖，
一種提供「周全」訊息的視覺化表達

全息圖，就像心智圖、手繪圖卡、資訊圖表等都是屬於一種視覺化表達的形式。

如果以技術門檻需求的水準、單一畫面的資訊含量來區隔這些形式，我們就可以看出不同形式的定位差異。比方說，心智圖所需要的技術門檻低、也沒有資訊含量的限制，因此深受不少人的喜愛與使用；不過在資訊結構多元性上的表現有限，主要以線性結構來展現資訊之間的

關係，不適合用來描述流程、定位、比較或交集等非線性的資訊結構。

近年來廣受歡迎的知識圖卡、圖文懶人包，或是一個圖示搭配一句話的視覺化表達，力求在單一畫面上的訊息精簡，同時對於技術門檻的需求也不高，對於單一知識點的理解與傳播能發揮更大的成效，吸睛、易於理解，更適用於追求速效的社群媒體上；但也由於資訊含量少的特性，在商業場景或專業領域上的應用也受到限制。

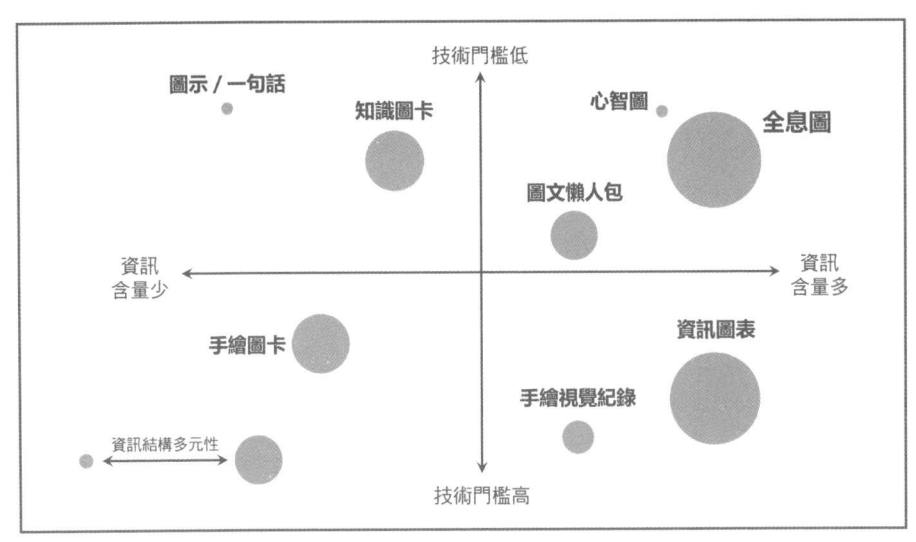

圖 4-24　不同視覺化表達形式的差異比較

與之相對的資訊圖表（Infographic）則是在專業領域常見的視覺化表達形式。

能在一個畫面上展現出美觀精細的豐富資訊，但同時也考驗著美感與設計能力，在技術門檻上的需求較高，因此主要應用在中大型企業、專業顧問公司或新聞媒體等商業場景中。

「有沒有一種形式，既能表現出像資訊圖表那樣豐富的資訊含量與多元化的資訊結構，又能像心智圖這樣簡單、好操作，技術門檻不會太高？」

全息圖，就是我找出來的一種形式。

這種形式源自於過往在企業製作策略藍圖、產品圖解與市場趨勢分析的經驗，也結合了心智圖與資訊圖表的優點，對於視覺的「技術門檻」的需求沒那麼高，而單一畫面的「資訊含量」又能提供更豐富與多元化的展現，特別適合運用在知識產出或策略會議上，既能展現專業、又能發揮視覺化的作用，讓訊息更精簡、濃縮、好記憶。

簡單來說，就是圖文、圖表與圖解視覺化的混合運用。

不過，全息圖也並非全然沒有限制的。它的挑戰在於如何對大量資訊進行理解與消化？如何產出清晰且獨到的觀點與見解？更考驗著一個人的結構化思考能力。至於產出視覺化表達的部分，只要依循著層次劃分、結構設定與視覺優化三個階段，人人都可以做出吸睛易懂的全息圖。

不少人以為全息圖，是要將「全部」的訊息都放入一張圖中。

這其實是一種誤解，全息圖指的是將「周全」的訊息在一張圖中進行層次感、結構性與視覺化的呈現。周全的訊息，是足夠理解一個核心觀點的相關訊息；如果核心觀點是一個知識理論，那麼闡述這個理論所需要的最少資訊有哪些？我們就可以利用這些最少資訊來建構出全息圖的世界。

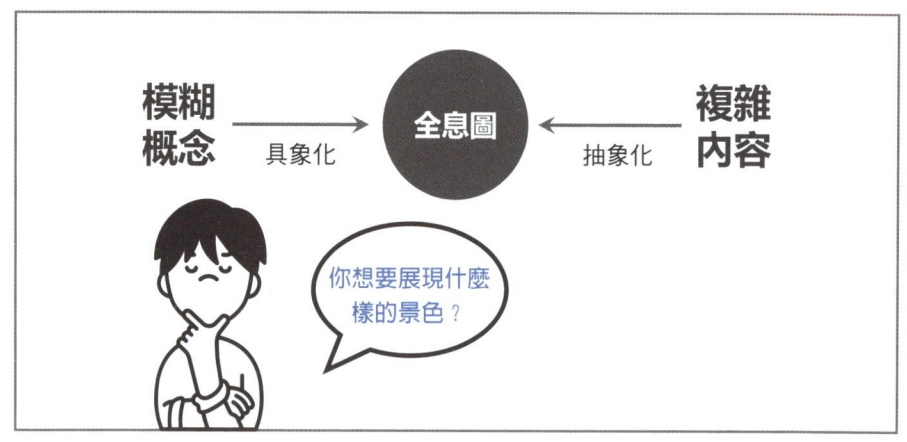

圖 4-25　全息圖可以是模糊概念的具象化，也可以是複雜內容的抽象化

「希望讓觀看對象看到什麼樣的視界？」

這是在製作全息圖時，我希望你能持續思考的一個問題。比方說，一本書的內容，我可以展現作者完整的脈絡觀點，也可以呈現自己理解的核心觀點，或是專注於解決特定問題的方法或技巧，都會影響觀看對象所接收到的視覺化訊息。

而隨著脈絡梳理與轉化為視覺化表達的過程，對於這個問題的答案也可能在改變。因此，黃金圈法則的運用更為重要，需要不時自問：

「我想要透過全息圖傳達什麼觀點？」

「為什麼要說明這個觀點？希望對方的反應是什麼？」

「要如何說明這個觀點，才能讓對方理解並產生期望的反應？」

「具體來說，這個可理解的訊息是什麼？這張全息圖做到了嗎？」

舉例來說，在《亞馬遜的逆向工作法》（天下文化出版）中談到關於亞馬遜這家公司相當多的經營與工作方式，如果我要用一張圖來展現這本書，可以怎麼做？

梳理書中的脈絡主要包含以下觀點：

+ 亞馬遜之道，是以客為尊、又能持續創新的企業文化。
+ 以十四項領導原則為核心，同時建立了能確保將這些領導原則轉化為行動的機制，包括三項：年度計畫流程、最高領導團隊目標流程、亞馬遜薪酬計畫。
+ 在機制中扮演著重要關鍵的，是用來溝通交流的敘事報告與衡量指標。
+ 敘事報告有兩種形式，第一種，是所謂的「六頁報告」，用於描述、評論或提議任何類型的想法、流程與業務；第二種，是新聞稿和常見問答（PR／FAQ），與新產品開發的逆向工作流程有關。
+ 在亞馬遜的衡量指標，是專注在「可控制的投入指標」上，也就是可以直接控制、且最終將影響產出指標的活動。每天都會有一場

「戰情室」會議，資深領導人會分析三頁的指標簡報，找出為了順利因應可能發生的需求，應該採取哪些措施。

這是我在閱讀完這本書之後，覺得對於職場工作者最有幫助的部分，可以用來提升工作上溝通表達與問題解決的效率與效能。

對此，我製作了兩張全息圖，分別展現：

1. 什麼是亞馬遜之道，帶出書中提及的重要內容（圖 4-26）。
2. 亞馬遜的十四項領導原則，帶出行動機制中的重要關鍵（兩種敘事報告形式與衡量指標）與指導原則之間的關聯性（圖 4-27）。

圖 4-26　關於《亞馬遜逆向工作法》這本書的全息圖

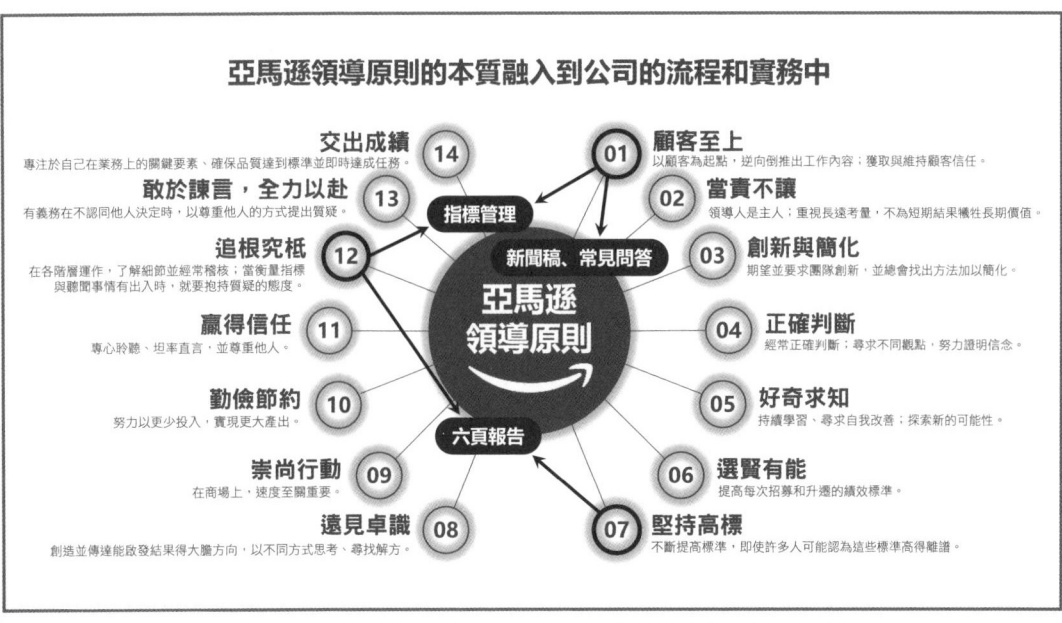

亞馬遜領導原則的本質融入到公司的流程和實務中

14 交出成績 專注於自己在業務上的關鍵要素、確保品質達到標準並即時達成任務。

13 敢於諫言，全力以赴 有義務在不認同他人決定時，以尊重他人的方式提出質疑。

12 追根究柢 在各階層運作，了解細節並經常稽核；當衡量指標與聽聞事情有出入時，就要抱持質疑的態度。

11 贏得信任 專心聆聽、坦率直言，並尊重他人。

10 勤儉節約 努力以更少投入，實現更大產出。

09 崇尚行動 在商場上，速度至關重要。

08 遠見卓識 創造並傳達能啟發結果的大膽方向，以不同方式思考、尋找解方。

07 堅持高標 不斷提高標準，即使許多人可能認為這些標準高得離譜。

06 選賢有能 提高每次招募和升遷的績效標準。

05 好奇求知 持續學習、尋求自我改善；探索新的可能性。

04 正確判斷 經常正確判斷；尋求不同觀點，努力證明信念。

03 創新與簡化 期望並要求團隊創新，並總會找出方法加以簡化。

02 當責不讓 領導人是主人；重視長遠考量，不為短期結果犧牲長期價值。

01 顧客至上 以顧客為起點，逆向倒推出工作內容；獲取與維持顧客信任。

中心：亞馬遜領導原則／指標管理／新聞稿、常見問答／六頁報告

圖 4-27　關於「亞馬遜的十四項指導原則」的全息圖

在這兩張全息圖中，你看見了什麼？

或許第一眼是吸睛的視覺效果，當然這也是我的目的。不過，我也希望透過這些全息圖展現出兼具事物全貌、關鍵訊息與因果脈絡的視覺化呈現。

+ 一個系統的全貌是什麼？
+ 在這個系統中，關鍵訊息有哪些？
+ 訊息之間的脈絡如何流動？

在第二張關於「亞馬遜十四項指導原則」的全息圖中，我也可以降低「圖解視覺化」的比重，採用「圖文視覺化」的方式呈現。看起來如何？也許你會更喜歡這樣的形式，也可能覺得還是前面更偏向圖解視覺化的全息圖比較好。

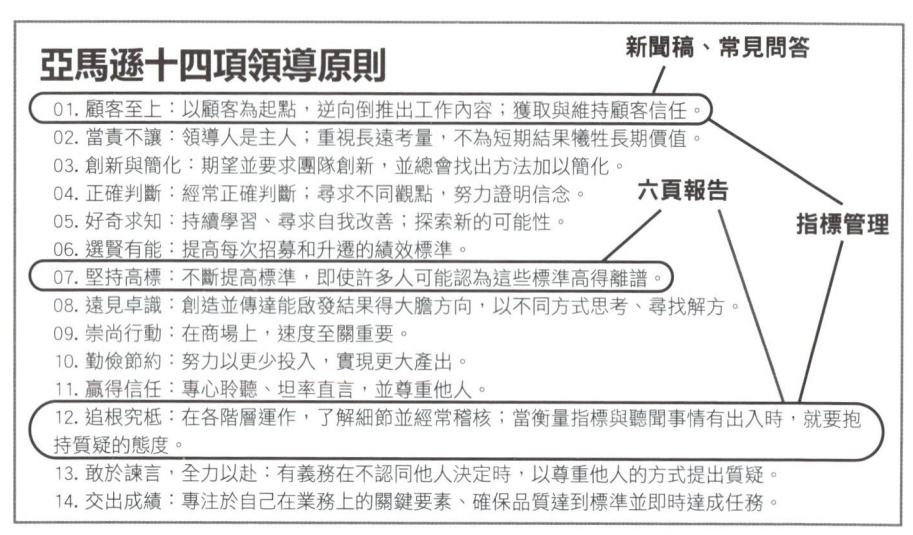

```
亞馬遜十四項領導原則                    新聞稿、常見問答
01. 顧客至上：以顧客為起點，逆向倒推出工作內容；獲取與維持顧客信任。
02. 當責不讓：領導人是主人；重視長遠考量，不為短期結果犧牲長期價值。
03. 創新與簡化：期望並要求團隊創新，並總會找出方法加以簡化。
04. 正確判斷：經常正確判斷；尋求不同觀點，努力證明信念。    六頁報告
05. 好奇求知：持續學習、尋求自我改善；探索新的可能性。              指標管理
06. 選賢與能：提高每次招募和升遷的績效標準。
07. 堅持高標：不斷提高標準，即使許多人可能認為這些標準高得離譜。
08. 遠見卓識：創造並傳達能啟發結果得大膽方向，以不同方式思考、尋找解方。
09. 崇尚行動：在商場上，速度至關重要。
10. 勤儉節約：努力以更少投入，實現更大產出。
11. 贏得信任：專心聆聽、坦率直言，並尊重他人。
12. 追根究柢：在各階層運作，了解細節並經常稽核；當衡量指標與聽聞事情有出入時，就要抱持質疑的態度。
13. 敢於諫言，全力以赴：有義務在不認同他人決定時，以尊重他人的方式提出質疑。
14. 交出成績：專注於自己在業務上的關鍵要素、確保品質達到標準並即時達成任務。
```

圖 4-28　關於「亞馬遜十四項指導原則」更多圖文視覺化的全息圖

無論你偏好哪一種都沒有問題，每個人對於資訊閱讀與理解的偏好本來就不同。我也想藉此提醒你「目的」和「對象」永遠是最重要的，全息圖展現的方式是為了讓觀看對象更容易理解與達到溝通的效果，其次才是提升視覺上的體驗感。千萬別本末倒置。

四個關鍵，
做出獨一無二的全息圖

和圖文、圖表或圖解的視覺化相同，全息圖的製作也是透過脈絡梳理、層次劃分、結構設定與視覺優化這四個步驟來完成。

但隨著涵蓋的資訊量愈大，全息圖也展現出更多的自由度。其中有四個關鍵決定了做出的全息圖擁有什麼樣的樣貌與風格：

　1. 故事線：你如何理解與消化內容，將想法轉化為觀點與故事線？

　2. 層次感：你如何界定故事線中的訊息，什麼是最重要的？哪些

是次要的？
3. 結構性：你希望觀看對象如何閱讀與理解你的畫面？
4. 視覺化：你希望傳達出什麼樣的風格？在觀看對象腦中植入什麼印象？

少了這些，做出來的全息圖就只是一堆文字、圖案或符號的組合而已。有不少嘗試製作全息圖的人向我反映：這真的好難呀！為什麼我做不出令自己滿意的全息圖呢？

我總是分享這四個關鍵點，告訴對方別把重點放在畫面怎麼更好看、更引人注目，而是將焦點放在思考上。你的想法是什麼？你想表達的觀點是什麼？你要如何讓所有人接收到一致的訊息？你希望讓對方留下最重要的印象是什麼？

見樹又能見林，這才是全息圖展現的重點，也是令人著迷之處。

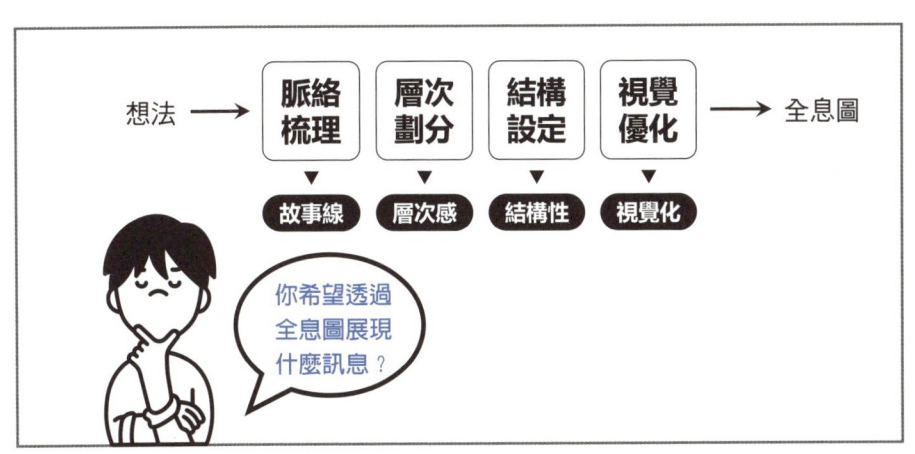

圖 4-29　四個關鍵決定全息圖展現出的樣貌與風格

你所展現出來的故事線，取決於結構化思考的結果，也影響了在視覺化表達上的層次感、結構性與視覺化。與其說全息圖考驗的是視覺化表達的技巧，不如說更大的挑戰在於結構化思考的能力。

舉例來說，樊登在《這樣溝通，九成的問題都能解決》（平安文化）這本書中透過十個篇章告訴我們如何做好溝通這件事。如果以心智圖展現出書中的脈絡（圖 4-30），內容十分豐富。

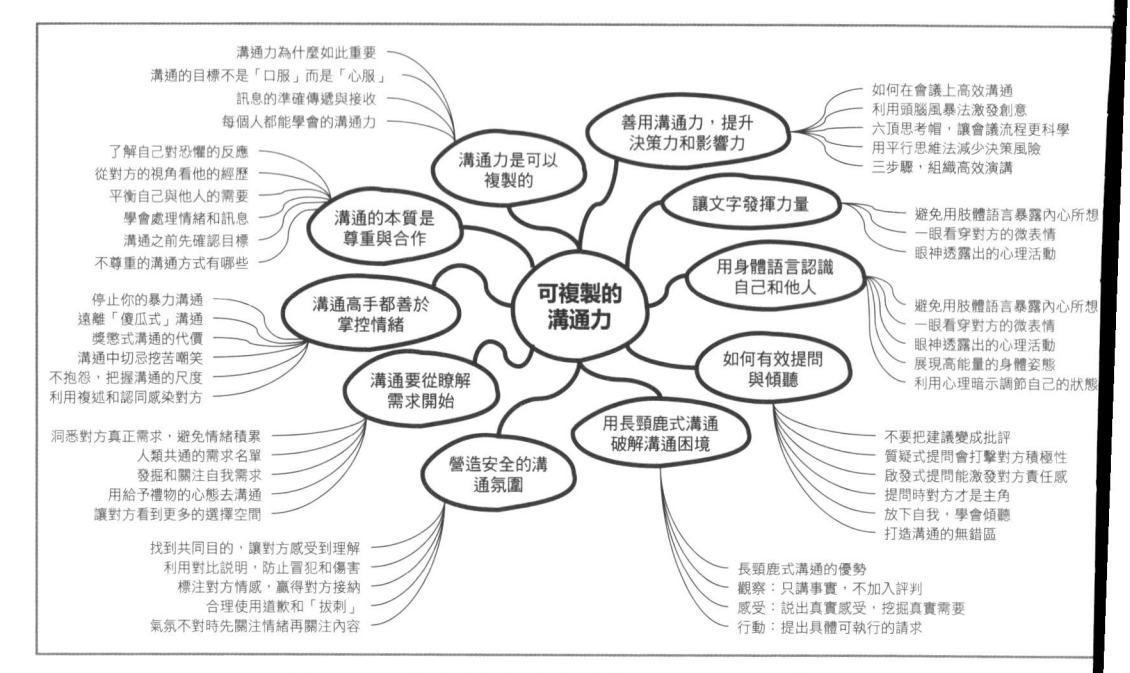

```
                        溝通力為什麼如此重要
                    溝通的目標不是「口服」而是「心服」              如何在會議上高效溝通
                      訊息的準確傳遞與接收                利用頭腦風暴法激發創意
                    每個人都能學會的溝通力                六頂思考帽，讓會議流程更科學
                                         善用溝通力，提升   用平行思維法減少決策風險
        了解自己對恐懼的反應                 決策力和影響力    三步驟，組織高效演講
        從對方的視角看他的經歷    溝通力是可以
        平衡自己與他人的需要       複製的
        學會處理情緒和訊息                       讓文字發揮力量            避免用肢體語言暴露內心所想
        溝通之前先確認目標    溝通的本質是                                一眼看穿對方的微表情
        不尊重的溝通方式有哪些  尊重與合作                               眼神透露出的心理活動
                                       可複製的    用身體語言認識
                                       溝通力       自己和他人
        停止你的暴力溝通                                              避免用肢體語言暴露內心所想
        遠離「傻瓜式」溝通    溝通高手都善於                              一眼看穿對方的微表情
        獎懲式溝通的代價      掌控情緒                                  眼神透露出的心理活動
        溝通中切忌挖苦嘲笑                  如何有效提問                  展現高能量的身體姿態
        不抱怨，把握溝通的尺度               與傾聽                      利用心理暗示調節自己的狀態
        利用複述和認同感染對方  溝通要從瞭解
                            需求開始
                                       用長頸鹿式溝通                  不要把建議變成批評
                                       破解溝通困境                  質疑式提問會打擊對方積極性
        洞悉對方真正需求，避免情緒積累                                    啟發式提問能激發對方責任感
        人類共通的需求名單        營造安全的溝                              提問時對方才是主角
        發掘和關注自我需求        通氛圍                                放下自我，學會傾聽
        用給予禮物的心態去溝通                                          打造溝通的無錯區
        讓對方看到更多的選擇空間
                                           長頸鹿式溝通的優勢
            找到共同目的，讓對方感受到理解         觀察：只講事實，不加入評判
            利用對比說明，防止冒犯和傷害         感受：說出真實感受，挖掘真實需要
            標注對方情感，贏得對方接納          行動：提出具體可執行的請求
            合理使用道歉和「拔刺」
            氣氛不對時先關注情緒再關注內容
```

圖 4-30　藉由心智圖整理書綱所展現出的脈絡

第一步，我們要對進行「脈絡梳理」來整理出觀點與故事線。

從書綱的脈絡不難看出已經具備一定程度的結構化，我們可以直接延用這十個標題來做後續表達的觀點，豐富但缺乏記憶點；也可以選擇其中幾個來做為後續要表達的觀點，像是「用長頸鹿式溝通突破溝通困境」就很吸引我的注意，也是多數人會想要知道的。

我相信你可能還會有不同的方式來展現觀點。

而我會進行歸納，藉由「三個法則」將這十個標題再統整為三個左右的觀點，像是：

1. 高效溝通的學習思維：為有效溝通喝采、對無效溝通進行學習。
2. 突破困境的溝通技巧：善用長頸鹿式溝通。
3. 提高成效的溝通關鍵：傾聽與提問、肢體語言與心理暗示的應用。
4. 善用溝通展現影響力：文字溝通、會議討論與高效演說。

以這四個觀點串聯十個標題與對應內容，不僅有豐富度、也能提升記憶點。

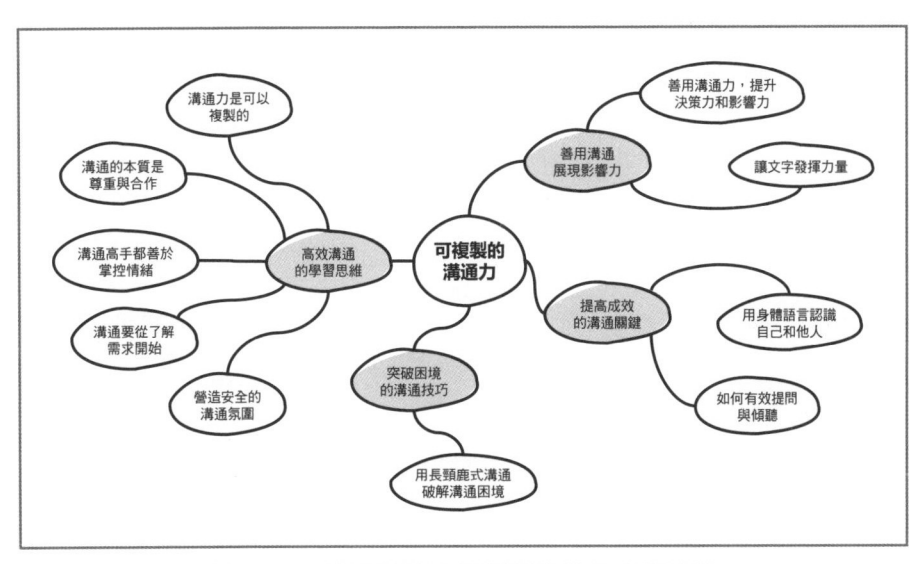

圖 4-31　將內容的十個標題歸納為四個觀點

不過，這樣就能清楚傳達訊息了嗎？光是看這四個觀點和十個標題不足以理解內容在說什麼，但我又不想揭露太多的細節，該怎麼辦呢？我需要萃取出更具體的「一句話」來讓人更好的理解這些觀點所要傳達的訊息，這也是為了鋪陳我的故事線。

因此，我又進一步將觀點與故事線整理為這樣的形式。

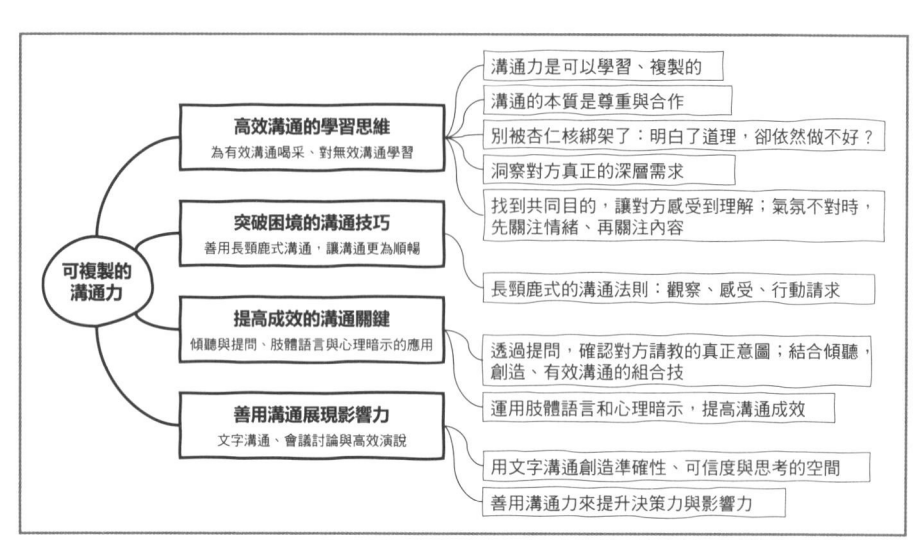

```
可複製的溝通力
├─ 高效溝通的學習思維
│   為有效溝通喝采、對無效溝通學習
│     ├─ 溝通力是可以學習、複製的
│     ├─ 溝通的本質是尊重與合作
│     ├─ 別被杏仁核綁架了：明白了道理，卻依然做不好？
│     └─ 洞察對方真正的深層需求
├─ 突破困境的溝通技巧
│   善用長頸鹿式溝通，讓溝通更為順暢
│     ├─ 找到共同目的，讓對方感受到理解；氣氛不對時，先關注情緒、再關注內容
│     └─ 長頸鹿式的溝通法則：觀察、感受、行動請求
├─ 提高成效的溝通關鍵
│   傾聽與提問、肢體語言與心理暗示的應用
│     ├─ 透過提問，確認對方請教的真正意圖；結合傾聽、創造、有效溝通的組合技
│     └─ 運用肢體語言和心理暗示，提高溝通成效
└─ 善用溝通展現影響力
    文字溝通、會議討論與高效演說
      ├─ 用文字溝通創造準確性、可信度與思考的空間
      └─ 善用溝通力來提升決策力與影響力
```

圖 4-32　藉由結構化思考將內容轉化為觀點與故事線

　　藉由結構化思考，我已經將內容從作者視角轉換為讀者視角，並整理出觀點與故事線。像這樣的產出結果，對有些人來說已經算是一種圖文視覺化的展現了；不過，我們還可以再進一步透過視覺化表達，將它製作為層次感、結構性與視覺化更為豐富的全息圖。

+ 層次劃分，可以延用心智圖整理出來的脈絡層次即可。
+ 結構設定，四個觀點的常用結構包括水平並列、四宮格、蜂巢格與垂直並排。考慮到對應訊息的複雜程度與視覺效果，我會選擇蜂巢格的結構來表現，讓畫面呈現出一種不規律感。
+ 視覺優化，運用留白、對齊、對比、親密與一致等視覺化原則，提升閱讀與理解的效果；或是結合書籍本身的色彩方式來展現主題性的風格。

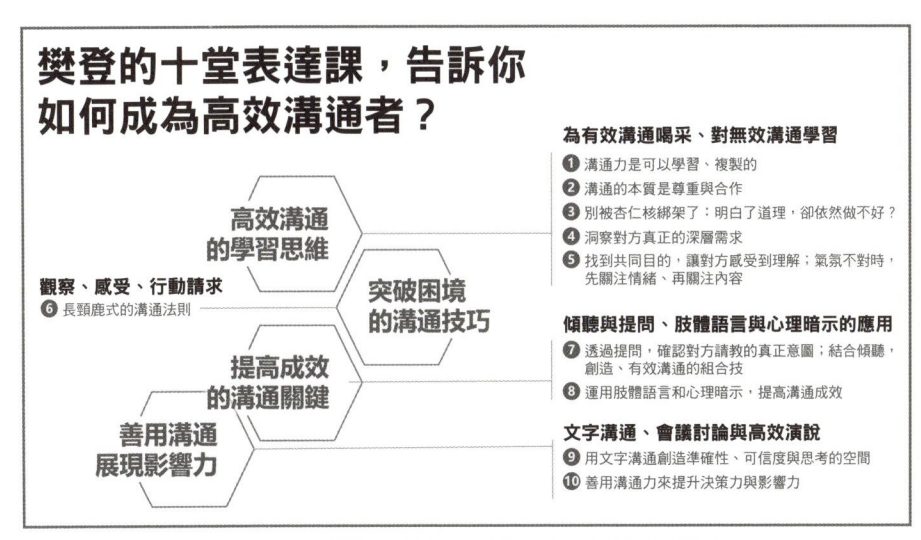

圖 4-33　採用蜂巢式結構所製作出的全息圖

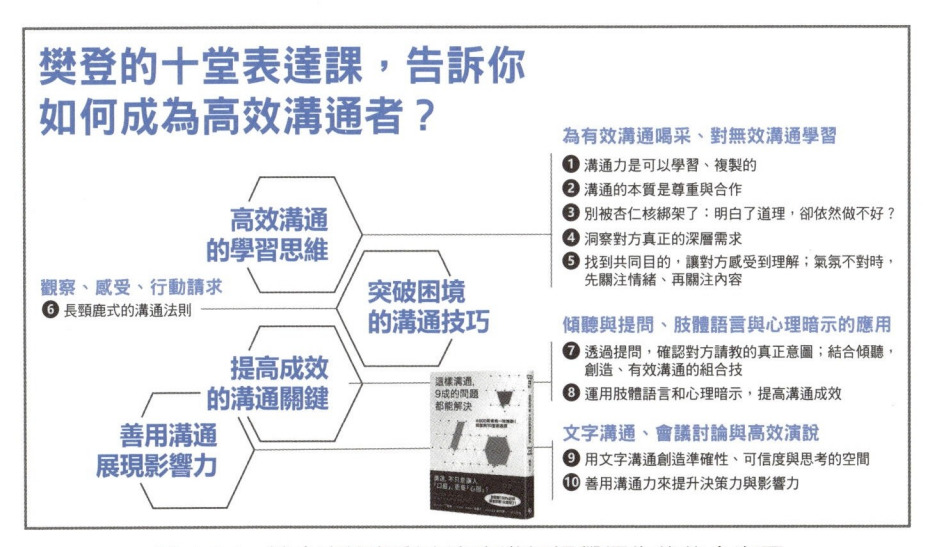

圖 4-34　結合書籍色彩方案來進行視覺優化後的全息圖

第 4 章　升級你的黑盒子　315

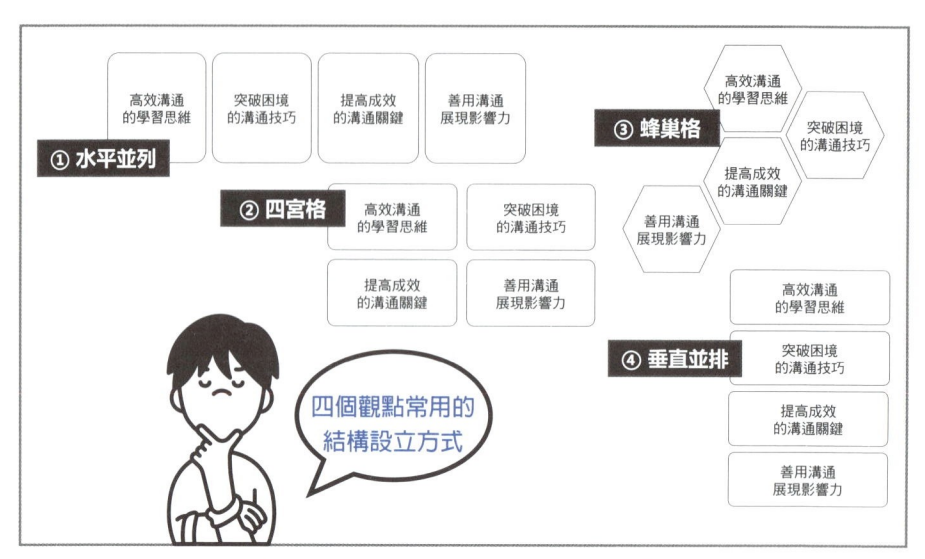

圖 4-35　四個觀點以上的結構設定

　　說到「結構設定」的選擇，蜂巢格是我常使用的一種。

　　特別是有多個觀點或物件需要同時展現在畫面上，有別於矩形圖案僅有上下左右四個方向的延伸，蜂巢格則有六個方向，在排列上有了更多彈性。比方說，史蒂芬‧柯維的《與成功有約：高效能人士的七個習慣》（天下文化出版）和彼得‧杜拉克的《杜拉克談高效能的 5 個習慣》（遠流出版）這兩本書中的觀點十分豐富，運用蜂巢格的形式來展現畫面結構的安排就相當合適。

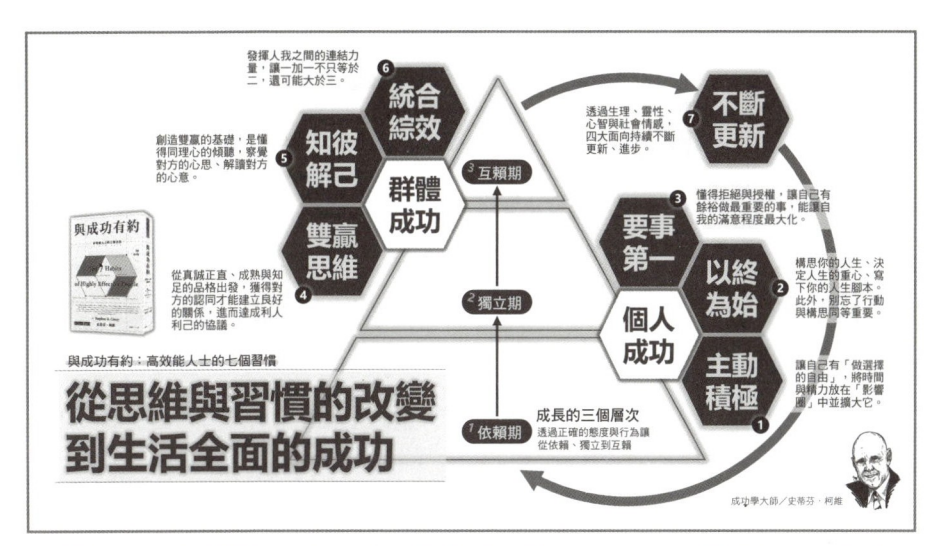

圖 4-36　史蒂芬‧柯維《與成功有約：高效能人士的七個習慣》全息圖

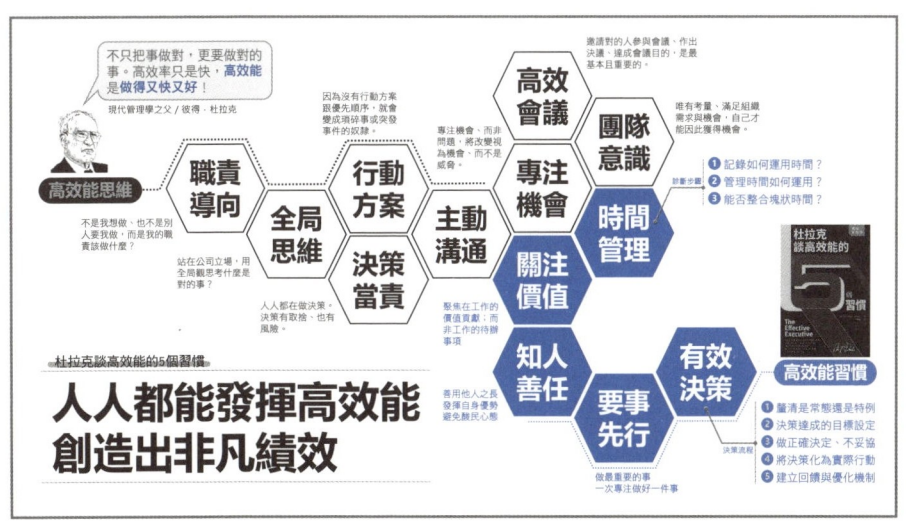

圖 4-37　彼得‧杜拉克《杜拉克談高效能的 5 個習慣》全息圖

第 4 章　升級你的黑盒子　317

將一堂課程濃縮為一張全息圖，吸睛又好記憶

用輸出可以回饋更好的輸入，對於學習也是相同的道理。

做筆記、用心智圖整理或是寫心得文都是常見的輸出方式，確認自己學到了多少內容？檢視理解上有無偏誤？如果要將課程內容濃縮為一張全息圖又該怎麼做呢？

關鍵就在於「梳理脈絡」的階段，你要採用誰的視角？產出什麼觀點？簡單來說，我們可以分為「講授者」與「學習者」這兩種視角。

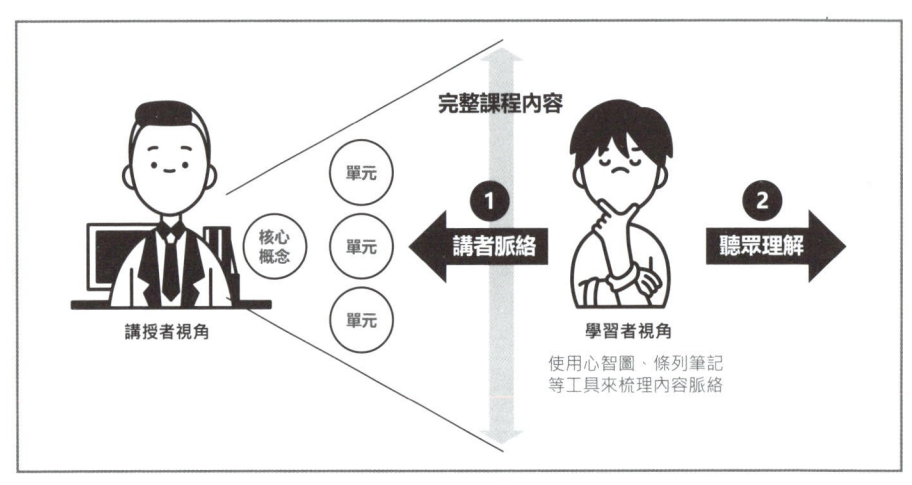

圖 4-38　梳理課程內容的視角與方式

通常講授者的課程內容都是經過設計的，大多會是從初始的核心概念引導出各個單元，然後再開展為具體的課程內容。這樣的內容，可以採用「講者脈絡」的視角來反向回溯講者的核心概念、單元主題與擷取各單元的重點，進而梳理出課程內容的脈絡。

萬一課程內容不是這樣的產出過程呢？

我曾經聽過不少課程或演講，是先蒐集了許多素材、再組裝出一套

內容；這樣的課程內容或許還是有很多知識點，但在結構性上就相對沒那麼完整了。這時候，可以採取「聽眾理解」的視角就自己接收到的資訊與理解，來整理出一套內容脈絡。

不同的聽眾，可能就會有不同的資訊接收與理解，所梳理出來的內容脈絡也會大不相同，也影響後續產出的心得文、心智圖或視覺圖解。當課程內容的脈絡梳理出來後，就完成了脈絡梳理的步驟；接下來，只要按照剩餘的層次劃分、結構設定與視覺優化三個步驟製作出全息圖即可。

在企業授課或演講結束後，我總習慣用一張全息圖做總結。

一方面讓聽眾眼睛為之一亮，另一方面也是為了幫助他們複習與記憶內容的重點，為整個體驗畫下完美的句點。舉例來說，有次我到企業講授了一場以「商務簡報行銷術」為主題的演講，內容包括四個部分。既然製作出的全息圖是為了回扣整場演講的內容，因此在演講前規劃的這張心智圖，自然可以視為「講者脈絡」梳理的結果。

接下來的挑戰是，如何在有限的畫面上放入最重要的訊息並讓大家感受到層次感、結構性與視覺化的成效？

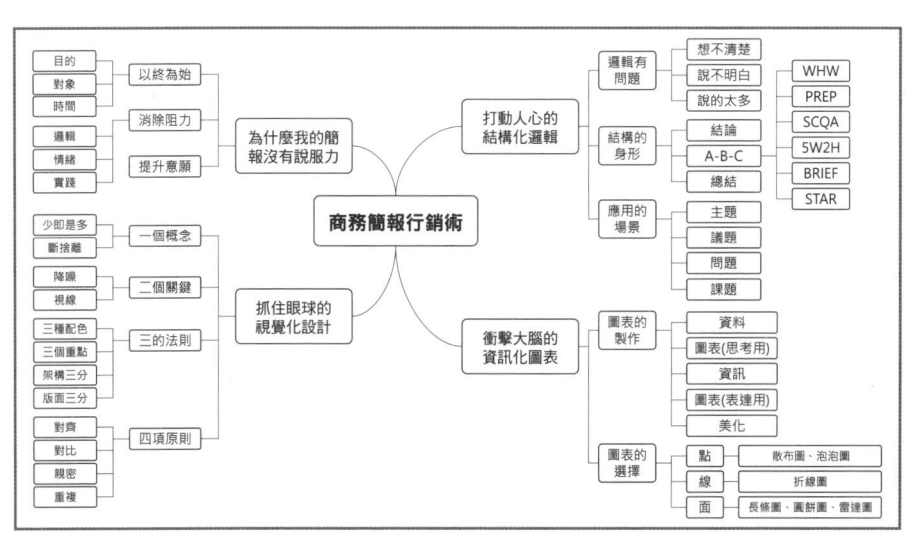

圖 4-39　課程內容綱要的心智圖

首先,從「層次劃分」開始。

我想要傳達的核心概念是「為什麼簡報沒有說服力?」與「該如何提升簡報的說服力?」來帶出三個提升簡報說服力的技巧。因此,將資訊內容的層次重新調整一下。

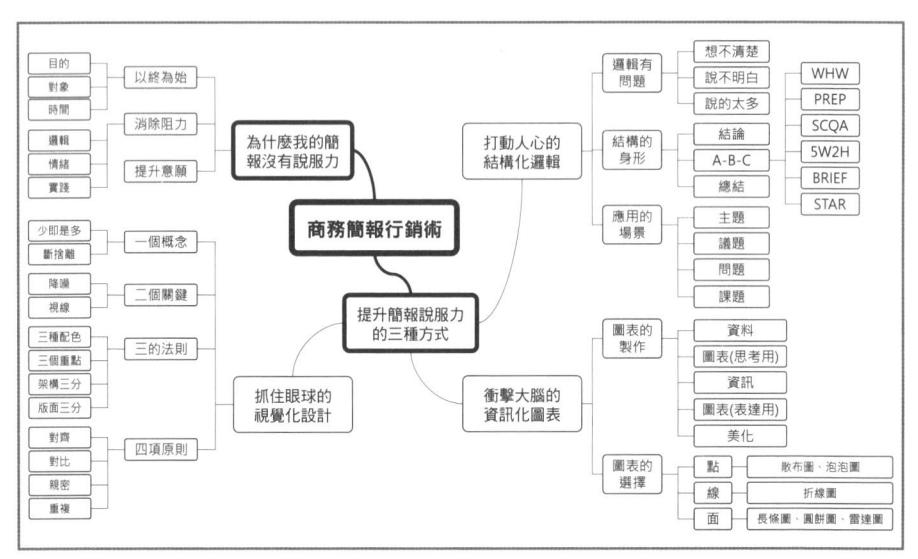

圖 4-40　進行「層次劃分」以區隔出主要、次要層次的訊息

其次,是畫面的「結構設定」。

對應兩個核心概念的內容比例,將畫面劃分出兩個區塊。

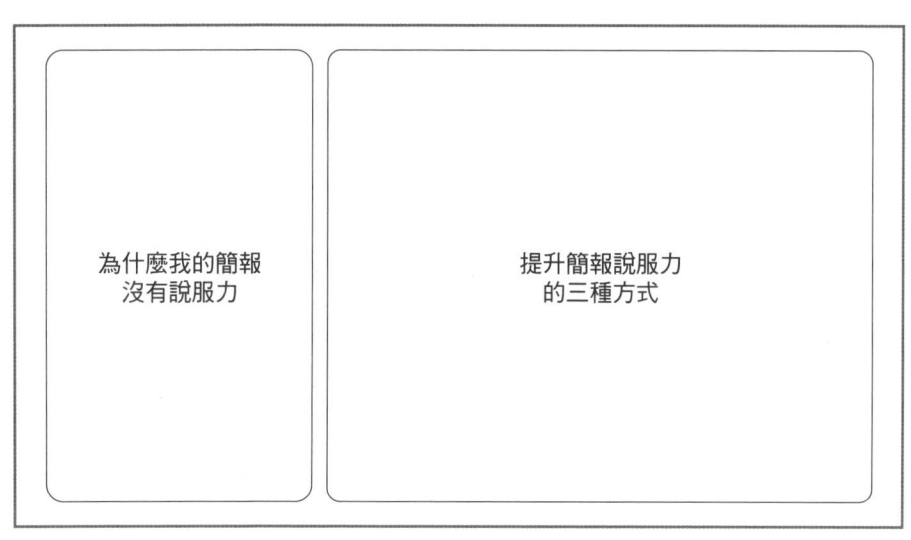

圖 4-41　全息圖的兩個資訊區塊

然後設定全息圖的主體結構，採用的是環狀展開的「流程圖」結構。環繞著這個主體結構，我將對應的資訊放置在畫面當中，並透過大小比例、圖案變化來區隔出層次上的不同。

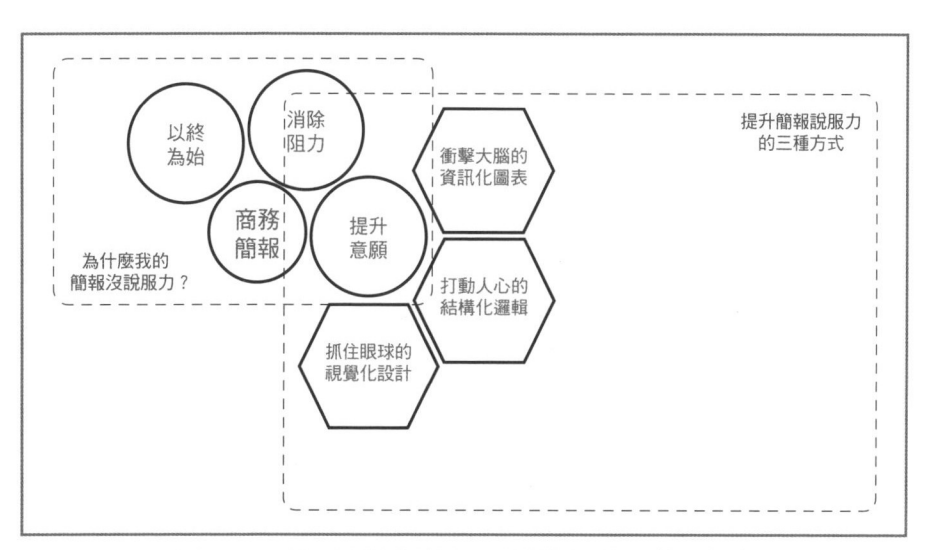

圖 4-42　進行「結構設定」並將對應資訊放置上去

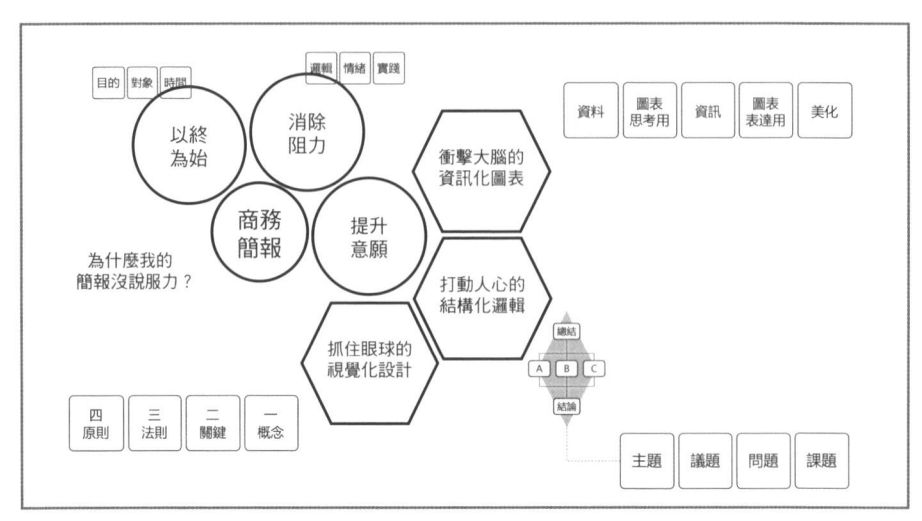

圖 4-43　逐一將次要與輔助資訊放置到對應位置

最後，進行「視覺優化」的階段。

加入主標題，將輔助訊息加上去，同時運用留白、對比、對齊、親密、一致等視覺原則，以及色彩方案、字型組合的套用，提升整體視覺上的體驗感。

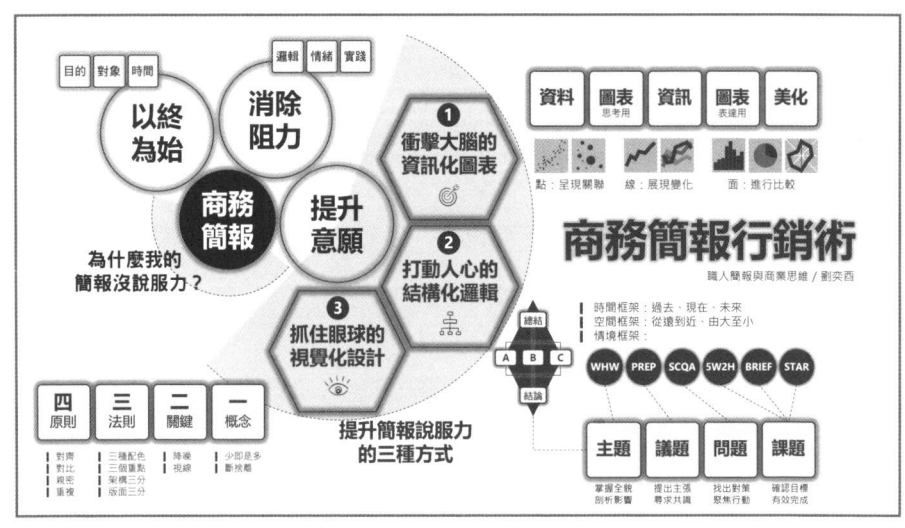

圖 4-44　進行「視覺優化」並產出最終的全息圖

透過四個步驟，就可以做出吸睛又有記憶點的全息圖，也能做為後續的行銷素材。

藉由全息圖，
實踐真正的學以致用

將知識內化，並在工作或生活中實踐，光是做筆記是不夠的。

我們需要的是完整的輸入、處理與輸出的循環過程，而全息圖就是一個這樣的過程。需要輸入知識內容，並藉由「結構化思考」來處理、透過「視覺化表達」來輸出，幫助自己更好的消化與組織為結構化的內容，整合到大腦的知識系統中。

如果你發現自己做了許多筆記、也畫了心智圖，但始終不知道如何運用知識。我想這是因為你停留在輸入與處理的階段，而沒有輸出；更有可能連處理的階段都沒有，只是單純的節錄與抄寫知識內容，像這樣只有輸入的話，隨著時間很快就遺忘了。

為什麼全息圖可以幫助你更好的學以致用？

因為筆記或心智圖，可以讓你無止境的記下所有的資訊；但全息圖或任何一張紙的視覺化表達方式，能訓練你在有限的空間去思考什麼是最重要的資訊？如何賦予這些資訊一個清晰的結構？而視覺化的過程也能幫助你更加強記憶。

可以說，透過脈絡梳理、層次劃分、結構設定與視覺優化的過程，看起來好像是做一張圖，但其實上是在訓練結構化思考與視覺化表達的能力。長期下來，能大幅提升你的閱讀與理解能力，也能更快看透事物的本質，包括核心重點與脈絡關係。

此外，產出的全息圖也是絕佳的行銷素材。

在這個時代你不該忽視每一個產出價值的機會，掌握與產出全息圖

不僅能幫你做好知識管理、也能實現知識變現。

> **章節重點**
>
> ✓ 全息圖是一種提供「周全」訊息的視覺化表達，結合了心智圖與資訊圖表的優點，適合用於知識產出或策略會議。
> ✓ 製作全息圖的重點，在於思考「希望讓觀看對象看到什麼樣的視界？」
> ✓ 四個關鍵，做出獨一無二的全息圖：
>   - 故事線：你如何理解與消化內容，將想法轉化為觀點與故事線？
>   - 層次感：你如何界定故事線中的訊息，什麼是最重要的？哪些是次要的？
>   - 結構性：你希望觀看對象如何閱讀與理解你的畫面？
>   - 視覺化：你希望傳達出什麼樣的風格？在觀看對象腦中植入什麼印象？
> ✓ 全息圖可以幫助實踐學以致用，將知識內化並輸出，並可做為行銷素材。

4-4 向高手學習，化為自己的經驗

　　觀摩高手的作品，並嘗試拆解其背後的思考脈絡與技巧運用，是幫助我們快速掌握訣竅的有效途徑。然而，在這個過程中常會遇到一些阻礙、盲點與挑戰：

+ **只有模仿不等於學習**：模仿只是學習的第一步，更重要的是理解和內化對方的思考方式和表達技巧。一個好的視覺化作品，除了看得到的技巧之外，還有作者的思考脈絡、專業知識和豐富經驗等背景經歷。如果我們對其背景經歷缺乏足夠的了解，就難以真正理解作品背後的思考邏輯、產出觀點的脈絡與依據。

+ **追求技巧而忽略內容**：一個視覺化作品第一眼吸引到我們的，可能是配色、構圖和整體給我們的視覺體驗。但作品真正的價值，最終還是取決於內容和想要傳達的訊息是否能有效的被觀看對象所接收到；而這才是我們更需要學習的部分。

+ **缺乏有效練習與應用**：學習到的技巧如果沒有經過充分的練習和應用，就很難轉化為自身的能力；但不少人的阻礙就在於不知道如何練習和應用。此外，一味模仿對方的風格，也可能會限制自身的創造力和獨特性。

有效突破阻礙與盲點、克服挑戰的對策，就是透過「脈絡梳理、層次劃分、結構設定與視覺優化」四個階段來拆解與分析作品，將高手的經驗內化，轉化為自身的能力。

逆向學習，
拆解與學習高手的作品

有別於從想法轉化為圖像的過程，當我們在拆解高手的作品時，其實是反過來的。

+ 視覺是如何優化的？這是作品呈現的門面，也是最容易被觀察到的部分。透過分析作品在色彩運用、字體選擇、排版布局、圖像運用等方面的技巧，可以學習到如何讓作品更具吸引力和專業感。

+ 結構是如何設定的？這是作品邏輯和內容組織的骨架。觀察作品如何利用空間、箭頭、線條或圖示等元素來引導讀者的視線，以及如何利用不同的邏輯框架或圖解框架來組織資訊，可以學習到如何讓作品更清晰易懂。

+ 層次是如何劃分的？這是作品中不同資訊的重要性排序。透過分析作品如何利用視覺元素來區分資訊的重要性，例如字體大小、顏色深淺、排版位置等，可以學習到如何讓作品的重點更突出，更容易被讀者理解。

+ 脈絡是如何梳理的？就像是在解開一個謎題的最終答案。我們可以先透過觀察與拆解作品，了解高手在視覺、結構和層次上的設計選擇，進而推敲出他們想要傳達的訊息和解決的問題，想要達成的目的和設定的對象。

「逆向學習」的過程，就像是在拆解一台精密儀器，從外觀到內部構造，逐步理解其運作原理。在拆解的過程中，我們不僅可以學習到高

手的技巧和方法，更可以從中獲得啟發，進而應用到自己的創作中。

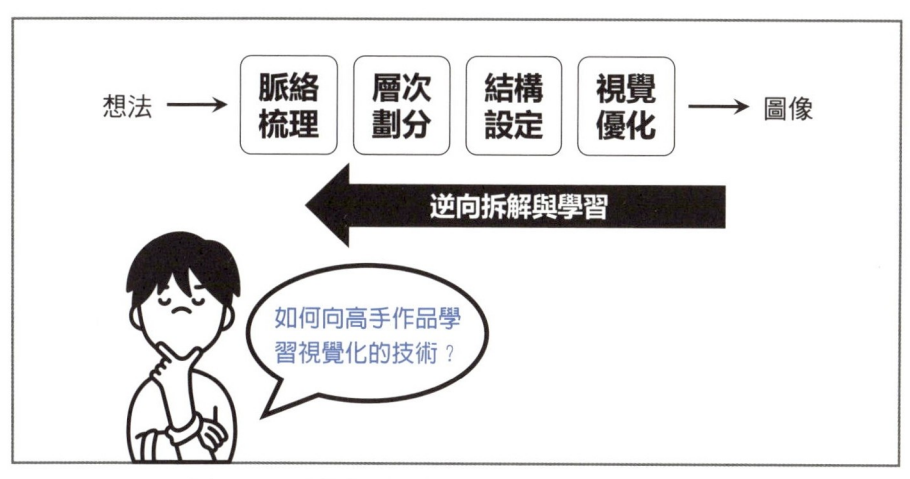

圖 4-45　透過四個階段的反向拆解高手的作品

具體來說，四個階段該怎麼做呢？

第一步、視覺是如何優化的？

+ 視覺原則的運用：學習高手如何運用視覺化原則，例如留白、對齊、對比、親密、重複等，讓作品更具專業感和視覺吸引力。
+ 視覺質感的提升：觀察高手如何使用顏色、字體、圖像等元素來提升作品的視覺質感，並嘗試將這些技巧應用到自己的作品中。
+ 個人風格的展現：在學習高手的技巧的同時，也要觀察是什麼讓我們一眼看到作品就知道是誰的作品，並思考如何融入自己的風格，讓你的作品更具獨特性。

第二步、結構是如何設定的？

+ 空間規劃：觀察高手如何利用空間來組織資訊，例如利用留白、對

比、對齊和一致等技巧，讓資訊更容易被閱讀和理解。

+ **視線引導**：觀察高手如何利用視覺元素來引導觀眾的視線，例如利用顏色對比、線條、圖示等，讓觀眾的視線自然的隨著作品的邏輯流動。
+ **模式選擇**：學習高手如何根據不同的內容和目的，選擇合適的圖表、圖解或圖像來呈現資訊。例如，使用樹狀圖來呈現層級關係，使用流程圖來呈現步驟流程，使用矩陣圖來呈現多個因素之間的關係。

第三步、層次是如何劃分的？

+ **如何區分資訊的重要性**：高手的作品通常會將資訊分層呈現，區分出重要資訊和次要資訊，並透過視覺元素引導觀眾的視線，例如運用字體大小、顏色深淺、排版位置等區分資訊的重要性。
+ **有哪些簡化資訊的痕跡**：觀察高手的作品是如何將複雜的資訊拆解成更小、更容易理解的部分。如果是自己又會如何簡化，差異在什麼地方？透過比對來學習高手是怎麼做到的。
+ **找出資訊之間的關聯性**：高手的作品通常會將相關的資訊組織在一起，我們需要學習如何找出這些資訊之間的關聯性，例如因果關係、層級關係、時間順序等，並思考如何以更清晰的方式呈現這些關聯。

第四步、脈絡是如何梳理的？

+ **理解作品的背景、目的、受眾**：在分析作品前，先了解其背景資訊，例如作品的創作目的、目標受眾、創作背景等，才能更好的理解作品的意義和價值。
+ **找出作品的核心觀點**：高手的作品通常會有一個明確的目標或想要傳達的訊息。仔細閱讀、觀察作品，並試著找出這個核心觀點。

+ **分析作品的故事線結構**：觀察高手如何組織作品的結構、邏輯和流程，找出圍繞著核心觀點的故事線是如何鋪陳的。

就我個人的經驗，第四步是最為困難的。因為我們可能缺乏對方的背景經歷，未必能真正理解作品背後的思考邏輯、產出觀點的脈絡與依據。此外，有些作品的資訊量很大，我們可能會迷失在細節中，而無法抓住作品的核心觀點和關鍵訊息。

克服這個挑戰的建議有三個：

1. **求精，不求多**：選擇自己真正欣賞的高手作品，幾位就好、不用多。如此一來，我們才會更有動力去學習和分析，也能長時間從作品中更理解一個人的思考脈絡、慣用技巧與風格是如何展現的。
2. **嘗試多角度分析**：不要局限於單一角度，試著從不同的角度，例如作者視角、讀者視角、知識豐富者的視角，或沒有背景經歷的視角，來多方面分析作品。
3. **積極尋找回饋**：將你的學習成果與他人分享，並積極尋求回饋，可以幫助你發現自身的不足，並獲得進一步提升的動力。

從賈伯斯身上學習到三的法則與留白的技巧

從賈伯斯的簡報中，我們可以學習到以下幾個關鍵技巧：

+ **簡潔明瞭**：賈伯斯的簡報通常文字很少，重點在於圖像和關鍵詞，這樣可以讓觀眾更容易理解和記住重點。
+ **故事線**：他擅長將數據和資訊編織成一個引人入勝的故事，這樣可以更好的吸引觀眾的注意力。

+ **三的法則**：賈伯斯經常將內容歸納為三個主要重點，這樣可以讓觀眾更容易記住和理解，再結合高質量圖片和簡單圖表來強調重點，這使得他的簡報設計簡單但富有視覺衝擊力。

如果說從賈伯斯的簡報中學到最多的，我想會是三的法則、簡潔、藉由留白來創造出聚焦的效果，以及故事線的安排。

三的法則，時常出現在賈伯斯時期的蘋果產品發布會中，像是三種產品規格的對比、三種色彩方案、畫面中三階層的訊息層次劃分等。

在 2007 年第一代 iPhone 發布時，賈伯斯將整個簡報構建成一個故事。

首先介紹了三個革命性產品：一個寬螢幕 iPod、一個革命性的手機和一個突破性的網路通訊設備。**然後**，賈伯斯揭露這三個產品其實是同一個設備，並拿出了 iPhone。這種故事性的鋪陳不僅引人入勝，還讓觀眾對產品有了更深的理解和期待。

在隔年的產品發布會上，賈伯斯從信封中取出 MacBook Air，這個動作本身就講述了一個故事，強調了產品的輕薄特性，這種視覺化的故事講述方式同樣讓觀眾印象深刻。

這些技巧也影響著我在「結構化思考」與「視覺化表達」的表現，如何用更少表達更多。

向頂尖企業、專業顧問與商業雜誌，學習視覺化的技術

在資訊爆炸的時代，如何快速且有效的傳達複雜資訊，成為了一項重要的技能。

無論是企業報告、產品發布會還是商業雜誌，視覺化技術都扮演著關鍵角色。因此，觀摩頂尖企業、專業顧問和商業雜誌的視覺化作品並

		頂尖企業	專業顧問	商業雜誌
拆解階段	視覺優化	使用品牌色和高品質圖像來提升吸引力和可讀性；採用深色背景和高對比度文字來確保資訊清晰易讀。	使用一致性的色彩方案與簡約設計來提升圖表吸引力與可讀性；運用箭頭和百分比來強調重點。	追求快速理解為主要訴求，視覺上保持簡潔明瞭、避免過多裝飾；風格上更注重學術和專業性。
	結構設定	選擇簡潔且技術性強的圖解形式，如產品開發藍圖、技術架構圖、性能對比圖和流程圖。	選擇簡單圖表類型；有時會使用複合式圖表來呈現趨勢變化與比較，或運用矩陣圖來示市場定位和競爭策略。	選擇簡單圖表類型，如長條圖、折線圖和圓餅圖；透過流程圖或矩陣圖來展示機制或定位的訊息。
	層次劃分	劃分資訊的重要層次，區分主要技術創新、性能提升和應用場景。	突顯主要策略和建議，並提供詳細的數據分析和市場洞察。	揭露主要市場趨勢和關鍵數據，並提供詳細的數據分析和專家觀點。
	脈絡梳理	使用樹狀圖或心智圖整理資訊脈絡，確保每個資訊點之間的關聯性和邏輯性。	理解並消化大量數據和研究報告，確保資料準確性和可信度，以展示市場分析和趨勢預測。	使用多元資料來源，確保內容的豐富性和權威性。
參考對象		高科技產業（Apple, Microsoft, Google, Intel, Nvidia, Tesla, Samsung, etc.）快速消費品產業（P&G, Unilever, Nestlé, etc.）	McKinsey & Company, BCG, Gartner, IBM GBS, Deloitte, EY, etc.	Harvard Business Review, The Economist, etc.

圖 4-46　視覺化作品的拆解分析與比較

從中學習與汲取靈感，對於提升視覺化技術來說是個絕佳的練習。

如何解讀與學習呢？同樣是透過脈絡梳理、層次劃分、結構設定與視覺優化四個階段來拆解他們的視覺化作品，無論是圖文搭配、圖表展現或是圖解說明都是適用的。我歸納整理了一些值得長期追蹤與學習的對象，供各位參考。

總結來說，共通之處包括：

+ **資料準確性和可信度**：無論是頂尖企業、專業顧問或商業雜誌，都非常重視資料的準確性和可信度，在脈絡梳理上會確保每個資訊點之間的關聯性和邏輯性。
+ **簡潔明確的結構設定**：在圖表或圖解視覺化上都追求簡潔，使用簡單的圖表或圖解類型、避免過多的裝飾，主要訴求是讓讀者能夠快速理解圖表所傳達的訊息。

+ **層次分明的資訊呈現**：劃分資訊的重要層次，區分出主要、次要和輔助資訊，讓讀者可以快速抓住關鍵訊息，同時也能深入了解細節。
+ **視覺優化提升體驗感**：非常注重視覺設計，使用品牌色、一致性的色彩方案和高品質的圖像來提升視覺化的吸引力和可讀性。

對於想要學習與提升視覺化技術的讀者來說，可以參考以下準則：

+ 圖文視覺化，看蘋果、微軟或輝達等科技龍頭的產品發布會。
+ 圖表視覺化，看《哈佛商業評論》或《經濟學人》等商業雜誌。
+ 圖解視覺化，看商管書籍或專業顧問的研究報告。

向頂尖企業、專業顧問和商業雜誌學習視覺化的技術，可以幫助我們更有效的傳達複雜的資訊。透過脈絡梳理、層次劃分、結構設定和視覺優化這四個階段，不僅可以幫助你拆解各種視覺化作品中的技巧，也能用來診斷與改善成效不彰的視覺化作品。

這樣做，你便能在工作報告、商業提案或社群媒體上，運用這些視覺化技術更好的傳達資訊，達到觀點溝通、知識分享與價值展現的效果。

> **章節重點**

- 學習高手的作品,重點在於理解和內化對方的思考方式和表達技巧,並透過練習和應用將其轉化為自身的能力。
- 逆向拆解與學習高手的作品:
  - 視覺是如何優化的?可以學習到如何讓作品更具吸引力和專業感。
  - 結構是如何設定的?可以學習到如何讓作品更清晰易懂。
  - 層次是如何劃分的?可以學習到如何讓作品的重點更突出,更容易被讀者理解。
  - 脈絡是如何梳理的?可以推敲出作者想傳達的訊息和解決的問題,以及目標受眾和創作目的
- 向頂尖企業、專業顧問和商業雜誌學習視覺化的技術,可以幫助我們更有效的傳達複雜的資訊。

4-5
智能化時代，AIGC 能幫上什麼忙

2024 年以來，相信許多人都感受到人工智慧帶來的衝擊。

特別是「生成式人工智慧」或者說「人工智慧產生內容」（Artificial Intelligence Generated Content, AIGC）的應用，至今的發展已經顛覆我們對於資訊的理解與對話方式，包括以下具體的改變：

+ **資訊獲取的便捷性**：AIGC 工具如 ChatGPT 可以快速生成和總結大量資訊，讓我們更容易獲取和理解複雜的內容。這些工具能夠根據我們的需求與提問，提供個性化的資訊和建議，提升學習和工作的效率。

+ **資訊對話的互動性**：生成式人工智慧能夠模擬人類對話，讓我們能夠以自然語言進行互動，這改變了我們與資訊的對話方式。像是 NotebookLM 可以根據我們的筆記、文件或資訊來源，生成相關的問題和總結，促進更深入的思考和理解。

+ **資訊展現的視覺性**：AIGC 工具如 Midjourney 和 DALL-E 可以根據文字描述生成圖像，幫助我們將抽象概念具體化，提升視覺化表達的效果。這些工具使得數據和資訊的展示更加直觀和易於理解。

+ **資訊創作的效率性**：生成式人工智慧可以提供多樣化的創意和靈

感，幫助我們在創作和問題解決的過程中找到新的視角和方法。像是 Notion AI 可以幫助生成文章、會議日程等，提升創作效率。

這些改變不僅提升我們處理和理解資訊的能力，還改變我們與資訊互動的方式。如果我們能充分運用這些改變在視覺化溝通的「結構化思考」與「視覺化表達」上，就能大幅提升觀點產出與視覺化圖像展現的速度和品質。

當下 AIGC 的發展現況與主要工具

AIGC 在近年來取得了迅速發展，並在多個領域展現出巨大的潛力和應用價值。以下是一些關鍵趨勢：

+ **大型多模態模型的興起**

我們在體驗世界時，視覺、聲音、氣味等感官提供了多樣化的訊息，而且我們也會使用手勢、面部表情或聲音等不同的溝通方法來表達自己。這些統稱為模態，代表我們感知和溝通的不同方式。

若依照模態劃分，AIGC 的應用層可分為文字生成、音訊生成、影像生成、視訊生成、跨模態生成及策略生成。其中文字生成屬於發展時間最長、落地應用也最為成熟；不過目前發展的態勢，跨模態生成將會帶來最多的新應用場景，像是文字生成圖像、文字生成影片和圖像／影片生成文字等應用都已經有產品問世。

大型語言模型（Large Language Model, LLM）專注於深入理解和生成自然語言，而大型多模態模型（Large Multimodal Model, LMM）可以接受輸入多種資料型態，並致力於跨模態之間的資訊整合和互動。

以 ChatGPT 為代表的大語言模型，在生成類人文本方面表現出了卓越的能力，目前在日常生活中的應用十分廣泛，像是聊天機器人、內

容總結、文章改寫或文法修改，都是大型語言模型常見的應用場景。

不過現在 ChatGPT4o 不只支援能夠用文字對話，也能夠製作圖片與上傳 Excel 數據檔案製作圖表，顯見能支援多種資料型態的大型多模態模型將成為趨勢。

大型多模態模型具有處理並整合來自不同資料型態（包括文字、圖像、聲音等）資訊的能力，用來理解和生成跨模態的內容，將可以應用在更多元複雜的決策場景，並推動醫學、自動駕駛等領域的進步。比方說，醫生在診斷病情時需要結合文字病歷紀錄、心跳血壓等量測數值，以及各種斷層掃描的圖像，而這種複雜的決策場景就很適合使用大型多模態模型做為輔助。

+ **商業應用的多元化擴展**

AIGC 技術已經在遊戲、影視、出版、金融等多個行業中得到應用。

AIGC 與遊戲的融合，從內容、畫面、玩法等方面全面優化玩家遊戲體驗，並提高遊戲自身競爭力。AIGC 與金融業的結合，主要被應用在風險評估、量化交易、櫃檯業務辦理等方面，可提升其服務效率、推動其優化業務流程，以客戶為中心提供更便利的產品與服務。

對於以內容為根本的出版業來說，AIGC 將引發內容生產的典範轉移。不僅能替代使用者成為內容產生者，提高內容產出效率；也可以輔助完成編輯工作，節省編輯工作時間，釋放人力。

+ **技術突破與水準提升**

隨著技術的不斷進步，AIGC 生成的內容在品質與速度上都有了顯著提升。

目前在不同領域受到歡迎的 AIGC 工具包括：

文字生成

+ ChatGPT：由 OpenAI 開發，擅長對話和文本生成，適用於多種寫

作需求。

+ Notion AI：一款寫作助手，可以自動生成部落格文章、會議日程、社群媒體文案等。
+ NotebookLM：一款研究和寫作助手，能幫助使用者整理筆記、總結資料、解釋複雜概念，並生成相關的問題和總結。特別適合需要處理大量資訊和進行深度分析的研究人員、學生和專業人士。

圖像生成

+ Midjourney：根據文字描述生成高品質的圖像，適合設計和創意工作。
+ DALL-E：由 OpenAI 開發，可以生成各種風格的圖像。

音樂和影片生成

+ MusicLM：由 Google 開發，能生成高品質的音樂。
+ Runway Gen-2：適合影片生成和編輯，能快速生成高品質的影片內容。

協同辦公

+ Copilot：由 Microsoft 開發，可以進行自動化文檔處理、提供智慧化建議、幫助分析數據並生成圖表，以及協助管理任務和日程等。

結合 AIGC 更加高效、精準和富有創造力

從想法轉化為觀點，再到視覺化的表達，可以透過「脈絡梳理、層次劃分、結構設定、視覺優化」四個階段來實踐。

結合 AIGC 能為這四個階段分別能帶來極大的改變和效益：

首先，在「脈絡梳理」的階段，AIGC 可以幫我們在產生想法、建立關聯、提取重點和提供靈感上提升速度和品質。

+ **快速產生想法並建立關聯**：ChatGPT 或 Copilot 可以根據輸入的關鍵字或主題，自動生成多個相關的想法，並分析這些想法之間的關聯性，幫助你快速構建出想法地圖，並從中梳理出清晰的脈絡。

  比方說，在構思一個關於「時間管理」的內容時，我們可以輸入「時間管理、效率、生產力」等關鍵字，ChatGPT 或 Copilot 可以根據這些關鍵字生成一系列相關的想法，包括「目標設定」、「優先排序」、「番茄工作法」等，並分析這些想法之間的關係，例如「目標設定」可以幫助你「優先排序」，而「番茄工作法」是一種有效的「時間管理」技巧，最終幫助你梳理出關於時間管理的脈絡。

+ **從大量資料中提取觀點**：面臨大量的文本資料，像是研究報告、會議紀錄、書籍文章等，運用 NotebookLM 可以幫助你快速閱讀和理解這些資料，並自動提取出關鍵訊息、觀點和結論，並將這些資訊按照邏輯關係進行整理，形成清晰的脈絡，讓你更容易掌握資料的核心內容和發展脈絡。

+ **為背景分析提供更多靈感**：無論是 ChatGPT、Copilot 或 NotebookLM，所產出的內容可以是我們需要的答案、參考資訊，也可以是進一步探索的靈感來源。

其次，在「層次劃分」的階段，AIGC 可以幫我們根據需要來自動識別資訊的重要性、調整資訊的層級。

+ **自動識別資訊的重要性**：NotebookLM 可以分析文本資料中每個句子或段落的語義和邏輯關係，並根據預設的規則或演算法，自動判斷每個資訊的重要性等級，並進行層次劃分。

+ **根據目標受眾調整資訊層級**：NotebookLM 可以根據不同的目標受

眾，例如年齡、職業、知識背景等，調整資訊的呈現層級和深度。比方說，我希望將一份提案報告提取出「企劃目標、具體做法和成果效益」三個重點，並告知「高層重視效益、中層著眼方向、基層在意細節」這樣的受眾特性，來調整呈現的順序與比重，讓資訊更容易被理解和接受。再來，在「結構設定」的階段，AIGC 可以幫我們自動選擇合適的邏輯架構或視覺化結構並生成內容。

+ **自動生成符合邏輯的框架**：在 NotebookLM 中導入邏輯框架的知識內容，可以根據文本分析的結果和設定的目標，自動選擇合適的邏輯框架，並將資訊填充到框架中，構建出結構清晰、邏輯嚴密的表達結構。

  比方說，我在 NotebookLM 中導入了《高產出的本事》（樂金文化出版）一書的文檔，內容包括了時間框架、空間框架與情境框架等多元化的框架模型與應用情境，那麼就可以依照設定的目標，像是讓讀者掌握一本書的全貌，自動選擇「主題框架」並生成「目的、關聯、效益」三個元素的結構，並將分析文本後提取出的對應訊息填充進去。

+ **提供多種視覺化結構選項**：在 NotebookLM 中導入圖文、圖表與圖解等各種視覺化結構的知識內容，可以根據提供的資訊和脈絡，自動生成多種不同的視覺化結構選項，像是樹狀結構、流程圖、時間軸等，並提供預覽功能，讓你可以在不同的結構中進行選擇和比較，找到最符合需求的視覺化表達方式。最後，在「視覺優化」的階段，目前還沒有看到一個成熟的應用可以幫助我們自動優化圖像和排版設計，但我相信在不久的未來就能做到。不過，現階段倒是可以給出一些視覺化設計的建議。

+ **自動優化圖像和排版**：未來 AIGC 可以根據視覺化設計原則，自動優化圖像、顏色、字體和排版，比方說運用「降噪」或「聚光燈」技巧來區隔畫面資訊的層次感，並利用「空間規劃」、「視線引導」

等原則來安排畫面結構,讓視覺化成果更美觀、專業。

+ **提供視覺化設計建議**:AIGC 可以根據你的設計風格偏好,例如簡約、時尚、科技感等,提供個性化的視覺化設計建議,例如推薦合適的配色方案、字體樣式、圖標素材等。

總結來說,結合 AIGC 的應用,可以大幅提升將想法轉化為觀點、再到視覺化表達的效率和品質,讓你可以更專注於思考和創意的部分,將想法更清晰、有效的傳達給他人。

對於 AIGC 在視覺化表達上,還能期待什麼?

儘管 AIGC 在視覺化溝通上已經發揮了很大的作用,但其應用也面臨著一些挑戰。

+ **數據準確性與偏見控制**:AIGC 分析和生成的結果可能會受到訓練數據的偏見影響。如何減少數據偏見、保持產出結果的公正性,是 AIGC 應用在視覺化溝通上的挑戰。我個人的建議是:如果自己無法稽核或檢視數據或結果的正確性,寧可不要使用。
+ **視覺化結果的可解釋性**:AIGC 自動生成的圖表有時過於複雜,難以理解。如何將 AIGC 所生成的複雜結果進行簡化,並檢視結果所提供數據與洞察的可解釋性,確保任何人能輕易理解。

從使用者的視角,我會期待未來 AIGC 在視覺化上可以做到:

1. **動態數據視覺化**:藉由 AIGC 生成動態的數據圖表或儀表板,實時更新和展示數據變化,幫助用戶更好的理解數據趨勢和模式。
2. **沉浸式體驗**:隨著虛擬實境(VR)、增強實境(AR)和混合實境(MR)技術的發展,AIGC 將能夠創建沉浸式的視覺化體驗,

讓用戶能夠身臨其境的探索數據和資訊。

3. **自動化報告生成**：能夠根據用戶需求，AIGC 自動生成包含圖表和圖解的報告，並提供深入的分析和建議，進一步提升工作效率和決策品質。

近期我看到一個可以根據文本資料自動生成圖解視覺化的 AIGC 應用「Napkin.ai」。

只要選取文字內容就能生成不同類型的圖解視覺化可以挑選，甚至可以對圖解上的每個細節進行修改與調整。雖然模板樣式還不多，不過已經挺令人驚豔了！

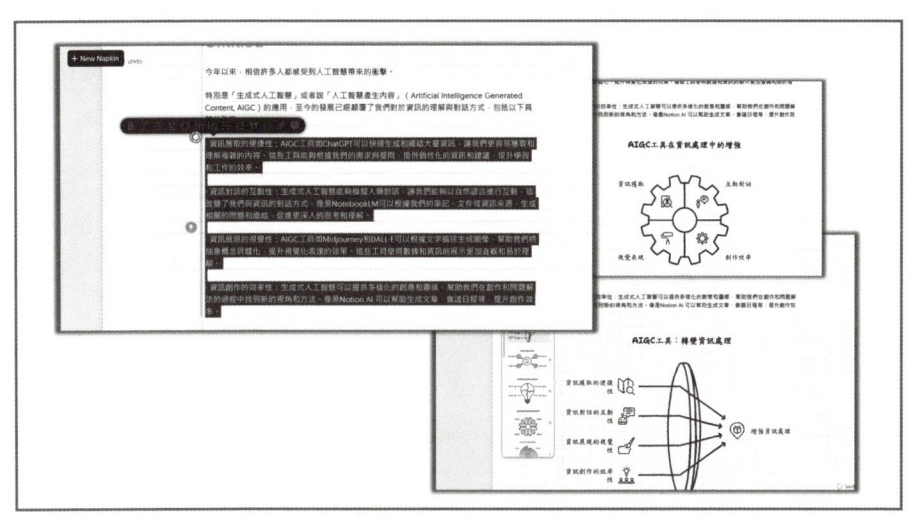

圖 4-47　藉由文本資料自動生成圖解視覺化的 AIGC

在你看到本書的內容時，或許已經有更先進的表現了。

總結來說，AIGC 為我們提供了強大的工具，幫助我們更高效的進行結構化思考和視覺化表達，並且未來還將在圖文、圖表與圖解的視覺化方面帶來更多創新和變革。

無論科技如何進步，視覺化是為了「有效溝通、精準表達」這個目的不會改變，只不過 AIGC 能幫我們把這件事做得更有效率、提供更好的體驗。

因此，我在寫這個篇章時就不斷自問：如果現下的工具全都被淘汰了，有更好、更直覺的工具能幫我們產出結果，那麼這裡我能提供什麼有價值的內容呢？

我想是：視覺化溝通的本質。

本質上，溝通要有明確的對象和目的，然後找到有效方式傳遞我們的想法。那麼哪些可以由 AIGC 代勞或做得更好？哪些只能靠自己來完成？

有效方式可以交給 AIGC，還有產出結果也是。但目的、對象和想法，我們應該是最清楚的那個人；即使不是那麼肯定，仍然需要給出模糊、粗略的描述，讓人工智慧來判斷目的、對象和想法的可能樣貌。

這是第一個我們必須要求自己做到的挑戰。

第二個挑戰，是我們如何判斷人工智慧給出的有效方式真的是「有效」的？我們怎麼確認人工智慧產出的結果是符合我們的「期望」也能「達成」預設的目的？

一個簡單有效的建議是：依循著脈絡梳理、層次劃分、結構設定與視覺優化四個階段，逐一來檢視產出結果，或許就能更清楚這個答案。

> **章節重點**

- ✓ AIGC 近年來取得了迅速發展，並在多個領域展現出巨大的潛力和應用價值，包括文字生成、圖像生成、音樂與影像生成、協同辦公等應用。不僅提升處理和理解資訊的能力，也改變我們與資訊互動的方式，有助於提升觀點產出與視覺化圖像展現的速度和品質。
- ✓ 結合 AIGC 能為視覺化溝通的這四個階段帶來極大的改變和效益，包括：
  - 脈絡梳理：在產生想法、建立關聯、提取重點和提供靈感上提升速度和品質。
  - 層次劃分：根據需要來自動識別資訊的重要性、調整資訊的層級。
  - 結構設定：自動選擇合適的邏輯架構或視覺化結構並生成內容。
  - 視覺優化：自動優化圖像和排版、提供視覺化設計的建議。
- ✓ 儘管 AIGC 在視覺化溝通上已經發揮很大的作用，但也面臨一些挑戰，包括生成結果可能會受到訓練數據的偏見影響、視覺化結果可能過於複雜、難以理解。另一方面，也有值得期待的功能，包括：動態數據可視化、沉浸式體驗、自動化報告生成。
- ✓ AIGC 為我們提供了強大的工具，幫助我們更高效的進行結構化思考和視覺化表達，並且未來還將在圖文、圖表與圖解的視覺化方面帶來更多創新和變革。儘管如此，仍需要使用者明確界定溝通對象、目的和想法，並判斷 AIGC 產出的結果是否有效和符合期望。

結語
未來，你我都需要
用圖解思維建立起高效溝通

從我們最初學習書寫，到如今深入探討視覺化思考與表達的世界；或許你已經感受到，圖解思維並不只是工具的使用，更是一種全新的思維方式。能引領我們走出文字與數據的迷霧，將抽象的想法具象化、讓複雜的問題清晰化，藉此幫助我們與他人建立更高效的溝通橋樑。

這本書到這裡即將畫上句點，但你我真正的旅程才剛剛開始。

在這裡，我希望能總結一路走來的核心理念，幫助你思考如何將圖解思維內化為你的日常習慣，進而啟動屬於你自己的新視界。

一張圖改變的，
不只是表達、還有思考

很多人以為，圖解思維的核心價值只在於「視覺化」，但事實上，這只是一個表象。

更深層的價值在於，它改變了我們看待問題的方式，促使我們以結構化的方式去整理資料、分析資訊，進而提出洞見與解決方案。

我們可以從以下幾個角度來理解它的深遠影響：

一、清晰化的力量

你是否曾經被一大段文字或一堆數據搞得頭昏腦脹？這並不是因為你不夠聰明，而是因為人類大腦天生偏好圖像和結構化的訊息。圖解思維幫助我們將資訊整理成清晰的層次，讓你在最短的時間內抓住重點。

二、從理解到共識

在工作中，我們經常面臨溝通不良的問題。即使是最簡單的會議議題，與會者也可能對目標理解不一致，從而產生溝通上的紛擾。當我們引入圖解工具，一切就變得直觀且透明，大家看到的是同一張圖，就不再需要為理解的不同而浪費時間。

三、從碎片到全貌

現代社會的訊息碎片化現象十分嚴重，加上資訊真偽不容易分辨，這些都加劇了我們大腦的負荷。圖解思維能幫助我們把零散的想法連結起來，組成一個有邏輯、有深度的整體，讓我們能以全局觀去看待問題，並找到最有效的解決路徑。

圖解思維的應用無處不在

圖解思維的價值在於，這是一種跨領域的通用技能，無論你扮演任何角色或是什麼背景，都能從中獲益。

+ 在工作職場中，你可以用一張圖來設計商業策略、分析市場趨勢、

管理團隊流程，甚至進行產品開發的構想與規劃。
+ 在內容創作中，你可以用一張圖來展現獨特的觀點，吸引眾人的目光、提高個人影響力，甚至是做為自媒體或知識變現的強大優勢。
+ 在學術研究中，一張圖是你整理筆記、闡述理論或設計實驗的重要輔助工具，讓複雜的學術概念變得更易於理解與傳播。
+ 在個人生活中，你可以用一張圖來制定目標、規劃時間，甚至整理旅行路線或家庭支出，讓生活更加井然有序。

我們身處的時代，充滿了無限可能性與不確定性。

正因如此，擁有一套能夠幫助你迅速釐清思路、做出決策的工具顯得尤為重要。而圖解思維正是這樣一個高效且實用的解決方案。

成為自己的
圖解思維設計師

圖解思維的精髓不僅在於學習別人已經設計好的模板，更在於培養屬於自己的思考模式和視覺化語言。它應該是靈活、個性化的，而且能夠反映你的思維方式和目標需求。

如何做到這一點呢？我想和你分享自己的觀點：

+ **保持好奇心，觀察世界**

每一張圖背後都有一套邏輯，而這些邏輯來源於我們對世界的觀察與思考。多留心身邊的圖像、設計和結構，例如交通路線圖、商業流程圖、甚至是手機遊戲界面，這些都是啟發靈感的好素材。

+ **多練習，把想法「畫」出來**

圖解思維的核心在於實踐。當你嘗試用圖像來解釋問題或表達觀點時，不僅能加深自己的理解，也能發現新思路和新解法。即使一開

始畫得不好，也不要氣餒，因為每一次嘗試都是進步的契機。

＋ 向人工智慧學習

在本書的最後，我提到人工智慧如何輔助視覺化設計。如今，許多工具能幫助我們更快速的創建專業級的圖表與視覺化產出。嘗試善用這些技術，但也要記住，工具只是輔助，真正的創造力來自你自己。

未來的你，
將看見全新的可能

當你掌握了圖解思維的核心能力後，你將發現自己變得更加自信。

無論是在職場上進行提案，還是在日常生活中規劃行程，你都能快速理清思路，並用簡單有力的方式傳達給他人。

更重要的是，這種能力不僅影響你的表達方式，還會深刻改變你的思維習慣。你會開始自然而然的用結構化的方式看待問題，找到關鍵點，並提出高效的解決方案。

未來是視覺化的時代，而你，將站在這場變革的最前沿。

探索，
永無止境

這本書的結束，是另一個開始的起點。

我希望當你闔上這本書時，能夠對圖解思維的世界充滿興奮與期待，並帶著這種熱情走向下一段旅程。

你的「新視界」在哪裡？我不知道，但我肯定能為你帶來新的可能性。

也許是在一張新的流程圖中，也可能是在一次會議中提出的創意

提案裡，甚至是在為家人設計的一張旅遊計畫表上。這個新視界不在別處，就在你的腦海裡、你的手中，等待你去探索與創造。

讓我們一起，用一張圖看見未來的無限可能。

Notes

國家圖書館出版品預行編目（CIP）資料

看得見的高效思考：一流工作者教你把思考轉換成圖像，讓每次表達都直擊人心 / 劉奕酉著. -- 臺北市：遠見天下文化出版股份有限公司，2025.02
352 面；17×23 公分 . -- （財經企管：BCB867）
ISBN 978-626-417-187-8（平裝）
1. CST：思考 2. CST：圖表 3. CST：思維方法
176.4　　　　　　　　　　　　　114000749

財經企管 BCB867

看得見的高效思考
一流工作者教你把思考轉換成圖像，
讓每次表達都直擊人心

作者 —— 劉奕酉

副社長兼總編輯 —— 吳佩穎
財經館總監暨責任編輯 —— 陳雅如
校對 —— 林映華
封面設計 —— 職日設計（特約）
內頁排版 —— 綠貝殼資訊有限公司（特約）

出版者 —— 遠見天下文化出版股份有限公司
創辦人 —— 高希均、王力行
遠見・天下文化 事業群榮譽董事長 —— 高希均
遠見・天下文化 事業群董事長 —— 王力行
天下文化社長 —— 王力行
天下文化總經理 —— 鄧瑋羚
國際事務開發部兼版權中心總監 —— 潘欣
法律顧問 —— 理律法律事務所陳長文律師
著作權顧問 —— 魏啟翔律師
社址 —— 台北市 104 松江路 93 巷 1 號

讀者服務專線 —— 02-2662-0012 ｜ 傳真 —— 02-2662-0007, 02-2662-0009
電子郵件信箱 —— cwpc@cwgv.com.tw
直接郵撥帳號 —— 1326703-6 號　遠見天下文化出版股份有限公司

製版廠 —— 東豪印刷事業有限公司
印刷廠 —— 家佑實業股份有限公司
裝訂廠 —— 聿成裝訂股份有限公司
登記證 —— 局版台業字第 2517 號
總經銷 —— 大和書報圖書股份有限公司 電話／(02)8990-2588
出版日期 —— 2025 年 2 月 27 日第一版第 1 次印行
　　　　　　2025 年 5 月 26 日第一版第 3 次印行

定價 —— NT480 元
ISBN —— 978-626-417-187-8
EISBN —— 9786264171816（PDF）、9786264171823（EPUB）

書號 —— BCB867
天下文化官網 —— bookzone.cwgv.com.tw

本書如有缺頁、破損、裝訂錯誤，請寄回本公司調換。
本書僅代表作者言論，不代表本社立場。